校长智慧
200则

高宏群　曹　渊◎著

郑州大学出版社

图书在版编目（CIP）数据

校长智慧200则／高宏群，曹渊著. —— 郑州：郑州大学出版社，2023.3

ISBN 978-7-5645-9519-7

Ⅰ.①校… Ⅱ.①高…②曹… Ⅲ.①中小学 - 校长 - 学校管理 Ⅳ.①G637.1

中国国家版本馆 CIP 数据核字（2023）第 035107 号

校长智慧200则

XIAOZHANG ZHIHUI 200 ZE

策划编辑	祁小冬	封面设计	苏永生
责任编辑	樊建伟	版式设计	苏永生
责任校对	陈 思	责任监制	李瑞卿

出版发行	郑州大学出版社	地　　址	郑州市大学路40号（450052）
出 版 人	孙保营	网　　址	http://www.zzup.cn
经　　销	全国新华书店	发行电话	0371-66966070
印　　刷	河南龙华印务有限公司		
开　　本	710 mm×1 010 mm　1 / 16		
印　　张	16.5	字　　数	298 千字
版　　次	2023 年 3 月第 1 版	印　　次	2023 年 3 月第 1 次印刷

书　　号	ISBN 978-7-5645-9519-7	定　　价	48.00 元

作者简介

高宏群,河南三门峡人。特级教师,河南省"五一劳动奖章"和中国老科学技术工作者协会奖获得者,首批国家级骨干教师,享受国务院有突出贡献特殊津贴专家。三门峡市第一高级中学正高级教师,兼河南省基础教育教学研究室高中教学研究中心政治学科核心组成员,河南省教学改革专家组成员,全国中小学教材审查专家库审查专家,全国高中政治优质课大赛特约评委。先后在 CN 报刊发表教研文章 400 余篇,在省内外作专题报告 300 余场。出版著作《中学政治相关词辨析辞典》《教育智慧 200则》《班主任智慧 200 则》《学习智慧 200 则》《教学智慧 200 则》《孩子教育智慧 200 则》《人生智慧 200 则》《生活智慧 200 则》《成功智慧 200 则》《中小学教师教科研概论》《读故事塑品格——长征精神青少年读本》《小故事 大哲理》等。

曹渊,河南三门峡人。三门峡市第二实验幼儿园园长,中小学高级教师。从事学前教育工作三十多年来,在CN期刊发表教研论文二十余篇,主持研究省市级教科研课题多项,参加省市优质课赛讲获一等奖。先后荣获河南省教学名师、河南省骨干教师、河南省学术技术带头人、河南省优秀教育管理人才、三门峡市劳动模范、三门峡市有突出贡献优秀教师、三门峡市优秀共产党员、三门峡市"三八"巾帼标兵等荣誉称号。

做一名有智慧的校长（代序）

高超杰

何谓好学校？好学校是能够让学生快乐成长，让教师幸福发展的场所。好学校应该是学生探求知识的学园，学生快乐成长的乐园，处处充满亲情的家园，放飞理想的田园，师生生命绽放的花园。好学校的"好"字是写在师生的脸上，好学校是让师生都有家的感觉，好学校是给予学生一台生命成长的发动机。

如何建成一所好学校呢？人民教育家陶行知说过："校长是一个学校的灵魂。学校的好坏和校长最有关系，一个好学校必定有一个好校长。"苏联著名教育家苏霍姆林斯基也断言："有怎样的校长，就有怎样的学校。"可见，校长是一所学校能否成为好学校的关键。成为一名有智慧的校长，不仅是校长本人良好的意愿，更是一方教育、一所学校的美好愿景。

那么，如何才能成为一名有智慧的校长呢？有远见的教育人，都在思考这个问题，寻求理想的答案。享受国务院政府特殊津贴专家、全国著名特级教师高宏群和河南省优秀校（园）长、三门峡市第二实验幼儿园园长曹渊合作出版的《校长智慧200则》就是对这个问题深入思考的成果。全书共设七个篇章，广泛涉及校长素质提高、学校管理、教育理念、团队合作、关爱师生、教学研究和师资提升等多个维度。这既是该书作者多年来从事教育事业的实践总结，也是他们潜心研究中小学教育教学的经验荟萃。该书既有深厚的理论功底，又有丰富的实践经验，既注重校长管理策略的谋划，又注重实际问题的解决。对于那些想干一番大事而又力争取得巨大成效的校长、副校长以及学校中层领导来说，这本书难能可贵的价值，就是它能让中小学校领导层智慧起来。

校长的智慧，来源于学识，来源于魅力，来源于学习，来源于思考，来源于创新，来源于合作，来源于实践。具体地说，做智慧型校长就要努力做到以下几个方面：

第一，要有智慧的素质修养。有人说：没有与世界先进潮流合拍的教育理念，没法当校长；没有丰富的德才学识和博大无私的胸怀，当不了校长；没有抗挫折、耐劳作的坚韧精神和在矛盾困境中奋斗不息的思想准备，当不好校长。故校长要学会"养气修身"，即：去邪气，养正气；去小气，养大气；去俗气，养文气；去惰气，养锐气；去躁气，养静气；去火气，养和气。同时要有不折不扣的执行力、宏观发展的把控力、课程教学的引导力、游刃有余的协调力、锐意进取的创新力和严于律己的自控力。

第二，要有智慧的办学理念。校长的办学理念要做到"五个转变"，即：由培养单一型人才转向培养复合型人才；由单纯向学生传授知识转向提高其综合素质；由教师传授式教学转向对学生启发式教学；由给学生"浇水"转向教给学生会"找水"；由"圈养"转为"以圈养为主、散养为辅"。

第三，要有智慧的管理意识。校长要树立"发展"意识、"特色"意识、"质量"意识、"安全"意识、"法治"意识、"协调"意识、"放权"意识、"服务"意识、"团队"意识、"学习"意识、"研究"意识、"垂范"意识等。

第四，要有智慧的校园文化。在校园文化建设的进程中，校长应淬炼人类崇高精神，吸纳古今闪光思想，打造师生生态家园，提升行为文化品质，彰显建用并举理念。

第五，要有智慧的团结艺术。作为校长，要讲究领导艺术，增强全校师生以及学校领导班子成员之间的团结，做到：严于律己做表率，统一思想求共识，照章办事讲合作，勤于沟通抓协调。

第六，要有智慧的人生追求。作为校长，要培养"两种功夫"，一个是本分，一个是本事；要乐于吃"两样东西"，一个是吃亏，一个是吃苦；要构建"两个支柱"，一个是科学，一个是人文；要插上"两个翅膀"，一个是理想，一个是毅力。

应高老师、曹园长之约，写就此序文，也是自己的一点感悟，谨与各位读者朋友分享。衷心地祝愿我们的学校都能成为好学校，衷心地期盼我们的校长都能成为智慧型好校长！

（高超杰，法学博士，河南省著名百年名校——三门峡市第一高级中学党委书记、校长）

素质提高篇

学校管理篇

教育理念篇

团队合作篇

关爱师生篇

教学研究篇

素质提高篇

　　中小学校长,是政治方向的把握者,改革创新的管理者,和谐校园的建构者,可持续发展的推动者。校长要有超前的理念,明确的目标,做有思想的智者;要有科学的方法,严谨的态度,做能作为的行者;要有坚韧的品格,广阔的胸怀,做敢担当的仁者;要有一流的质量,鲜明的特色,做善创新的强者。

　　校长是教育理想崇高、信念坚定的人,是教育思想先进、办学理念独特的人,是敬畏生命、尊重教育规律的人,是勤奋实践、持续探索创新的人,是赋能教师、激扬生命活力的人。作为校长,应具备高站位、细管理、精教学、重文化和爱师生的素质,要树立发展意识、特色意识、质量意识、安全意识、法治意识、协调意识、放权意识、服务意识、团队意识、学习意识、研究意识、示范意识,要具备高人一筹、意志坚定、敢于担当、公道正派、敢抓敢管、民主开明、善于团结和剑胆琴心的特质。

　　校长要有不折不扣的执行力、宏观发展的把控力、课程教学的引导力、游刃有余的协调力、锐意进取的创新力和严于律己的自控力。领导力是好校长的品格之根,思维力是好校长的创造之源,创造力是好校长的功德之基,表达力是好校长的思想之翼。

1 好校长的素质

作为一名校长,应具备高站位、细管理、精教学、重文化和爱师生的素质。

【诠释】

校长是学校工作的领导者、指挥者和组织者。作为一名校长,应具备以下五种素质。

(1)高站位。作为一名校长,需要站在社会发展的前沿,以更高的眼界、更广的思路、更宽的胸襟考虑问题,以先进的理念立校,以超前的思维建校,以发展的眼光谋划学校的未来。校长要登高望远,谋求发展,需提升四种能力:一是学习力,二是反思力,三是感召力,四是驾驭力。

(2)细管理。"学校无小事,事事皆教育。"强调的就是学校管理要从细微处入手,让每一件"小事"都成为促进教师发展和学生受教育的有效载体。一要建章立制。学校要有规范的管理制度,对师生的每一种行为都要做出明确的指引,让教师、学生知道应该怎么做,不应该怎么做。二要身体力行。身教重于言教,"喊破嗓子,不如做出样子"。学校管理中有很多细节,仅靠制度去约束或单纯的说教,往往起不到好的效果。作为校长,要用实际行动感化、教育师生。通过实践中的示范作用,引导师生更好地参与到学校管理中。三要广开言路。校长要认真倾听教师的意见与建议,凡是对学校发展有利的建议,都要尽量采纳。

(3)精教学。校长是学校发展的第一责任人,教学工作是学校的中心工作,故校长必须精通教学。一要懂规律,按教育教学规律办事;二要精业务,是精通业务的专家;三要抓常规,抓好管理常规、教学常规和科研常规;四要会指导,要多指导教学,关注课堂、走进课堂、研究课堂。

(4)重文化。文化即灵魂。一名出色的校长,应把学校文化建设作为一种日常工作常抓不懈。学校文化层次主要有三:一是文化突破。力求从每一个细节入手,让学校的每一面墙壁都会"说话",每一个立柱都能"立德",每一寸场地都能"树人"。二是文化提升。学校文化以深厚的人文精神底蕴为支撑,以健康向上、形式活泼的社团活动为载体,以班级文化活动阵地为平台,不断形成文化育人的鲜明特色。三是文化创新。通过文化创新,改善教育品质,提升教育形象,打造教育品牌。

(5)爱师生。在学校管理中,校长应该是"爱"的表率。校长要爱学校的教师,爱自己的学生。一要当好师生的服务员,二要保障师生的合法权益,三要引领教师专业发展,四要促进学生全面发展。

2 校长的专业标准

> 校长的专业标准主要有:规划学校发展,营造育人文化,领导课程教学,引领教师成长,优化内部管理,调适外部环境。

【诠释】

校长主要有以下六种专业标准。

(1)规划学校发展。规划学校发展是校长实现学生全面发展和学校可持续发展所负有的主要责任,要求校长注重学校发展的战略规划,诊断学校发展现状,把握国内外学校改革和发展的基本趋势,学习借鉴优秀校长办学的成功经验,组织教师、学生、家长、社区多方参与制订学校发展规划,确立学校中长期发展目标。

(2)营造育人文化。校长要把德育工作摆在素质教育的首要位置,全面加强学校德育体系建设,将学校文化建设作为学校德育工作的重要方面。

(3)领导课程教学。校长负有按国家标准设置与实施课程的责任,校长应当创设良好的教学环境,建立稳定的教学秩序,推行有效的教学活动,注重培养学生的责任意识,实施监督和评价教学的制度与方法,养成学生独立的学习行为、创新精神和实践能力,使之形成终身学习的意愿与能力。

(4)引领教师成长。校长是教师专业发展的第一责任人,应将学校作为教师实现专业发展的主阵地,建立健全推进教师专业发展的相关制度,维护和保障教师的合法权益和待遇,关爱教师的身心健康,建立优教优酬的激励制度。

（5）优化内部管理。校长应坚持依法治校,崇尚以德立校,倡导民主管理和科学管理,坚持教书育人、管理育人、服务育人。建立健全学校人事、财务、资产管理等规章制度,提高学校管理规范化水平。同时,校长要熟悉校园网络、安全保卫与卫生健康等管理事务,能科学应对和妥善处置学校突发事件。

（6）调试外部环境。校长应积极发挥学校在社区建设中的作用,鼓励并组织学校师生参与服务社会（社区）的有益活动。建立并发挥家长委员会的作用,引导社区和有关专业人士参与学校监督和管理,虚心接受改进学校工作的合理化建议。

3 校长的管理意识

　　校长要树立发展意识、特色意识、质量意识、安全意识、法治意识、协调意识、放权意识、服务意识、团队意识、学习意识、研究意识、示范意识。

【诠释】

校长要树立以下十二种意识。

（1）发展意识。发展意识的本质是科学发展、和谐发展、可持续发展。它要求校长要用发展的思路来规划学校,要用发展的眼光看待教师和学生,要用发展的观点来解决校内外的复杂问题。

（2）特色意识。校长要从学校的实际出发,设计具有自身特色的办学理念,整合教育资源,实现教育质量和办学效益的最优化,从而形成特色,培育品牌,不断增强学校的办学吸引力。

（3）质量意识。教育教学质量是学校生存和发展的命脉。校长要把各项工作的着眼点和落脚点放在提高教育教学质量上,要树立对不同能力的学生有不同的发展要求的全面质量意识,要构建教学质量全面管理体系。

（4）安全意识。校长要自觉树立安全第一的意识,把安全工作提升到为师生负责、为社会负责、为国家负责的高度,制订目标管理细则,强化内部管理,落实岗位责任,排除安全隐患,建立科学高效的安全管理责任体系。

(5)法治意识。校长要依法治校,遵守国家的宪法、法律、法规以及有关教育的方针政策,要结合本单位的实际,抓好落实;对学校内部制订的各种规章制度,要建立健全并严格执行。

(6)协调意识。校长应成为协调社会关系和人际关系的高手。对外,校长要经常性地与各相关部门、社会团体联络感情,让他们理解、关心与支持学校;对内,校长要经常性地深入师生教育教学活动中,了解存在的矛盾与问题,提出解决矛盾与问题的有效办法。

(7)放权意识。校长要学会放权,要有所为有所不为。有所为,就是要求提升管理质量,倡导各个部门、科组、活动负责人恪尽职守,用心做好职权范围内的每一件事情;有所不为,就是将管理重心下移,充分发挥学校各个部门、科组、活动负责人的能动作用。

(8)服务意识。校长要有良好的服务意识,当好师生的公仆,使自己真正在政治上代表师生,在思想上尊重师生,在感情上贴近师生,在行动上深入师生,在工作上为了师生。在可能的条件下,尽最大努力满足教师精神上的需求、事业上的需求、业务上的需求、生活上的需求。

(9)团队意识。校长首先要在学校行政队伍中培养团队意识,各部门间相互协作,分工不分家,相互补台不拆台。其次要促进行政班子成员与教师之间、教师与教师之间的团结,不断增强学校工作环境的人文性。

(10)学习意识。校长要坚持终身学习,要根据工作需要,明确"学什么""怎样学",始终如一地向书本学、向实践学、向教师学、向外界学。同时校长要率先创造一种善于学习的氛围,使校园形成一种浓厚学习的良好风气。

(11)研究意识。校长要有校本研究意识,建立相关研究制度,营造研究氛围,创设一种有利于研究的机制,带头开展校本研究,引导教师置身其中。

(12)示范意识。校长的言行和举止直接影响着一所学校的教风与学风,校长的权威来自自律,而不是来自权力。校长要求教师做到的,自己必须以身作则首先做到;要求教师不做的,自己坚决不做。校长要成为教学和教育科研的带头人,成为师生的楷模。

4　校长的特质

校长要具备高人一筹、意志坚定、敢于担当、公道正派、敢抓敢管、民主开明、善于团结和剑胆琴心八个特质。

【诠释】

校长的岗位性质、职责特点决定了其特质,这种特质包括内在素质、性格特征、气质气场、人格魅力等。概括起来看,校长除了必须具备一般领导岗位所要求的共性特征外,还要具备八个特质。

(1)高人一筹。校长不可以高人一等,但必须高人一筹。校长好比领头雁、领头羊,是指方向的。校长应该站位高、方位清、定位准,比别人站得更高、看得更远、想得更深,能够见微知著、落叶知秋和窥斑见豹,是最先看到"桅杆"的人。校长既能及时准确地发现苗头性、倾向性问题,又能出思路、出主意,定盘子、开方子。

(2)意志坚定。校长是主心骨、定盘星,是关键时候的定海神针,要稳健厚重,给人以安全感、信赖感。校长一旦主意拿定,就得有力排众议的定力,风雨无阻、笃定前行,无论遭遇的困难挫折多么坎坷艰险,都要有不可动摇的坚韧意志、坚强决心和坚定步伐,能够一以贯之、一往无前和一抓到底。校长要想成为别人的主心骨,首先得自己有主见、有自信心。

(3)敢于担当。有多大的担当,干多大的事。不敢担当的人,不能当校长。校长是班子里"个子"最高的人,天塌下来他能顶着,不避事、不避难、不避过。上面怪罪下来,能够挺身而出,下面找上门来,能够迎难而上,敢于把责任揽过来、把过错认下来、把担子挑起来。担当就是敢负责、能扛事、不溜肩,有事能顶得上去、舍得出去、豁得出来。

(4)公道正派。作为校长,"一碗水端平"是最重要的岗位特征和角色要求。要有"手心手背都是肉"的不偏不倚,不搞亲亲疏疏,不去拉拉扯扯,而且能够主动亲疏者、疏亲者。校长的"肩膀"应该是铁打的,说公道话、行公道事、做公道人,关键时候能主持公道,不让老实人吃苦又吃亏、受累又受气、流汗又流泪。

（5）敢抓敢管。敢于得罪人，敢于唱黑脸，这是校长的又一显著特征。对于歪风邪气和不良倾向，校长该拉下脸来时就得拉得下脸来，抹得开情面，说得了重话，敢于亮剑，不要"前怕狼后怕虎"。

（6）民主开明。善于纳谏、从善如流是校长民主开明的标签，逆耳的话能听得进去，反对的声音能听得下去，虚怀若谷、豁达开朗。民主开明的校长是一种开放型的领导方式和工作方法，自信却不自负，主见却不主观，注意听取方方面面的意见建议，善于集思广益、博采众长，有事商量着来。

（7）善于团结。作为校长最重要也是最可贵的品质是善于团结人。校长可以在其他本事上逊于人，但团结人的本事一定要大于人、高过人，善于把各种性格脾气、各样专业专长的人凝聚在一起，汇成一股绳，让大家心往一处想、劲往一处使，相互补台、齐心协力，有事大家商量着干、心情舒畅地干，就没有干不成的事、干不好的事。

（8）剑胆琴心。慈不带兵，义不行贾。校长是要抓班子带队伍的，嘻嘻哈哈、舒舒服服、温良恭俭让是形成不了战斗力的。过于心慈手软不可能是个好校长。好校长应该是场上酷吏，场下朋友，是一头仁慈的狮子。以雷霆手段，显菩萨心肠，看似无情却有情，虽无情管理，却有情操作，既雷霆万钧，又和风细雨，既敢严管，又能厚爱。剑胆是刚，琴心是柔，刚柔相济、张弛有度才是称职的校长。

5 校长与学校制度建设

> 人本：学校制度建设的思想基石。
> 尊重：学校制度建设的伦理准则。
> 信任：学校制度建设的心理场域。

【诠释】

（1）人本。人本是学校制度建设的思想基石。学校制度建设中的以人为本，对于校长来说，首先应当以教师为本，因为教师是学校中最具影响也是最稳定的群体。这里所说的教师，不是概念化的、作为职业名称的教师，而是作为人的教师个体。以教师为本，要求校长从教师自身的角度，而不是只从学校集体的角度去看待教师。只有确认每个教师个人的地位和权利，以人为本才能真正落到实处。

（2）尊重。尊重是学校制度建设的伦理准则。以人为本的根本要义是对人的尊重，每个人的固有尊严理应受到尊重，这是人本思想的一项根本的伦理准则。遗憾的是，在我们有些校长的思维习惯和日常用语中，"爱"总是占据优先的位置，"尊重"却很少被关注。其实，尊重应当先于爱，而且比爱更重要。爱是一种情感，情感是自发的，是不好强求的。尊重则是一种伦理准则，是带有强制性的。我们可以要求每个人必须尊重他人，如果谁侮辱了某个人的人格，这是要受到谴责甚至要受到法律制裁的。

（3）信任。信任是学校制度建设的心理场域。信任不只是"理解"，而是"信奉"，它是饱含着信心和期待的，具有非常明显的心理暗示效果。从心理学的角度看，信任主要是人的一种心态，是保证学校制度建设健康发展的心理场域。因此，校长对教师的管理不能局限于单一的行政指令，也不能停留于机械的秩序安排，而需要一种以情感沟通为基础的心理效应场，以激活教师自身内在的创造因素。可见，学校制度建设的根本目标，不是管制，而是解放；不是让教师俯首听命，而是让教师心甘情愿。当然，校长也不能一味撒手不管，那不是信任，而是放任。

6　好校长的做人之道

> 好校长是理想崇高、教育信念坚定的人。
> 好校长是思想先进、办学理念独特的人。
> 好校长是敬畏生命、尊重教育规律的人。
> 好校长是勤奋实践、持续探索创新的人。
> 好校长是赋能教师、激扬生命活力的人。

【诠释】

要成为一位好校长，需掌握以下五种做人之道。

（1）好校长是理想崇高、教育信念坚定的人。好校长有崇高的教育理想，有笃深的教育情怀。教育事关一代又一代学生的生命成长，事关人民福祉、民族兴旺和国家未来。在通往未来的路上布满荆棘,校长应有"高山仰止,景行行止,虽不能至,心向往之"的宏大志向。以笃深的教育情怀,把个人理想与教育梦、中国梦融为一体,站在历史长河、国际视野看教育,不急功近利,不哗众取宠。面对来自各方的压力、考验、诱惑,以历经万难而不忘初心的意志和恒心,成就一番事业。有信仰的校长,才能对教育和每一个生命的成长保持敬畏之心,才能带来对教育的赤诚与坚守。好校长对于自己的教育信念有着万般虔诚,并以此作为办学的精神支柱。

(2)好校长是思想先进、办学理念独特的人。是否拥有先进的教育思想,是好校长区别于一般校长的重要标志。好校长既要尊重并科学继承古今中外一切优秀教育理论与传统,又要以追求科学、坚持真理的胆识而乐于思考,敢于怀疑,不迷信权威。好校长的办学理念不受经典书籍所束缚,不被诸多名家学说所牵制,不盲从于官僚和权威的论调,应自由地运用各种知识学说,辨别其真伪,结合自己的教育经验与实践不断总结、概括,不断提出创造性的新观点与新理论,形成独特的办学理念。

(3)好校长是敬畏生命、尊重教育规律的人。教育的根本目的是"人","人"是教育的核心,育人是校长的天职。好校长敬畏生命,热爱校园里的每一个生命。在办学实践中,校长要坚定地相信校园里的每一个生命都有积极发展的可能性、主动成长的自觉性和价值追求的独特性。校长要从人性的角度思考教育,尊重生命成长规律。学校一切工作的出发点和立足点都是为了促进师生的自我发展,远离名利之争。

(4)好校长是勤奋实践、持续探索创新的人。校长首先是身体力行的教育实践者。校长有属于自己的教育实践基地——学校,校长每天关心的中心问题是课堂教学,是听课和分析课。好校长要勇于改革探索创新,在学校管理日益开放、教育面临的挑战越来越多的今天,要有足够的勇气冲破行政束缚,有足够的智慧解决现实问题,寻求教育的突破口,用自己的思想和行动引领教育发展,建立有特色、有社会价值的办学模式。

(5)好校长是赋能教师、激扬生命活力的人。教师是学校的第一生产力,教师是学校发展的第一资源。好校长要做好价值导航,引领教师追求教育的本质,激励教师自觉追求自我生命价值的实现,成为学生精神生命的缔造者,为学生成长发展指引方向;要实施创新评价机制,激励教师发现自我闪光源,让每一位教师都有闪亮登场、释放光芒的时刻;要善于给教师搭建自主、自愿平台,赋能教师成就自我内驱力;要重视研发课程,引领教师积极投入课程资源的研发中,拓展教师专业发展的视野,提升教师生命成长的持续力。

7 校长的核心素养

校长要有不折不扣的执行力、宏观发展的把控力、课程教学的引导力、游刃有余的协调力、锐意进取的创新力和严于律己的自控力。

【诠释】

校长应具备以下六种核心素养。

(1)不折不扣的执行力。校长必须树立科学的教育观,具有较强的思想政治素质,不折不扣地执行党和国家的教育方针,坚定社会主义办学方向,全面培养德智体美劳全面发展的社会主义建设者与接班人。执行力不能仅体现在标语口号上,更要落实到具体的教育教学行动中,校长要将党和国家的教育方针校本化、实践化、具体化、活动化,要将上级的教育政策执行到位,落实到位。

(2)宏观发展的把控力。校长要始终将发展作为工作的第一要务,具有学校宏观发展的把控力。能够基于学校发展现状,结合自身的办学思想,准确定位学校发展方向,科学规划学校发展路径,掌握绘就学校发展蓝图的素质与本领。并根据学校长远规划逐步分解实施,通过年度计划、学期计划,指导教职工制订具体的行动计划,引领学校各项事业逐步推进。

(3)课程教学的引导力。校长不仅是学校管理的领导者,更应当是课程教学的带头人,课堂教学的引导力应是校长的必备素质。校长必须熟知教育、熟悉教学,在课程教学方面有着较高的造诣,具有独到的见解,能够引领教育教学的方向。

(4)游刃有余的协调力。校长要具有较强的协调能力,要积极协调学校领导班子的关系,形成领导班子的凝聚力,发挥领导核心的作用;要主动协调领导与教师之间的关系,激发教师的工作热情,提高学校工作的向心力;要全面协调学校与家长、学校与社会、学校与上级主管部门的关系,优化外部环境,最大限度地争取广泛的支持。

（5）锐意进取的创新力。学校教育要遵循教育教学规律，尊重学校发展传统，但不能故步自封，因循守旧，而应顺应时代发展潮流，主动学习先进思想，积极开拓进取，坚持创新发展。校长要有自己的办学思想，要有自己的教育观念，要有自己的办学理念，要有锐意进取的创新精神。

（6）严于律己的自控力。校长要具有较强的事业心和责任感，爱岗敬业，乐于奉献，淡泊名利，甘为人梯，富有教育情怀。要有良好的品行修养，恪守职业道德，立德树人，为人师表，尊师重教，关爱学生，严于律己，廉洁奉公。

8 好校长成长的动力元素

领导力是好校长的品格之根；思维力是好校长的创造之源；创造力是好校长的功德之基；表达力是好校长的思想之翼。

【诠释】

好校长成长的动力元素有以下四种。

（1）领导力是好校长的品格之根。"领导力"一般是指校长超越了权力和一般管理力的基于个性品格和综合素养而赢得师生尊崇并追随的特殊影响力。校长领导力的产生，是校长在长期的教育及管理实践中，其人格、教育品格和管理品格不断提升、逐步完善并有机融合升华的结晶。其中，校长人格是基础，教育品格是关键，管理品格是核心。

（2）思维力是好校长的创造之源。思维力的强弱高低主要体现在冷静、理性，敢于求异、思辨，富于想象和思想，尤其是在教育的诸多基本问题和根本问题上，有自己独立的追问、深思、探究，故而有自己独到的理解、主张和践行。

（3）创造力是好校长的功德之基。创造的关键，其一在于"造"，即执行，坐而论道、空谈理念和理论成就不是好教育；其二在于"创"，即"开辟"和"出新"。教育尤其是学校教育，最为需要的是与时俱进，有所突破和创新。创造力之要点在于富有传承之智、开创之识，能够生成思想、泽及文化。就具体的学校教育教学工作而言，基于学校文化的学校课程及其实施领域的"创造"至关重要，因为这是学校工作、教育工作、学生成长和发展的核心。

（4）表达力是好校长的思想之翼。好校长的重要特质就在于基于办学实绩的教育理念和思想的优异，其价值就在于由此及彼、由点及面、推己及人的理念推广和思想影响。而教育的要义在于求真、至善、审美，这就决定了好校长的表达必须高远而不失信实，优美而不失质朴，凝练而不失澄明。其根基在于扎实的管理实践、科学的教育理解、丰富的理论积淀、厚重的教育思想，关键在校长本人的高尚完善的人格和教育品格。高超的语言功夫、卓异的人文素养则是不可或缺的基本条件。

9 校长的魅力

一个好校长就是一所好学校，校长当具备人格魅力、思想魅力和文化魅力。

【诠释】

人民教育家陶行知曾说："一个好校长就是一所好学校。"校长是一所学校的灵魂，高尚的人格、睿智的思想、深厚的文化方可汇聚成独特的个人魅力。

（1）人格魅力。第一，校长要有务实精神。校长应当静得下心，跳出世俗藩篱，去除"官气"，虔诚、潜心办学可谓最大的务实。第二，校长要有人文情怀。校长的人文情怀核心是以人为本，要发自内心对教师给予尊敬，给予尊严，给予关怀，让教师感受到校园人际的和谐，教书育人的快乐。第三，校长要廉洁公正。廉洁公正是校长必备的基本道德，校长在决策和行使职权过程中绝不能专权，必须做到民主公正、公开透明。第四，校长要勤勉谦恭。勤勉谦恭是一种修养，更是一种美德。校长要吃苦在前，享受在后，始终尊崇一线教师的辛劳与贡献，当好服务者，绝不与教师抢功争利。

（2）思想魅力。首先，校长要有先进的办学理念。先进的办学理念是校长的核心品质。其次，要有超前的发展规划。学校的发展必须有符合本校实际的发展规划。最后，校长要有高效的管理策略。"管"，富于刚性，侧重于制度约束；"理"，富于柔性，侧重于人际协调。

（3）文化魅力。校长一要具备个人的文化内涵。教育在于传承文化、传递文明、传播知识，即是一种文化布道。校长作为学校的领导者，起风向标作用，更应该具备深厚的人文情怀和十足的人格魅力。校长应当是专家，须深谙教育之道。校长也应是"杂家"，要带头读书，文史哲、科学技术、心理学等古今中外博览贯通，方可形成自己的文化品格，统筹学校文化的宏观方向。二要统筹学校的文化视野。校长要具备统筹学校文化的视野与胸襟，既对学生当下健康成长负责，更为其终生发展奠基。三要具备引领学校文化的能力。校长须有大的文化格局，通过仔细观察、用心感受、理性分析，从文化的角度来管理自己的学校，要把自己生成的教育思想，让广大教师认同、内化，并外化于行。

10 校长智慧的来源

校长的智慧，来源于学识，来源于学习，来源于思考，来源于反思，来源于创新，来源于实践，来源于合作，来源于自信，来源于执着，来源于魅力。

【诠释】

校长的智慧有以下十种来源。

（1）来源于学识。丰富的学识底蕴，是校长智慧的重要源泉，也是校长成功的基础。校长既要具有丰富的学识和人文涵养，掌握教育管理、学校管理和领导管理的系统知识，掌握教育发展的学术、实验动态，明了自身和学校的天时、地利与人和因素，又要了解学校各个部门的工作事务，知晓教育教学的原理原则并善于以此对教师进行点拨指导。

（2）来源于学习。现代校长不仅要有渊博丰富的知识，更重要的是要做学习型校长，乐于学习，善于学习，学以致用。只有不断学习的校长，才能不断获得营养得以滋养壮大，不断适应时代飞速发展的需要，永远立于时代的潮头浪尖；才能领导学校发展的潮流，创造学校教育教学新的发展机制。

（3）来源于思考。思考是最好的老师，系统思考是校长成功的法宝。当你遇到困难的时候，往往都是在思考中得到解决，思考会使你柳暗花明又一村,顿然耳目一新。校长要多思考,每有新设计、新举措,要三思而后行;每有疑虑,当下细思考,逐一排除顾虑;每有难题,必静心思考,深思而熟虑。在思考之中,就会有新发现;在思考之中,其方案就会得到补充完善;在思考之中,就会得到最佳最优最有效的方法。

(4)来源于反思。反思就是对以前的工作回过头来,重新进行回顾、思考,进一步提炼和升华,以获取新的知识、理念和方法。一个人,只有善于反思,经常反思,才能不断进步,不断发展。有反思习惯的人,一定会不断地改进工作方法和策略,不断地产生新的思路和措施,使自己的工作更加优化,更加系统,更加科学,更加有效。校长要养成善于反思的习惯,在反思中不断成长和发展。

(5)来源于创新。创新就是勇于突破自我,就是敢为人先。现代社会飞速发展,只有不断坚持创新的校长,才能使自己永立前锋。当然,创新不是简单的标新立异,更不是"天翻地覆",校长的办学创新必须从学校的客观实际出发,必须遵循教育教学规律。

(6)来源于实践。校长不是坐而论道者,其成功的关键是要积极参加教育教学实践活动,只有在实践中校长的智慧才会"为有源头活水来"。同时在脚踏实地的实践中,还会使校长的智慧更加丰富和完善。

(7)来源于合作。实施集体领导,倡导团队合作,在学校中构建一种团结、和谐、合作、宽松、上进的浓厚氛围,是现代校长领导成功的一大特征。在学校中,校长首先要有与领导班子成员合作的强烈意愿,并且努力营造团结合作的工作氛围,进而培养形成团队精神,这样才能使学校形成强大的凝聚力。

(8)来源于自信。自信是成功的前提条件之一,自信来源于自知、自能、自会。有自信就能自主,自主发展是学校持续健康稳步发展的一个重要因素。

(9)来源于执着。有强烈的事业心和教育情结,是校长做好管理工作的真正思想基础。校长要痴情于教育事业,以万分的热情投入教育事业和学校管理工作中去。

(10)来源于魅力。校长的人格魅力,能使全体教职员工充分发挥自己的才干,并且形成团队合力,从而产生集体的巨大智慧和力量。校长要有纯正的心灵、崇高的品行和优良的品质等人格魅力。

11 好学校期待好校长

在新时代,要做一名"长"校长、"慢"校长、"大"校长、"公"校长。

【诠释】

在新时代,好教育离不开好学校,好学校离不开好校长。那么,怎样才能成为一名好校长呢?

(1)做"长"校长。校长要具有长期任职的事业心和长远布局规划。所谓"长",不仅是指任校长的时间长一点,还应当能以当好校长作为其终生的事业。对一个校长来说,当他任职一个学校,应当给予他较长一个时期履职,从而让他将其长远规划落到实处。作为校长,如果在较短时间内,就想过早、过急、过显地实现其办学目标,必然会付诸较为功利性的决策,这和办好教育的好校长角色是不相容的。

(2)做"慢"校长。所谓"慢"校长,不是说其性子慢、动作慢,而是说重视教育教学过程要更多一些,重视学生内生性的东西要更多一些。有了"慢"校长,才能有"慢"教师、"慢"教学,从而也体现了尊重学生成长的客观规律。

(3)做"大"校长。"大"体现在作为一校之长,要有理念、管方向、带队伍,这才是校长要管的大事。"大"还意味着能挡风遮雨,作为校长最能够把握住的也是最值得下力气的,是对社会大环境要认清看懂,对教育系统中环境要建构融通。而不管大、中环境如何变化,"大"校长始终能够为学校这个小环境创造一个适合它发展,让师生们都有心理安全感、成长安全感的环境,这才是"大"校长之所以成为"大"的意义所在。

(4)做"公"校长。作为校长,不仅仅是只管理好校内的事务就可以了,也不仅仅是只对教育相关问题负有责任,在小社区、大社会中,校长的声音,往往是人们最希望听到的声音之一,校长在社区中的角色,从某种意义上应带有公共化的特征。"公"校长还有一层意义,就是校长要为"与共"的社会和未来担负更大的责任。

12 好校长要当好"四家"，做好"四员"

> 好校长要当好教育家，做好规划员。
>
> 好校长要当好思想家，做好领航员。
>
> 好校长要当好战略家，做好服务员。
>
> 好校长要当好外交家，做好协调员。

【诠释】

一个好校长，要当好"四家"，做好"四员"。

（1）当好教育家，做好规划员。校长作为传递党和国家教育目标和教育思想最基层的实施者和组织者，从当上校长的那一刻起，就要计划和规划好发展方向，在教育实践中要有自己独特的教育情怀，形成特质化的标识，成为引领一校、一个区域、一个领域的教育标杆，怀揣着教育家的梦想，做学校发展的规划员，凝练教育智慧、领航学校发展、构筑学校发展灵魂，建立一套符合学校实际的教育哲学和发展愿景。一是"知使命"。教育的初心使命"为党育人、为国育才"，学校作为施教与受教共同成长的园地与平台，关注教育与生活的意义，要基于"立德树人"思考：学校究竟为谁服务？究竟用什么样的理想和信念去服务？究竟能提供什么样的服务？二是"明愿景"。办人民满意的学校这是大愿景，"师生自信、家长放心、群众满意、社会认可"可以作为检验社会各方需求的具体愿景，这既要有战略方面远景的规划与设计，又要有微观方面满足各方利益需要的思考。三是"立目标"。育人目标是学校使命和发展定位的具体化，大而言之，贯彻党和国家的教育方针，完成发展教育要求，实现五育并举，培养德智体美劳全面发展的社会主义建设者和接班人；小而言之，追求学生的个性发展，培养一专多能，具有差异化、特色化的各类有广阔发展前景的人才。

（2）当好思想家，做好领航员。校长要吃透党和国家的教育方针政策，深入研究教育规律，潜心教育发展未来，钻研教育过程新生事物，不能将自己等同于工厂车间主任。要通过长期在教育管理实践中大量的思考形成独特和个性的观点和思想，要读懂教师、培养教师，当好学校发展舵手，做教师发展的促进者与引领者。教育部颁布的《义务教育学校校长专业标准》明确指出：教师是学校改革发展最宝贵的人力资源，校长是教师专业发展的第一责任人。人民教育家于漪说："教师是学校的'四梁八柱'，校长的最大本事就是培养好教师。"一是"懂教师"。世间之事，莫难乎理解与尊重。了解教师的学习经历、工作履历、个性特点、目标追求；知晓教师成长过程、洞悉教师的发展潜质、分析教学风格，提供专业团队方向指导和职业发展规划。二是"培教师"。培养一流的教师队伍，是学校校长的永久课题。校长要帮助教师做到回归课堂、聚焦课堂，在课堂中提高；要坚持听课、评课，善于利用观察与反馈，在听、评中帮助教师成长；要能帮助教师扬长避短，树立职业信心、明确职业发展目标；要善于为教师专业化发展搭建各类平台等。三是"敬教师"。一所现代学校的管理必然是规范的管理，切不可一言堂，家长作风。要引进现代管理制度，开启科学规范管理模式，运用民主的决策和现代学校管理体系，让学生可以舒心地学习，家长可以放心地托付，教师能安心地教书和研究。做到公平、公正是对教师最大的尊重。

（3）当好战略家，做好服务员。教育是一个需要一代人又一代人持续努力奋斗的事业，校长作为最基层教育组织者和实施者，不仅仅承担贯彻执行落实之职责，更要有心在卒位，常谋帅事之战略思考，要有一种战略发展的眼光，做好学生成长的守望者、服务员。一是坚持以学生为中心。树立学生是学校主人的理念，从长远的、终身发展的立场去培养学生，坚持以提高质量为核心的教育发展观和以全面发展为核心的教育质量观，为学生的长远发展铺垫底色。二是培养学生的良好习惯。坚持从起始年级、起始学科抓起，渗透学生习惯养成的战略思维，梳理不同年级应该强化的不同习惯，逐一落实，建立学生自我评价档案，树立学生自我正向管理的导向，让学生终身受益。三是正确对待学生的"错误"。要始终坚信"没有差生，只有差异"，在学校里，学生犯错误的成本最低，及时纠正，就能减轻社会负担，减少一个问题学生对社会的意义比培养一个优秀学生更有价值。同时帮助犯错误学生建立"问题清单"，从"教导、训导、遵从"的方式转变为"指导、辅导、尊重"。

（4）当好外交家，做好协调员。在当下万物"互联"的时代，教育作为一项系统工程，学校不是单独的个体，教育的发展需要社会方方面面的广泛支持，作为校长要主动与外界对接，主动宣传自己学校，适当宣传自己，以自己独有的人格魅力展现学校良好的形象，形成广泛支持学校发展的社会舆论氛围，形成名校效应、名校长效应，调动各界力量，形成教育合力，处理好学校与家长、社区、新闻媒体、政府部门及教育科研机构的关系。一是取得党政领导重视,二是取得新闻媒体支持,三是取得社区社会帮助,四是取得家长信任支持,五是取得科研机构助力。

13 校长的教育领导勇气

当今中小学校长缺乏的并不是知识、能力和品德,而是运用知识、施展能力和坚守品德的勇气。

【诠释】

校长领导勇气,完整地说就是校长的教育领导勇气。它突出的是校长在教育领导过程中所具有并显示出来的勇气,是指校长在忍耐危险与困难的情况下,运用理智的判断与审慎的选择,捍卫教育价值与教育原则的意志与行动。可见,校长勇气,是一种道德勇气,是一种忍耐风险与困难的品质,也是一种持中之道。持中,不只是指程度的适中,更是指各种美德之中和。校长勇气的持中,还体现为实践进度的合理选择。那么,如何培养校长的教育领导勇气?

(1)要树立高远的教育领导信念。教育领导勇气,从根本上讲来源于对更高一层目标的信念。教育领导勇气看上去是一种外在的行动,实则是一种内在的精神追求。校长只有树立忠诚党和国家的教育事业的崇高信念,才能够获得行动的力量与支撑,克服源自内外部压力的怀疑、焦虑与恐惧,勇敢地投身教育领导事业,并承担起服务于这项事业的责任与后果。

(2)要真诚地面对内在自我。各种勇敢的教育领导行为,一般可分为两类:一是抵制不良的外部制度与结构;二是直面内在的自我。而敢于面对内在自我更为重要,它也是校长能够真正抵制外部制度与结构的基础。只有直面内在自我,克服世界观与自我认识调整的恐惧,校长才能真正勇敢起来。直面内在自我,需要的是一种真诚。这里的"真诚"所强调的是忠实于个体的内在之物,要求校长听从自己"心灵"的召唤。因此,真诚的校长既要全面了解、坚定地相信自己的潜质与长处,也要清晰认识、深刻反思自己的偏失与不足。如此,校长才会勇敢地"听",大胆地"说",恰当地"做"。

（3）要造就教育组织的勇气。从某种意义上讲,教育领导勇气不是个体性的,而是社会性的。校长具有勇气无疑至关重要,但若只有自身具有勇气,这种勇气既无济于事,也难以为继。校长的教育领导勇气,很容易在不勇敢的组织成员面前泄气。因此,校长既要有教育领导勇气,又不能成为"独行侠"。勇敢的校长要造就有勇气的教育组织。校长可从三个方面培养组织成员的教育领导勇气:一是身先垂范,二是敢于放手,三是主动激发。

14 校长的领导力

校长的领导力,就是努力带领你的教师,进而带领你的学生,找到前行的航标和远方的灯塔。

【诠释】

校长需具备以下三种领导力。

（1）校长的自我领导力。一个校长的自我领导力,就是不断地努力让专业锋芒化作自带光芒,即:韧性与洞察力、自信心与反思性、责任感与使命驱动力等。自我领导力不是向最牛的校长、最有资源的学校去对标,而是立足于优化国家课程,发挥自身的专业长处,寻找自身的行走方式,从而形成专业的影响力。这就要求校长一要思考一棵树怎样转变成一片森林。二要坚持"请你不要走在我的前面,我不想跟随你;请你不要走在我的后面,我不想领导你;请你走在我的身边,我想永远跟你在一起"的共同发展理念。三要永远立足课堂,不断在专业发展上打出自身的"品牌标志"。

（2）校长的群体领导力。群体就是"我"以及"我"所在的环境;领导力就是将所有的利益相关方整合并推动起来,而构成最大的发展空间。这就要求校长能够看清学校的发展路径和方向以及带领团队从现在这个地方到未来期待的地方去。但是校长不能仅仅指明方向就万事大吉,要学会管理风险,努力修炼超强的决断力和控制力,让群体声誉不再受损,在重大危急关头能够果断决策,努力控制局面,力挽狂澜。群体领导力最关键的就是价值领导力,尤其是教师价值观的塑造。校长要引导教师成为一个因品德、知识和才能而受聘,全身心投入事业,并深受学生爱戴的人;一个不断获得知识和社会经验的人;一个能够完成多项任务、工作出色的人;一个赋予创新精神的人;一个随时都能在经验和教训中学习的人;一个从人品和才干都受到他人尊敬的人。

(3)校长的创新领导力。校长需要不断地突破与创新,带领学校不断地发展,不断地优化。这就需要校长不断研究怎样承上启下,怎样整合各方,怎样在实践中升华梳理,怎样提升教师的专业素养。创新领导力,并不是校长提出一个概念或理论,教师落地执行即可,而是在正向方针与方向中,校长和教师及学生一起成长,特别是校长要竭尽全力用综合能力转化出看得见的新的生产力,并在真实的学校生活中可行与践行。

15 校长的价值领导力

校长提升价值领导力应做到三个注重:注重价值的提炼与确立,注重价值的引领与认同,注重价值的践行与提升。

【诠释】

校长的价值领导力是校长对教育过程中核心价值思想的鉴别、倡导、整合、运用和创造的能力。校长应不断强化自己的价值领导意识,不断推进自己的价值领导实践,不断提升自己的价值领导能力。

(1)注重价值的提炼与确立。坚持价值领导,校长一定要有正确的价值观,要有意识地关注人类基本价值、社会主流价值和现代教育价值,深刻领会这些普遍价值原则带给教育的要求与启示,尤其要关注社会主义核心价值观的引领和中华优秀传统文化的传承,借鉴国内外优秀校长的教育思想,结合所在学校的历史与条件,梳理自己的教育经历,凝练自己的教育理念,提出明确的办学思想,并将之充分落实到学校工作的各个层面。

(2)注重价值的引领与认同。校长的价值领导,决不是校长一个人的领导,需要将校长对教育的认识和价值追求转化为师生共同的价值追求,需要把校长一个人的价值观变成学校的共同价值观。因而,校长要充分发挥价值引领的作用,通过规划学校发展,塑造共同愿景,明确办学定位与目标,关注学校学习共同体的规范建设,加强专业理想教育,培养价值观的追随者,以达到学校价值的最大认同。

(3)注重价值的践行与提升。价值领导绝不是停留在观念层面,更要体现在行动之中。首先,校长言行一致的行为示范就是最好的价值领导,要避免说一套做一套的虚假现象。其次,价值理念要体现在学校的管理和师生的行为当中,坚持依法治校,崇尚以德立校,实行科学管理和民主管理,尤其是要强化教师的自我修养,注重教师的自觉行动,发挥教师作为最宝贵人力资源的作用。最后,价值领导不仅体现在校园内,还要积极发挥社会的影响,推进学校与社会的良性互动,引领社会文明的发展与进步。

16　衡量校长教育家情怀的三把标尺

能不能悦纳每个学生的到来,能不能尊重每个学生的差异,能不能尊重每个学生的个性,是衡量中小学校长是否具有教育家情怀的三把标尺。

【诠释】

衡量中小学校长是否具有教育家情怀,有三把标尺。

(1)能否悦纳每个学生的到来。教育的意义和价值,就在于引发每个人积极向上的生命价值,就在于将每个人的生命价值发扬光大。尊重每个人的独立人格,弘扬每个人的生命价值,既是教育的起点,也是教育的必然归宿。教育是人类社会独有的培养人的一种社会活动,这种社会活动的本质,体现为教育作为一种社会现象对人的一种独特的人文关怀。这就是尊重每个人,尊重他从父母那里遗传的个体体征、智力特点、性格特征以及他从所处的家庭环境、社会环境中习得的习惯,无论是积极的,还是消极的。一句话,教育要尊重每一个来到你面前的没有权利选择的不同的学生。遗憾的是,在当下中小学教育话语体系中,抢夺所谓优秀生源成为一大景观。当中小学校长们口口声声抱怨生源质量差的时候,他们心目中在乎的已经不是真正的教育,而是在升学竞争的名利场上所能攫取的那份蛋糕有多大。能不能悦纳来到你面前的每个学生,是衡量中小学校长是否具有教育家情怀的第一把标尺。

（2）能否尊重每个学生的差异。教育必须从每个不同学生的个体差异出发。尊重差异，利用差异，改进差异，优化差异，弘扬差异，是教育的本质规律。遗憾的是，在许多中小学校长的教育管理话语体系中，我们常常能够听到"优秀生""待转化生"这样的概念，似乎学校教育的任务就是通过"补差"去"培优"。而这里的"差"与"优"，对应的就是学生各学科的考试成绩，这种教育说到底是一种消灭差异的教育，与"培养全面而有个性的一代新人"的教育宗旨是背道而驰的。真正的教育，应该直面每个学生的差异，尊重每个学生的差异。尊重人的本质体现，就是尊重每个人的个体差异。能不能尊重每个学生的差异，是衡量中小学校长是否具有教育家情怀的第二把标尺。

（3）能否尊重每个学生的个性。长期以来，不少中小学校长信奉优秀学生的标准就是"分数+听话"，即考试成绩好、听老师的话，就是好学生。基于此，在学校教育中，有两种行为在不断地扼杀学生的个性：一是一概反对学生从事与应试无关的学科学习与实践活动，这就从根本上扼杀了学生多元智能发展的可能性；二是一律禁止学生挑战现实世界及其秩序的各种行为，这就从根本上否定了学生独立人格成长的可能性。学校教育必须尊重每个学生的个性差异，为每个学生提供适合的课程。能不能尊重每个学生的个性，是衡量中小学校长教育家情怀的第三把标尺。

17　校长的情怀

　　校长的情怀主要有三：一是深厚的教育情怀，二是浓厚的人文情怀，三是雄厚的家国情怀。

【诠释】

校长有以下三种情怀。

（1）深厚的教育情怀。所谓"教育情怀"，主要表现为校长基于教育的深刻认知、理解而生成科学的教育主张和办学实践，以及由此而生成的对于学生发展、学校发展和教育发展的使命感与责任担当。

（2）浓厚的人文情怀。所谓"人文情怀"，就是承认"人"的价值，保护

"人"的尊严,追求人与人之间的相互尊重、宽容的情怀。作为校长,应该尊重和保护教师和学生个性独立、思想自由,捍卫教师和学生的尊严,为学生的健康成长提供符合规律的教育资源、环境和条件。

(3)雄厚的家国情怀。所谓"家国情怀",是一个人对自己国家和人民所表现出来的深情大爱,是对国家富强、人民幸福所展现出来的理想追求,是对自己国家的一种高度认同感、归属感、责任感和使命感。"家国情怀"起因于"家",汇流于"国",深植于大地,而其义直抵云天。就校长而言,尽管身处一校之教育,为着一群学生,但却立意在千万家庭、民族未来、祖国命运和前途。若仅为一己之私利、分数之近利、升学之急功,那么这样的校长永远不可能成为教育家型校长。

18 校长要有大格局

校长要有大格局,即要有浩然之气、宏大视野、多维视角、非凡气度、感恩之心。

【诠释】

校长有以下五种大格局。

(1)浩然之气。校长要有"粉身碎骨浑不怕,要留清白在人间"的浩然之气。校长只有做到一身正气,才能有威信,才能产生强大的凝聚力。校长要始终保持坚定的政治信仰和理想信念,在办学中不"偏听偏信",在处理问题时不"只见树木,不见森林",特别是在涉及学校教职工目标考核、评选先进等工作时,更要坚持公道正派。

(2)宏大视野。校长要有"海到无边天作岸,山登绝顶我为峰"的宏大视野。校长的视野决定学校的发展高度。要拓宽视野,校长应多学习、多实践。校长要向书本学习,不仅要做到"开卷有益",而且要做到"开卷有疑",带着问题学。校长要在实践中学习,通过实地参观考察全国乃至世界知名中小学校,开阔校长办学思路,增强校长管理和育人能力。

(3)多维视角。校长要有"横看成岭侧成峰,远近高低各不同"的多维视角。校长在办学实践中,必须眼观六路,耳听八方,胸怀全局。不能从局部出发,断章取义;不能从个别现象出发,以偏概全;不能从主观出发,缺乏科学性。校长唯有学会多角度、多层面分析问题,才能找到学校发展和学生成长之路。

(4)非凡气度。校长要有"窗含西岭千秋雪,门泊东吴万里船"的非凡气度。校长应做到张弛有度,海纳百川,兼容并蓄。要听得进不同意见,做到百花齐放;要善于吸纳不同观点,允许百家争鸣;要让不同风格的教师存在,让学校教学竞相争艳。校长唯有以非凡气度对待千头万绪、纷繁复杂的工作,方可统筹兼顾。

(5)感恩之心。校长要有"未知天地恩何报,翻对江山思莫开"的感恩之心。离开了教职工的维护和支持,校长再有才华也难有施展空间。校长要对师生常怀感恩之心,做到真心相待、赤诚相见。要把教师的喜怒哀乐放在心上,做事既要讲原则,又要有人情味,让教师感到校长是他们事业上的向导、思想上的知音、生活上的助手。这样才能淡化职务意识,强化责任意识,赢得更多的尊重,更好地促进学校持续健康发展。

19 校长的角色整合

> 校长是政治方向的把握者,改革创新的管理者,和谐校园的建构者,可持续发展的推动者。

【诠释】

校长有以下四种角色。

(1)政治方向的把握者。校长是党和国家路线方针政策的贯彻者、执行者。贯彻党和国家的教育方针,培养全面发展的社会主义建设者和接班人,是学校的根本任务,也是校长的首要职责。校长必须明确政治方向,端正办学思想,这是我国当代校长的第一角色定位。

(2)改革创新的管理者。校长是学校之魂,首先是办学思想之魂。校长要坚持改革创新,首要的就是解放思想,与时俱进,不断更新教育观念,为学校改革与发展奠定坚实的思想基础。解放思想,更新观念,在很大程度上取决于校长的思维素质的提高与思维方式的变革,取决于校长能否确立改革开放的思维观念。改革才能创新,改革才能开拓,改革才能有魄力、有胆识、有远见。开放,才能学习、吸引、借鉴国内外一切对学校发展有价值的思想和经验,取人之长,补己之短,用他人之力,兴己之校,在开放中求生存、求发展、求创新。

(3)和谐校园的建构者。在工作中,校长不但要处理好学校内部各部门、各方面的关系,而且要处理好学校与外部环境的关系,处理好学校与家长、与社会的关系。校长只有协调好校内外各种关系,充分调动和利用一切有利因素,以形成集体的合力,才能确保教育教学目标的实现。

(4)可持续发展的推动者。对校长而言,无论教育教学的任务多么艰巨繁重,自己都要承担起学校发展的重责。校长要以教育科研为支撑,努力使自己成为教育科研的带头人,成为研究型校长,从而成为学校可持续发展的推动者。

20 校长的立体形象

> 校长的立体形象 = 长于管理×宽宏待人×高风正己。校长要努力增其"长",加其"宽",长其"高",全心打造校长的立体形象。

【诠释】

在学校,校长作为一名教育者,应该有一个立体形象,即长、宽、高。这个"长"是长于管理,"宽"是宽宏待人,"高"是高风正己。其中,长于管理对工作,宽宏待人对人,高风正己对己。三者相互影响、相互作用,缺一不可,共同构成一个有机统一的校长整体形象。

(1)校长要长于管理。校长一定要有管理意识,一定要懂管理、会管理。在管理中,要做好"管"和"理"的统一。一方面抓"管",即管住人事,防止散漫性;另一方面抓"理",即理顺关系,调动积极性。"管"与"理",两手都要抓,两手都要硬,努力开创学校工作的新局面。

(2)校长要宽宏待人。校长要宽以待人,宽宏纳谏,从善如流。多一些统合思想,多一些民主作风,多一份接受和赞扬,多一份关心和爱护,形成和谐的良好的校园工作氛围。

（3）校长要高风正己。校长要注重品德修养,时刻把"德、勤、能、绩"的"德"放在首位。要高风亮节,要身正为师、德高为范,做全校师生的典范。

21 校长的"软实力"

> 校长的软实力,首先表现为理解力。
> 校长的软实力,其次表现为亲和力。
> 校长的软实力,最后表现为解决力。

【诠释】

如今,人们对软实力颇有好感,也都有各自的诠释。那么,对校长来说,这种软实力表现在什么地方呢? 笔者认为,这种软实力,不是校长头顶的一个头衔,或由这个头衔产生的职务上的威慑力;也不是高高在上的地位,或由这种居高临下产生的不平等的冲击力;更不是一言堂的霸道,或由这种霸道衍生的唯我独尊的强悍力。校长的软实力主要表现为以下三种"力"。

（1）理解力。即对教育的真正理解,对办学的真切驾驭。校长每天都要找一位教师谈心,学生的名字几乎都能叫得出,看似人之常情,但这种情与教育很近,与办学很贴。因为教育的能量和影响,最终要在教师的"执行力"上"穿透";教育的成效和办学的声望,最终要在学生的"本体"上"留痕"。把眼光和着力点放在教师和学生身上,这是以学生发展为本的体现,也是办人民满意的教育的宗旨。

（2）亲和力。即对人的真正关切,对情的深切体悟。校长的亲和,不仅是善良,也是热情,更是力量,同时还是一种影响。

（3）解决力。即对事情的判断力,对问题的解决力度。做校长,会遇到许多意想得到的或想象不到的事情,回避、敷衍,都不是正确的态度。校长正是在解决问题中,才方显自身的能力。

在今天,教育走向高质量的态势下,校长的软实力不能再是纸上谈兵或画饼充饥,只有深入下去才能实至名归。

22　校长要有"六度"

> 思想品德要有高度,专业知识要有深度,基础理论要有宽度,学术技能要有长度,为人处事要能大度,气质情趣要有节度。

【诠释】

在中小学校,校长对学校管理效果的好坏,并非在于校长的行政权力大小,而在很大程度上取决于校长综合素质的高低。校长的综合素质主要有"六度"。

(1)思想品德要有高度。首先,要有事业心。校长不要把自己从事的岗位工作当作一种谋生的手段,而是当作一项崇高的事业,全身心投入忘我的工作中去。其次,要有仁爱心。教育事业是"育人"的事业,育人的事业就是"仁爱"的事业。最后,做人要正派。校长既要认认真真做事,又要堂堂正正做人。

(2)专业知识要有深度。在学校,校长尽管不可能对所有学科都精通、都内行,但至少在某个学科有研究、有权威。校长不仅要对某学科的教学经验善总结,教学成果善评估,而且能够独立承担某个学科课题研究指导任务,努力做到专业精通,教艺超群。

(3)基础理论要有宽度。现代社会对校长知识面的要求更高,校长不仅要有扎实的教育教学基础理论知识,而且还要有一定的自然科学、社会科学、思维科学、信息科学等基本常识和国家的方针政策、法律法规知识。校长在逐步拓宽知识面的同时,还要不断提高自己的写作能力、组织管理能力、综合协调能力以及应对复杂局面处理突发事件的能力等。

(4)学术技能要有长度。校长不仅要具备教师教育教学的基本技能,而且要懂管理、会管理,还要掌握某种技术或者具备某种特长。

(5)为人处事要能大度。校长既要时时处处严于律己、宽以待人、高风亮节,还要学人之长,补己之短,更要有识才之眼、爱才之心、育才之能、用才之道、举才之德。

(6)气质情趣要有节度。校长在处理突发事件或棘手问题时要把握住时机、注意好分寸,做到有理、有利、有节、有度,恰到好处;在情趣上要做到欢而不狂,顺境不忘乎所以,逆境不悲观消沉;在待人接物方面,要以诚待人,诚实守信,说话算数,尊重事实,勇于承认错误,敢于承担责任。

23 校长的思想从何而来

校长的思想来源于认真的学习和深入的思考,来源于对教育教学的热爱与执着的追求,来源于顽强的跋涉与坚忍不拔的努力,来源于对教育教学深刻的洞见与本质的认识。

【诠释】

校长办学,是需要思想支撑的。一位有思想的校长与一位没有思想的校长,无论其个人的言行举止与品格修为,还是学校办学的品位与境界,都有质的区别。那么,校长的思想从何而来?

(1)校长的思想来源于认真的学习和深入的思考。勤学深思应成为校长的一种品质,应嵌入校长的血脉。校长勤学深思的品性会潜移默化地感染教师、激励教师、打动教师,从根底上改变教师的教育观念和职业认识,促进教师不断地反思自我、完善自我。学校的文化植根于教师,要形成深厚的文化底蕴,首先在于培植教师的精神底蕴,而教师的精神底蕴来源于学习与思考。校长勤学深思便是把握住了改变教师精神气质的实质,也就寻找到了引领教师专业发展的最佳途径。这就要求校长时刻以科学、严谨、专业的眼光与教师共同研究教育、探讨教育的真谛。

(2)校长的思想来源于对教育教学的热爱与执着的追求。爱是寻求一切美好事物的源泉,因为对教育的热爱,才会有对教育狂热的执着。而对教育狂热的执着,才会对教育产生持久的兴趣。一位校长永远保持对教育的兴趣与热爱,学校的教育教学就会充满生机与活力。教育的真正使命就是要塑造人类美好的灵魂与美好的品性,让人类诗意地栖居在大地上。校长最难能可贵的本质是怀着对教育的真诚与挚爱,按照自己对教育的理解,引领教师不断朝着自己心目中的理想教育前进。

(3)校长的思想来源于顽强的跋涉与坚忍不拔的努力。一个人做事情努力的程度,决定其在事物探索上达到的高度与深度。在教育管理上,经验会成为一位校长不可多得的财富,但孜孜不倦地奋斗与努力却可以弥补经验的不足。一位校长应该胸怀理想,满怀对教育的热爱,以昂扬的姿态行走在教育之路上,创造属于自己的个性风采。校长行走教育的身姿影响学校教育的质量与品位,而校长的引领则体现在校长自身上下求索的精神与品格中。

(4)校长的思想来源于对教育教学深刻的洞见与本质的认识。对教育教学的深刻洞见与本质认识,不是一朝一夕的,它需要经历教育教学生活的历练与磨砺。真正好的学校教育,是"千锤万凿"才会出深山的。它包括经验的总结、规律的探讨、精神的沉淀、文化的浸润等诸多要素。教育虽然蕴藏于细节之中,但综合地看,教育却是一个庞大的工程。学校教育具有极强的目的性,在某种程度上来说,还具有一定的功利性,大则利国,小则利人。因此,要真正做好学校管理不是一件易事。一位校长的教育教学思想,需要建立在长期的躬耕于教育教学实践的基础之上。学校文化建设、教师培训、特色创建、课堂研究,每一项对于校长来说,都是一个宏大的命题。每一项都需要校长苦心经营、耐心求索、精益求精。着意于精神,着眼于文化,以课堂为圆心,抓住教师这个关键因素,学校的教育教学就有了巨人的磁场与张力。

24 校长的责任与担当

> 超前的理念,明确的目标——做有思想的智者。
> 科学的方法,严谨的态度——做能作为的行者。
> 坚韧的品格,广阔的胸怀——做敢担当的仁者。
> 一流的质量,鲜明的特色——做善创新的强者。

【诠释】

校长是学校的灵魂,校长的办学思想决定了学校的办学方向,校长的能力素质决定了学校的办学水平。作为校长,必须找准角色定位,明确责任担当,提高自身素质,才能肩负起促进学校发展、引领师生成长的历史重任。

（1）超前的理念，明确的目标——做有思想的智者。"校长是一校之魂，有什么样的校长就有什么样的学校。"可见，校长的思想和决策决定着学校的命运和前途，指引着学校教师和学生前进的方向和最终目标。因此，校长要做智者。智者是指有智慧的人，这种智慧主要体现为思维方式和思维水平。一个真正有作为的校长和平庸的校长最根本的差异不在于细节，而在于看问题的视角、角度以及看问题站的高度。有智慧的校长，是一个善于学习的人、善于思考的人、善于感悟的人。校长要根据党和国家的教育方针，结合学校的实际，提出自己独到的、系统的教育思想和办学理论，并把自己的办学思想贯穿于日常的教育教学管理活动中。

（2）科学的方法，严谨的态度——做能作为的行者。学校的发展离不开教师，教育改革的成败关键也在于教师。因此，校长管理的首要任务就是管理教师。如何最大程度地调动教师的积极性、主动性，是每一位校长首先要考虑的问题。教师素质是一所学校教学水平的重要体现和保障，提高教师素质不仅是新时代教育教学发展的需要，也是学校稳中求进的需要。作为校长，要全力打造各具特色的高水平的三支师资队伍：一是建设团结而务实廉政的领导班子队伍，二是培养身正而信念坚定的班主任队伍，三是打造优秀而爱岗敬业的教师队伍。学生发展是学校一切工作的出发点和归宿，校长要高度重视"抓规范，养习惯"这项工作，并把它作为常规工作常抓不懈。学校抓规范教育一定要细致，要从大处着眼，从细节处做起。

（3）坚韧的品格，广阔的胸怀——做敢担当的仁者。校长要做到"三热爱"：一要热爱学生，有深刻的人道精神，有深入学生精神世界中并了解和觉察每个学生的个性和个人特点的能力。二要热爱教师，有深入教师精神世界中并了解每个教师的个性和个人特点的能力。三要热爱学校，对学校的一切情况了如指掌，凡事以学校的发展为重，真正做到视校如家。

（4）一流的质量，鲜明的特色——做善创新的强者。首先，要创造一流的质量。作为一名校长，只有把质量抓在手上、放在心上、落在行动上，才能转变管理观念，创造一流的教学质量。其次，要打造鲜明的特色。创建特色学校必须充分考虑本校的地理位置、硬件条件、师资队伍、管理模式等现实条件和基础，同时还要顾及社会和当地对人才的实际需求，这对学校特色教育的发展有着举足轻重的作用。因此，在打造学校特色时，只有进一步挖掘内部潜力，寻求特色点，并不断扩大特色项目，丰富特色教育的内涵，才能为实现学校跨越式发展开辟广阔的新天地。学校创建特色要靠教师通过创造性的劳动才能实现,特色项目的创建离不开一支有特色的教师队伍。因此,打造特色学校时,校长要调动全体教师充分施展自己的才华,为创建特色学校出谋划策。

25 校长的治校之道

> 德之道——甘为"人梯"。
>
> 师之道——先为"人师"。
>
> 做之道——行为"人率"。

【诠释】

校长有以下三种治校之道。

(1)德之道——甘为"人梯"。校长作为学校的首席人物,心态上应甘为"人梯",应有服务意识,做教师和学生奋进的助推器,为师生及学校的发展提供高质量的管理服务。所谓"服务",就是校长要为师生的发展需要着想,不仅要服务于师生的发展,而且要营造宽松和谐的学习、工作环境。校长在服务师生的同时,也要服务于学生家长和社会。

(2)师之道——先为"人师"。校长作为学校的核心人物,学识上应该是"人师",即身体力行。不仅要善于行动、善于观察,处处留心并做正确的事和正确地做事,而且要行之有速,善于发现机遇并抓住机遇,果断先行。校长还应好知,主动学习科学文化知识,其知识面应涉及多个领域。校长不仅要勤于思考、善于思考、乐于思考,而且要妙于思考,不断生发出有益于学校发展的思想成果。

(3)做之道——行为"人率"。校长作为学校的领军人物,在行动上应该是"人率"。只有品性高尚的校长,才能真正起到凝聚人心、引领方向的灵魂作用。校长必须以身作则、率先垂范,不仅要在教师中发挥榜样示范作用,也要在学生中发挥榜样示范作用,同时还要在社会上发挥榜样示范作用。

26　校长要学会"四容"

校长要学会"四容",即容短、容长、容错、容怨。

【诠释】

"海纳百川,有容乃大。"宽容是一种美德,更是一门管理艺术。校长要想管理好学校,理顺各种人际关系,创设和谐的人文环境,就要学会容短、容长、容错、容怨。

(1)容短。"尺有所短,寸有所长。"每个人都有长处,也有短处,教师自然也不例外。校长若"以长取人,则人才遍地;以短剔人,则孤家寡人"。其实,谁都不可能是十全十美的"常胜将军"。有的教师课堂教学无可挑剔,成绩一流,但班级管理却上不了档次;有的教师人际关系和谐,但教学水平一般;有的教师教学能力很强,但人际关系紧张……校长用人的艺术不是戴着"有色眼镜"去挑剔教职工的短处,而是要善于发现和用好其长处,让教师发挥出更大的优势。当然,容短也不是无原则的迁就和纵容,校长应做到包容而不包庇,宽松而不放松,严格而不严厉,容短而不护短。

(2)容长。"山外有山,人外有人。"高手到处都有,在校长手下肯定也有"身怀绝技"的能人。校长要积极主动地为其创设条件,扶他一程,鼓励和帮助他不断超越自我。这样既有利于多出人才,融洽干群关系,也会大大提升校长在下属心目中的地位和形象。

(3)容错。"人非圣贤,孰能无过。"教师作为普通人,有缺点错误是在所难免的。校长要容许教师犯错误,更要容许教师改正错误。只要不是什么原则性错误,校长就应该"宰相肚里能撑船",真心实意帮助教师找出原因,指明方向,让他放下包袱,轻装上阵。要做到"大事清楚,小事糊涂",以一种豁达的心境对待教职工所犯的错误。

(4)容怨。矛盾无处不在,无时不在,校长与下属之间难免也会有磕磕绊绊的时候。或许为了一点小事发生过口角,有过不愉快;或许因为误解,有过矛盾;或许由于工作上有分歧,有过争执。校长姿态要高一些,气量要大一些,不计较个人恩怨,通过沟通消除误会,化解矛盾。为了工作的需要,校长有时还要"委曲求全"，甘做"矮人"，要一如既往地和教职工搞好关系，使其在合适的工作岗位上发挥更大的作用。

27 校长要学会"辨音"

校长要以敏锐的眼光识别各种不同的声音，高音未必"真豪杰"，低音未必"武大郎"，杂音未必"唱反调"。

【诠释】

在教职工群体中肯定会夹杂着各种不同的声音，作为校长要眼观六路、耳听八方，以敏锐的眼光识别各种不同的声音，不为表面现象所迷惑，不为感情因素所左右。

（1）高音未必"真豪杰"。在每所学校都会有十分健谈的教师，"说得比唱得好听"，往往嘴上说一套，做得却是另外一套。个别人在领导面前夸夸其谈，调子很高，可工作总是雷声大雨点小，只要稍有一点小成绩，就会到领导面前邀功。校长要慧眼识英才，谨防被个别教职工花言巧语所迷惑，以免使工作陷入被动。

（2）低音未必"武大郎"。学校里大多教职工取得了优异成绩，总是态度谦虚，语气平和，毫不沾沾自喜，更不自吹自擂。这类实干型教职工是学校的中坚力量，校长必须紧紧依靠他们，切实关心他们的成长，并号召全校教职工学习他们脚踏实地、埋头苦干的精神，使其发挥更大的作用。

（3）杂音未必"唱反调"。学校里有时也会出现和校长声音不一致的"杂音"，表面看好像和校长唱反调，事实上"杂音"并不可怕，可怕的是没有"杂音"。如果一所学校没有一点"杂音"，对学校的规章制度没有任何异议，教职工就必然没有发展和创新，学校也必定没有生机和活力。作为校长，要以平常心对待教职工的"杂音"，细细品味不同意见，虚心听取各种批评，允许和鼓励教职工说真话，这样就能更多地发现学校管理中存在的漏洞和不足，对学校的发展也定能起到促进作用。

28 校长,请学会等待

> 学校管理需要校长耐心等待。在等待中树人,在等待中正己,在等待中享受幸福。

【诠释】

植物的生长有其自然规律,需耐心等待生根、发芽、开花、结果。学校管理是一项长期、系统、复杂的工程,同样需要校长耐心等待。

(1)学会等待,意味着校长要善于在下一个路口等学生。俗话说:"十个指头伸出来有长有短。"一所学校中或多或少总有那么几个被大家公认为是"最难啃的硬骨头"——成绩、习惯双差的学生,这些后进生"无法无天"的举动往往让人头疼。面对这些学生,校长应该是一路陪跑的伙伴,而不是捏着秒表吹口哨的裁判,更不是宣读判决书的无情法官。因为,学生一个好的品质的形成、一个不良品质的矫正都不可能是一蹴而就的,而是一个长期复杂的过程。校长要把富有"人情味"的教育留给这些学生,少一点冷漠,多一分亲切,以强烈的期盼之情到下一个路口等学生。

(2)学会等待,意味着校长要用发展的眼光看待教师。目前,不少学校仍以单一的不变的标准来评价教师,"成者为王败者寇",学生的考试成绩不但决定了教师奖金的多少,而且还影响着教师下学年的任用。其实,教师成长是一个过程,教师成长需要等待,教师成长中的无知值得宽容,教师成长中的缺点必须接纳。每一个教师都是与众不同的个体,校长要善于根据教师的专长,以其需求为出发点,量身定制"成长菜单",鼓励不同层级的教师向更高层级攀登,帮助他们拾级而上,自我完善。

(3)学会等待,意味着校长要用足够的耐心培植文化。学校文化的形成过程需要提炼、提升、认同、弘扬。这个过程是一个长期积淀的过程,急躁不得。因此,那些生搬硬套他校经验或者"死拼蛮干",期待让学校"一夜成名"的做法,显然是行不通的。

等待,不是停滞不前,而是缜密思索,以便选准进取的最佳路径和突破口。如果事业、教师、学生是一粒粒沉睡在土壤中等待萌发、急切盼望破土而出的种子,那么校长就要用最美的心情,在等待的日子里用心守望。在等待中树人,在等待中正己,在等待中享受幸福。

29 校长要做讲故事的高手

校长如果能把学校里发生的一些细小的故事记下来,讲出来,放大它的正能量,会产生意想不到的裂变效应。

【诠释】

发表讲话是校长管理学校的常见手段,如何让讲话抓住人心,让师生愿意听,其中大有学问,讲好故事是其学问之一。要讲好故事,至少包括发现故事、组织故事、讲好故事三个层面。

(1)发现故事。故事从哪里来?大抵两类:一是他人的故事,主要通过阅读、视听来积累;二是自己的故事,讲自己亲身经历、参与的故事更有说服力和感染力。发现身边故事,首先要看事件是否有价值,其次要看故事是否很典型。

(2)组织故事。事件本身并不是故事,故事需要讲述者合情合理地加工处理,让事件衍化成故事。故事的基本要素包括时间、地点、人物,事情的起因、经过、结果。组织故事的关键在于情节,情节生动,有起伏,自然就吸引人。

(3)讲好故事。这里说的主要是表达的技巧,语言是否形象生动,态度是否诚恳,语速缓急,语气轻重,都将对讲故事的效果产生直接影响。

30 校长要学会"养气修身"

去邪气,养正气;去小气,养大气;去俗气,养文气;去惰气,养锐气;去躁气,养静气;去火气,养和气。

【诠释】

作为一名校长,要学会去六种"气",养六种"气"。

(1)去邪气,养正气。所谓正气,就是指胸怀理想、正直坦荡、刚正不阿的气节和品格。校长要堂堂正正做人,公道正派做事,公正、公平、公开地处理师生的切身利益;要有正确的是非观,明辨是非,奖惩分明;要坚持民主集中制原则,任人唯贤;要清正廉洁,克己奉公,一身正气;要自觉抵制拜金主义、享乐主义和极端个人主义的侵蚀。

(2)去小气,养大气。所谓大气,就是校长要有虚怀若谷、豁达大度、海纳百川的气度,有容人容事的雅量。这就要求校长要涵养大气,根治小家子气,不要心胸狭窄,小肚鸡肠。校长要宽容他人的错误,接受他人的批评;遇到切身利益要主动谦让,不要斤斤计较;做到与教职工人格上平等,情感上融合,生活上关怀。

(3)去俗气,养文气。文气是一个人文化修养、精神面貌的自然显露。校长要根除烟酒气,涵养书卷气。要培养文气,就要多读书、多学习,要树立终身学习的理念,要把学习作为一生的追求。校长要少一些应酬,多一些阅读;少一些娱乐,多一些思考;少一些空谈,多一些调研。不断丰富知识储备,提高文化修养,丰厚文化底蕴。

(4)去惰气,养锐气。所谓锐气,就是要有一股子劲,始终保持一种昂扬向上的进取态势,保持一种高昂的工作热情。蓬勃朝气和昂扬锐气是校长成就一番事业,把事业不断推向前进所必备的素质。这就要求校长要根治惰气,涵养锐气,要以昂扬锐气勇于开拓进取,勇于改革创新,有干一番事业的鸿鹄之志,保持一股奋勇争先、勇往直前的干劲,越是遭遇挫折、困难的时候,越要保持昂扬锐气。把每一项工作都作为一个新的起点,把每一天都作为一个新的开始,这样的校长才能有所作为,有所建树。

(5)去躁气,养静气。涵养静气对于校长来说尤为重要。当校长遇到大事时不浮躁,不慌乱,以平和的心境面对复杂的校园世界,以平静的心态应对外界的嘈杂。校长要善于涵养静气,恪守静气,做到冷静思考,冷静决策,处变不惊,临危不惧。校长要以平常心做事,不赶时髦,不做表面文章,不搞花架子。校长只有勤勉努力,脚踏实地,持之以恒,才能让学校的发展蒸蒸日上。

(6)去火气,养和气。俗话说:"和为贵。"和气是一种综合性的精神状态,是正气、大气、锐气、静气、文气的有机统一,是校长领导艺术最重要的体现。校长要根治火气,涵养和气。要以暖语相待,有问必答,有事必办,笑脸相迎,和气待人。要加强团结,努力使教职工心往一处想,劲往一处使,形成上下和气、内外和气的局面,为构建和谐校园贡献智慧和力量。

31 校长的幸福之源

校长的幸福感,源自教师的衷心拥护,源自家长的大力支持,源自学生的优异表现,源自外界的肯定赞许。

【诠释】

幸福感是指人类基于自身的满足感而主观产生的一系列欣喜与愉悦的情绪。校长的幸福感主要来源有四:

(1)教师的衷心拥护。校长的教育思想需要教职工来执行和实践。作为校长,要感谢教职工对制度创新的积极践行,感谢教职工默默为学校的发展奉献自己的才智。当学校工作大有起色时,校长的幸福感油然而生。

(2)家长的大力支持。处理好学校与家长的关系,也是学校工作的重要一环。校长要注重同家长搞好关系,想方设法调动家长们的积极性,让家长为学校的管理出谋策划,为学校的发展添砖加瓦。当学校工作得到家长们的大力支持时,校长的幸福感跃然眼前。

(3)学生的优异表现。当看到自己所在学校的学生们健康成长,人人学习习惯和生活习惯良好,个个文明诚信礼貌待人,生生成绩优异阳光潇洒,当看到或听到自己的学生在学校或在社会上做出突出贡献时,校长的幸福感通透全身。

(4)外界的肯定赞许。在校长和全体教职工的辛勤努力下,学校取得喜人成绩。当学校的发展得到上级教育主管领导的肯定,得到兄弟学校校长的赞誉,得到社会各界的认可,得到新闻媒体的采访报道时,校长的幸福感不言而喻。

32 用心办教育，大气做校长

一个好校长，要有用情干事的教育情怀，要有用智谋事的教育思想，要有用章理事的管理原则，要有用德成事的品行涵养。

【诠释】

要想成为一个好校长，需要有以下四个条件。

（1）要有用情干事的教育情怀。周成平教授在《给校长一生的建议》一书中曾说过："没有爱就没有教育，只有校长在潜意识里有一种爱教育的情结，才能做到爱学校、爱教师、爱学生。"时下，懂教育的人不少，不少校长也能就当前的教育现象坐而论道，侃侃而谈，但"懂教育"只是胜任校长的基本要素，属于知识范畴，而不是核心要素。拥有教育情怀才是胜任校长职位的核心，它归属于修养范畴。这一核心要素可以从两个层面去理解：一是真正爱教育，把教育作为一项毕生的事业去经营，既脚踏实地，又"仰望星空"，而不是作为换取其他资本的台阶和砝码；二是真心爱师生，把促进本校学生的成长成才、满足教职员工的利益诉求作为最大的工作目标。教育的基础是爱，核心是人。有爱的教育，才是一池活水；没有爱的教育，犹如无果之花，虽有昙花一现的明艳，却无根无基；脱离以人为本的教育，更是耽误一代代学生的健康成长。

（2）要有用智谋事的教育思想。校长的思想是一面旗帜，引领着学校的发展。作为一校之长，应该为学校定调，即确立学校的价值思想，做到办学有方向、教育有主见、管理有新招。一个有思想的校长还应是爱学习的校长，要把学习当成一种生活态度、一种精神追求，求知若渴、超越自我，不断更新教育理念和知识结构，充实提高自己的执校能力和管理水平，做一名学习型、创新型、实践型校长。

（3）要有用章理事的管理原则。现代校长对学校的管理，应该逐渐走向"智慧与艺术"。一个带动学校发展的校长，其管理的基本思路应该是基于问题的解决，变"法官"为"医生"，真心实意地帮助每一位教师发现问题，"诊断性对话"之后开出"诊断的药方"，在愉悦的气氛里，与教师一道为达到管理目标而协同努力。校长只有在管理中做到理念引领、课程跟进、制度保障、评价科学,才能带领师生扬帆远航,驶向成功的彼岸。

(4)要有用德成事的品行涵养。作为一校之"魂",加强自觉修炼是提升校长个人修养的基本功,注重自我修正是校长层次境界的分水岭。作为学校的一面旗帜,校长的人品、性格、学识、魄力甚至待人处事的方法、举止言谈就是教师、学生的一面镜子,直接影响着良好的校风、教风、班风、学风的形成。因此,校长要通过自我锤炼,树立道德标杆,铸就过硬作风,不断打牢立身做人和安身立命的根基;校长更要以身作则,严于律己,明白做人,干净做事,以自己的人格魅力去树立威信,让行政班子敬之服之,让教职员工效之仿之,让全校学生亲之爱之,让社会各界尊之拥之。

33 好校长当"五观端正"

好校长当"五观端正",即要树立科学的教育观、质量观、人才观、人文观和幸福观。

【诠释】

好校长应当树立以下五种"观"。

(1)科学的教育观。新时代的校长必须坚守教育初心,坚守教育责任,坚守正确办学方向;必须有正确的教育价值追求与挚诚的教育情怀,不忘立德树人根本任务,不忘尊崇教育规律,不忘培育核心素养;必须有先进的办学思想,体现教育核心价值,彰显学校个性特点,自觉做教育信念的思考者、学校使命的践行者和社会责任的坚守者。

(2)科学的质量观。新时代的校长必须克服"分数至上"的教学质量观误区,致力于创造美好的学习生态环境,必须立足培养学生学科素养,立足让学生终身受益,必须解决好学科教学中的不平衡、不充分问题,保障学生德、智、体、美、劳全面发展。

(3)科学的人才观。新时代的校长必须树立科学的人才观,善待每一位学生,懂得"多一把尺子就多一批优秀学生,多一条标准就多一批人才,多一个平台就能让更多人出彩,多一个渠道就能让更多人信心倍增,多一次机遇就能让更多人成才"的道理,树立"行行出状元""人人都可以成才""人人都可以出彩""天生我材必有用"的理念。

(4)科学的人文观。新时代的校长既要有科学精神,又要有人文情怀,懂得"师生关心的,就是学校关心的",切实用真情真心赢得师生心;应当精于人本管理,懂得追求润物无声的效应,培养"不需要别人提醒的自觉",营造教师乐教、学生乐学的人文氛围;应当善于构建人文校园,彰显文化的力量,让人文精神成为校园一道亮丽的"风景线"。

(5)科学的幸福观。新时代的校长应关注师生的幸福指数,引领全校师生树立正确的幸福观,打造幸福校园,让每一名师生感受到"幸福其实很简单""幸福无处不在,幸福就在身边""幸福都是奋斗出来的",形成人人为创造幸福校园添砖加瓦的良好氛围。

34 校长专业发展的四个"读懂"

> 校长的专业发展,要读懂管理、读懂学生、读懂教师、读懂自己。

【诠释】

校长的专业发展有四个"读懂"。

(1)读懂管理。首先是读懂自己的团队,读懂团队中什么样的人应该做什么样的事情,让每个人的长处发挥得更长,更有价值,要知人善用;其次是读懂自己的学校,读懂学校的历史和现状,要把读懂历史放在一个重要的位置,一定要继承和延续这个学校的优良办学传统。

(2)读懂学生。在读懂教育的过程中,最重要的是读懂受教育的对象。当今中小学校的教学改革和教师的专业发展,通常都是针对课标和教材的,很少有人研究学生。校长既要知道用什么样的教材教学生,更要知道用什么样的教学方法让学生学好。

(3)读懂教师。教师不是上级制度规定的机械执行者,教师是人,是经过长期教育专业培养的人,是有思想的"实践者";教师不是他人改革经验的照搬者,而是有所发现的"研究者";教师不是教育变革实践的操作者,而是有创新能力的"变革者";教师不是为学生燃尽生命的"蜡烛",而是能点亮学生心灯的"启蒙者";教师不是放任学生自发生长的"牧羊人",而是用人类文明使学生成人的"养正者";教师不是学生成长路线与模式的规定者,而是学生才情、智慧、人格发展不可替代的"助成者";教师不是学科能力的反复宣讲者,而是教育教学实践的个性化"创造者"。

(4)读懂自己。校长在管理别人、影响别人、促进别人的时候,不要忽略读懂自己。人这一生最难的事情就是读懂自己,人这一生最重要的事情就是成为自己。作为一个校长,要找到做哪些事情既能成就学校又能成就自己,才是一名好校长的专业价值。

35 青年校长要"勤"字当头

青年校长要在"勤"字上下功夫,做到勤奋、勤快、勤恳、勤勉。

【诠释】

青年校长要做到"四勤"。

(1)勤奋。一是勤学。青年校长要向书本学习,向身边老教师学习,向优秀青年教师学习。学习他们忠诚事业、乐于奉献的精神,学习他们刻苦钻研、锐意改革的精神,只有不断学,博采众长,兼容并蓄,才能不断地充实自己,提高自己。二是勤思。青年校长不仅要对自己的教学工作多思考,而且要对学校的工作多思考,及时发现问题,调整措施,积极研究问题,寻找规律。三是勤记。作为青年校长,在学校管理方面还是个新手,勤于动手,时时将脑中思考的东西记录下来,不仅积累了资料和经验,而且培养了自己做事认真的习惯。

(2)勤快。青年校长首先是做事要勤快,必须提高工作效率,对每天的工作有通盘安排,分清主次,突出重点,一旦决定做什么事,就全力以赴,雷厉风行,决不拖拉,真正做到"今日事今日毕"。其次是深入基层要勤快,只有深入教学第一线,了解基层情况,掌握第一手资料,工作才有主动权、发言权。青年校长一要勤进教师的课堂,勤听随堂课、研讨课、汇报课,听各个学科的课;二要勤进教师办公室,跟教师接触多了,彼此也就缩短了心理距离;三要在课下时间勤进教室,感受学生的喜怒哀乐,接触学生的真实思想,走进学生的心灵世界。

（3）勤恳。作为青年校长,应把指导教师的业务作为自己义不容辞的职责。一要勤"导"。要引导青年教师树立正确的人生观,学师德规范,学先进事迹,树立奋斗目标,增强青年教师的使命感和责任感。二要勤"帮"。帮助青年教师上好第一节课,批好第一次作业,开好第一次班会,搞好第一次家访,带好第一个班级;帮助他们过好"四关",即教材关、备课关、上课关和班级管理关;帮助他们解决生活上的难题。

（4）勤勉。一是自律。青年校长在任何时空,举手投足,一言一行都堪为人师,要求教师做到的自己首先要做到,要求教师不做的自己坚决不做。二是自尊。青年校长本是青年教师中的佼佼者,无论是学识水平还是业务能力均是比较优秀的,因而获得的荣誉也比较多,往往会产生一种满足感。这时千万不能沾沾自喜、骄傲自满,不能出言不逊、夸夸其谈,不能办事浮躁、急功近利。三是自省。青年校长只有经常反省自己的工作,才能正确地看待自己,正确地评价自己。

36　新任校长的"五敢"之道

新任校长要做到"五敢":敢于亮相、敢于决断、敢于放权、敢于挑担、敢于批评。

【诠释】

作为一名新任校长,要有"五敢"意识。

（1）敢于亮相。新任校长,教师在看,看你是黔之驴,还是林中虎、水中龙;是唯我独尊、刚愎自用的马谡,还是从善如流、虚怀若谷的诸葛亮;是爱听小报告,喜欢安插眼耳的校长,还是善于倾听多方意见、心胸开阔的校长;是神龙见首不见尾式的校长,还是以校为家、踏踏实实的校长。可以说,全校师生都在观望。新任校长要敢于亮相,表明自己的为人处事风格,表明自己的立场与原则。你的长处是什么,短处是什么,你喜欢的、倡导的是怎样的一种团队文化,等等。在适当的场合,要和教师们交底并身体力行,用行动诠释自己。敢于亮相,表明的是一种态度,更重要的是确立一种文化。亮出自我的同时,也是接受民主监督的开始,更是不断完善、成长的开始。

（2）敢于决断。尽管在实际工作中，我们要淡化领导身份，强化管理责任，但不可否认，作为一校之长，时常需要决断。该拿主意，就得拿主意；该拍板，就要拍板。要敢于承担风险，敢于承担责任。不可哼哼哈哈，前怕虎后怕狼，优柔寡断，不置可否。当然，敢于决断不是固执、自以为是。决断前要学会俯下身子，走到教师中间，倾听教师的心声。决断前要懂得商量，和中层以上领导一起分析问题，选择策略。决策前，要善于排序，几种方案优中选优。要做到先策后决，多策少决，有策有决，重点在决。要善于使用"外脑"。

（3）敢于放权。尽管我们倡导校长要身先士卒，时时处处要起模范带头作用。但不可否认，新任校长最容易犯的毛病就是事必躬亲，把本应该是副校长、中层、教师做的事也做了。"上者为闲""智者在侧""能者居中""专者居前"，校长不是"救火队长"，不是无所不能的"百事通"，不能陷入事务主义，事无巨细样样都自己动手。敢于放权，各就各位，各尽其责，谁主管，谁负责。充分放权，就是对下属最大的信任与尊重。管理是一门艺术，放权不仅能调动团队中每一位成员的积极性，更能大大提高办事效率，形成人人有事做，事事有人管的局面。

（4）敢于挑担。新任校长不仅要做到有功劳不伸手，有苦劳不计较，有疲劳不抱怨，更要做到有责任敢于承担，有批评主动揽过，有过错敢于挑担。学校既要完成上级布置的任务、下达的指标，组织参与各级各类竞赛，接受上级督导检查与评估，又要接受家长、社会的监督。开门办学，难免会出现竞赛失利，工作不到位被上级批评，服务没做好被家长苛责等。这时候，作为一校之长，要敢于承担责任，为教师、下属挑担。推功揽过，体现的是校长的一种胸襟，展现的是一种文化和境界。敢于挑担，对下属不仅是一种关爱与呵护，更是一种无声的教育。

（5）敢于批评。这五个"敢"中，对于新任校长来说，恐怕"敢于批评"是最难的。新任校长，有试用期，要接受上级主管部门的考核，要接受全体教职员工的民主评议。有些新任校长，因为有种种顾虑，工作上总是畏首畏尾，放不开。凡事做老好人肯定不是称职的校长。作为一校之长，面对学校里的不良风气、不当行为，如果总是瞻前顾后，前怕狼后怕虎，不敢批评，短期内好像上下关系很和谐，氛围很融洽，从长远看，必将后患无穷。回避，不等于问题不存在。遇到该批评的人和事，为求得所谓的太平，总想绕开它。其实，这种行为就好比在自己前进的道路上埋地雷。随着时间的推移，地雷越埋越多,你安全的空间就会越来越少,到最后,你连落脚的地方都没了。因此,作为一名新任校长要敢于批评,敢于说不。当然,批评要讲究策略,要注意场合,要对事不对人。

37 校长要研究"聪"字

> 耳听八方——忌偏听偏信。
>
> 眼观六路——忌一孔之见。
>
> 口下留情——忌颐指气使。
>
> 心灵善思——忌故步自封。

【诠释】

　　"聪"的繁体字是由耳、眼、口、心四个部件构成的,一个成功的校长必须认真研究这个"聪"字。做到眼观六路,耳听八方,善于思考,口吐莲花。充分调动视觉、听觉、语言、思维各个器官的作用,全方位投入学校的管理工作中去,以期达到管理的至高境界。

　　(1)耳听八方——忌偏听偏信。校长要学会倾听各种声音,尤其要尊重提出不同意见甚至反对意见的教师。事实上,这些意见和建议的真实性、可靠性更强,在他们的呼声中,往往蕴含着学校管理的新点子。善于倾听教师的意见和建议,无疑是校长提高科学决策水平、增强管理魅力的有效之举。

　　(2)眼观六路——忌一孔之见。作为校长,理应站得高一些,看得远一些。校长要有见微知著、见小知大的能力。要能识人用人,既要看到他人的长处,也要学会包容他人的不足。"不怕领导没水平,就怕领导水不平",校长在识人用人方面最重要的就是没有偏见,不存私心,真正把师德高尚、业务突出、协调能力强的教师提拔到领导岗位上来,让这些人为学校的发展施展更多的才华。

　　(3)口下留情——忌颐指气使。学校是知识分子心灵栖息的家园,教师作为一个特殊的知识群体,有着强烈的自尊心。校长说话讲究艺术性,切忌夸大其词、言而不实,眼睛不要总盯着教师的缺点和不足不放,更不能随意斥责教师。校长说话要有一颗包容的心,激励性的语言和宽容的语气,是校长保持与教师之间良好关系的重要纽带。

(4)心灵善思——忌故步自封。作为一名校长,要会思考、善思考。善于思考的校长注重"管然后知不足",把管理的着力点始终放在调动师生教与学的积极性上,放在服务于师生的发展上,不断改进自己的工作方法和策略,不断产生新的思路和措施,使学校的发展更加优化,更加系统,更加科学,更加高效。

38 校长要做有品位的文化人

> 校长要做一个有品位的文化人,即做一个"学习者""思想者""研究者"。

【诠释】

学校文化是一个学校在长期经营中形成、积淀、倡导的作风、行为方式及价值观念。校长的学识、胆识和办学理念往往决定着学校文化品位的高低,校长的精神状态、人格魅力和工作作风往往决定着学校文化根基的深浅。因此,校长是学校文化的引领者。而校长真正成为学校文化的引领者,必须努力使自己成为一个有品位的文化人。

(1)校长应该是一个"学习者"。这里的学习者是指善于学习的人。校长应该是一个爱好读书的人,要博览群书,有广博的知识,有一定的艺术修养,有一颗充实而又空灵的心,识得书中真味,不被红尘万丈的世俗欲望所充塞。校长只有不断读书、思考,才会有知识的丰富、思想的深邃,才会铸造高尚的灵魂和学校精神。

(2)校长应该是一个"思想者"。苏霍姆林斯基说:"校长的领导,首先是教育思想的领导,其次才是行政的领导。"大凡优秀的校长,都是思想型的校长,都是能够将理念浓缩成概念的人。校长有没有思想,是衡量校长为学校领袖还是学校管家的重要标准。可以说,正确的办学思想是形成学校优秀文化的根基。

（3）校长应该是一个"研究者"。无论从科研兴校的角度，还是从学校办出特色、办出质量、办出声誉的角度看，校长都应该成为学校教育科研的领头人。校长要成为"教师的首席"，自己必须从事教育教学研究。校长要从研究的角度从事学习、管理，不断地发现问题、思考问题、解决问题，不断地增长自己的思考力、感悟力，不断地提炼新见解、新观点，从而形成新思想、新理念，以促进学校持续健康的发展。

39 校长要乐于听"杂音"

　　建设和谐校园，不能一概拒绝"杂音"，校长要听得进不同意见尤其是批评的意见，要鼓励教师讲实话、讲真话甚至讲难听话。

【诠释】

　　建设和谐校园，不能一概拒绝"杂音"，校长要听得进不同意见尤其是批评的意见，要鼓励教师讲实话、讲真话甚至讲难听话。唯有教师敢讲真话、实话，校长才能发现问题、认识问题，从而实现学校管理层的正确决策。

　　优秀的校长一定是一个作风民主的人，不仅严格实施民主化管理，而且民主意识根深蒂固地植入心田。一个学校有不同声音，一个问题有多种视角，其实是一种正常现象。无数事实表明，学校决策不对路，有不同声音可以使校长头脑清醒，改弦易辙；学校决策基本对路，有不同声音可以使校长发现不足，补充完善；即使学校决策完全对路，有点儿不同声音也可促使校长及早防患于未然。这是校园出现"杂音"的最积极的功能。

　　可见，校园出现"杂音"，并不意味着有人离心离德。校长应该以平常心去宽容，去认真听取，去加以分析思考。实践证明，凡是善于容纳不同意见的校长，该学校的民主风气就会劲吹起来，教职工当家做主的精神就会振奋起来，学校健康发展的势头就会加快起来。当然，听得进"杂音"不是向无原则妥协，更不是向损害学校形象的人亮绿灯。

40 做"三勤"校长

校长腿脚要勤跑,让足迹遍及校园,用审视的眼光观察熟悉的现象;手指要勤动,让手指敲击键盘,用不懈的积累提升管理品位;大脑要勤思,让思想渗透实践,用科学的理念引领和谐发展。

【诠释】

校长要做到"三勤"。

(1)腿脚要勤跑。学校管理最忌坐而论道。作为校长,要做到腿要勤,眼要尖,心要明,情要真。腿要勤,就是不能高高在上,让足迹遍及校园的每一寸土地;眼要尖,就是通过走一走、看一看,及时发现新问题;心要明,就是一旦发现新问题,能及时找到有针对性的解决策略;情要真,就是以真挚的情感关爱每一位师生员工,以情感人、以理服人。面对看似熟悉的校园环境,只要校长多走动、多分析,就能洞察学校司空见惯的现象,让学校的工作更有针对性,更有实效性。

(2)手指要勤动。学校管理需要校长与广大师生之间、学校与家长之间形成畅通的交流路径。而学校的校园网、微信群、多媒体教学平台等现代化信息技术,为多维对话提供了便利渠道。在学校管理中,校长要利用现代化手段,勤于积累,加强沟通,不断提升管理水平。例如,利用电脑工作平台撰写工作日记,梳理管理脉搏;设立电子信箱,开通"家校快车"等。

(3)大脑要勤思。校长要勤思考,让思想渗透实践,用科学的理念引领和谐发展。即:学校不仅要培养自主发展的学生,而且要成就专业发展的教师,营造和谐发展的校园;教师不仅要教学生知识和学习的方法,更要教学生做人的道理、做事的规范;学生不仅要学生活的知识、学生存的技能,更要学生命的意义。为此,校长要更新教育观念,建设有特色的学校;要提高教师素质,塑造有品位的教师;要激发学生活力,培育有个性的学生。

41 校长说话的艺术

校长要说精炼的话,说真实的话,说新鲜的话,说准确的话,说贴心的话,说通俗的话。

【诠释】

说话是一项艺术、一门学问和一种能力。《论语》里曾讲,"一言可以兴邦,一言可以丧邦"。在学校,与教职工说话的水平,展现出校长的素质修养、思想境界和行事作风。校长要学会说话,尤其要学会与师生说话,用师生喜欢的方式说话,说师生听得懂的话,说师生爱听的话。

(1)说精炼的话。用最短的时间、最短的语言,把深刻的道理说明白,需要真功夫。校长要有把自己的工作归纳提炼成几句话、几个词、几个字的本领。校长要想把短话说到要害处,不仅要全面掌握情况,具备清晰的逻辑思辨能力和工作思路,还要有较高的理论修养和政策水平。学会说短话,就要在认真思考、锤炼语言上下功夫。

(2)说真实的话。有些校长在教职工面前习惯说一些不切实际的大话、空话,开空头支票,给教职工的承诺得不到兑现;有些校长信口开河,想到哪里说到哪里,也不管有无政策或事实依据;还有的校长敷衍了事,只说高度重视、研究解决,但是何时研究、如何解决却语焉不详。教师喜欢听真心话、实在话,校长在和教师说话时,要诚心诚意地向教师敞开心扉,说掏心窝子的话;说能够引起教师感情共鸣的话;说能够付诸实践、解决问题的话,真正做到踏石留印,抓铁有痕。

(3)说新鲜的话。再好的话,再优美的语言,说得多了也没有人愿意听。校长和师生说话必须有新意,力求思想深刻,不落俗套,不人云亦云。校长说话应该既不重复别人,也不重复自己,让人听了感觉新鲜、解渴、管用。

(4)说准确的话。话的准确性、可信程度如何,直接关系到说话的质量和效果。校长和师生说话要准确,不能含含糊糊,模棱两可,更不能信口开河,乱说一通。如果校长在说话中,立场观点有问题,引用材料与事实有出入,用词不当,逻辑混乱,怎么能吸引人、说服人、教育人,又怎么能指导和促进学校工作？正确、精准的语言表达，有助于直接表明校长的思想意图，也更加有效地号召人、鼓舞人。

（5）说贴心的话。"言谈贵在情真，功在情深。"有的校长在师生中特别有亲和力和感召力，因为他们在和师生交流时嘘寒问暖，说师生关心的事，即使说大道理也和师生的实际生活联系在一起，说到师生的心坎上，非常有利于解决矛盾和问题。把师生关心的问题变成校长和师生说话时的话题，就是换位思考，就是理解师生、关心师生。只有把这种情感表达出来，才能迅速拉近与师生的距离。

（6）说通俗的话。校长和师生说话应该简单、通俗，说人人皆懂、师生喜闻乐见、有校园特色的师生语言。即使是比较难懂的专业术语，也最好转化成师生听得懂的语言，以便让师生理解。通俗易懂的语言能增强校长的亲和力，提高师生对校长的认同度。

42 校长的语言艺术

> 校长要学会用情感性语言、针对性语言、理解性语言、协商性语言、幽默性语言、激励性语言讲话与交流。

【诠释】

卡耐基所著《语言的突破》被推崇为"语言教科书"，如果校长能够科学地运用卡耐基的语言艺术，将会更好地提升自身的人格魅力。

（1）情感性语言。作为校长，应尽量用和蔼、宽容、智慧的语言，唤起师生的情感共鸣，让师生感受到校长善意的理解和期待。

（2）针对性语言。为了取得理想的谈话效果，校长要针对不同的谈话对象、谈话内容和谈话环境运用不同的语言。如在说服对方时应从理解、关心的角度，多用诚恳和蔼的语言；在拒绝对方时，则应用婉转含蓄的语言。在学校管理中，校长要把话讲到点子上，讲内行话，讲起作用的话。

（3）理解性语言。心理学上的同理心，就是站在对方立场设身处地地思考问题的一种方式。即在人际交往中，能够体会他人的情绪和想法，理解他人的立场和感受，并站在他人的角度思考和处理问题。作为校长，如果能运用理解性语言来与人交谈,更能彰显校长的人格魅力。

(4)协商性语言。每个人都有自尊心,特别是教师群体自尊心更强。他们希望校长多用商量的语气与之交谈,对于自己一时的错误,也希望领导能顾及他们的自尊心,而不是疾风暴雨、毫不考虑他们内心感受的批评与指责。

(5)幽默性语言。教师喜欢幽默型校长,因为校长的幽默让教师的工作更快乐。所以,作为校长如果能多用幽默的语言说话,对于树立自身威信、充分调动教职工立德树人的积极性、全面打开学校工作局面、不断提高校长工作业绩等,都会产生积极的作用。

(6)激励性语言。每个人的内心都渴望被人认可、赏识。作为校长,应该注意从每个教师身上发现其闪光点,然后赞美之、表扬之、激励之。即使对一些比较"落后"的教师,也要尽可能地看到他们工作的长处,想方设法激励他们进步。当然,表扬教师时话里要有实实在在的内容,并适度带有夸张的成分,这样别人听来才会觉得顺耳舒心。

43 校长脱稿讲话技巧"四要"

校长脱稿讲话,一要注重积累吸收,二要选准恰当场合,三要富有逻辑思维,四要配合肢体语言。

【诠释】

校长脱稿讲话有以下四种技巧。

(1)注重积累吸收。"不积跬步,无以至千里;不积小流,无以成江海。"校长要想在脱稿讲话时胸有成竹,就必须从点滴积累做起,日益充实自己的知识库。一要善于遴选。校长接触信息面广量大,途径多样,读书、上网、交谈、实践等都是有效方式。要及时从大量芜杂的信息中去伪存真、去粗取精,洗尽铅华,遴选富有新意的知识点,及时摘录备案,便于查阅。二要善于记忆。书读百遍,其义自现。校长要抽出时间,及时学习积累知识;多学多看,加强印象,及时将积累的知识转移到自己的大脑中。三要善于转化。校长要结合工作实际,做好知识的转化吸收。拿来可用的,铭记心中;变通运用的,内部加工。让知识经过一个升华过程,真正内化为自己的能力和技能。

(2)选准恰当场合。脱稿讲话,场合选择至关重要,差之毫厘,谬以千里。如表彰会、文艺晚会等催人奋进、轻松欢快的场合,校长可脱稿讲话;如开学典礼、教代会等严肃正规的场合,不宜脱稿讲话,适宜按部就班,严格按程序进行。

(3)富有逻辑思维。校长脱稿讲话要富有逻辑,一要力求言简意赅、言之有物,千万不要天马行空、言之无物。二要突出主题。脱稿讲话要结合场合,紧紧围绕一个中心,所有论据、论证都围绕中心服务。如,开总结表彰会,脱稿讲话要围绕"成绩如何取得"这一主旨,不论从主客观等各种因素分析论证,但最终的归宿都是围绕"成绩如何取得"开展。三要脉络清楚。脱稿讲话要层次分明,听众一听就懂,力戒"以其昏昏,使人昭昭"。四要风趣活泼。脱稿讲话形式新颖,为吸引听众注意,讲话可穿插名言警句、哲理故事、幽默笑话等,让讲话妙语如珠,娓娓道来,以充分调动师生的注意力。

(4)配合肢体语言。校长脱稿讲话时,要配合必要的肢体语言,可让讲话栩栩如生,增添难以言表的魅力。一要仪态得体。不论是何种场合脱稿讲话,校长要站有站相,坐有坐相,落落大方,给人一种冷静沉着、气度不凡的感觉,于细微处展现干练。二要目光流转。脱稿讲话时,校长要善用眼睛这扇心灵的窗户,用注视的眼光徐徐扫过所有讲话对象,让听众感受到重视,以促进沟通交流,拉近感情距离。三要善用手势。校长做手势要随讲话内容、个人情感和现场气氛自然流露。手势的部位、幅度、方向、力度应与讲话的有声语言、面部表情、身体姿态密切配合,协调一致,不可生搬硬套,勉强凑手势。在运用手势的过程中,切忌一成不变或做手势过频,以免单调呆板。

44 校长读书

　　建设学校文化,营造书香校园,必须从打造书卷校长起步。校长读书,要有眼光,要有毅力,要有反思,要有交流。

【诠释】

学校要传承优秀文化,关注时代发展,作为一校之魂的校长,必须紧扣时代脉搏,高瞻远瞩,这样领导的学校才能与时俱进,屹立潮头。

校长少有闲暇,难得静处。若忽视学习,不好读书,长此以往,则思想上观念陈旧,工作中管理僵化,气质上学养缺失,生活里才情枯竭。

建设学校文化,营造书香校园,必须从打造书卷校长起步。一所学校,教师读书意识的强化,学生读书习惯的培养和学校读书氛围的形成都有一个过程,校长要做这个过程的催化剂和助推器。校长室四壁无闲、书香盈室,校长嗜书如痴、博学善思,不能不令人肃然起敬。校长如斯,学校读书氛围可想而知。

校长读书,要有眼光,要有毅力,要有反思,要有交流。校长读书,要研究教育发展历史,精读教育名家名著,以教育理论拓宽视野;要理性分析教育问题,正确指导教育实践,以教育哲学提高思维;要注重提升专业素养,努力滋生专业底气,以教育科研发展能力;要泛览博学多思,丰富人文底蕴,以文化点燃生命灵性。

45 "校长讲校"的辩证法

"校长讲校",既要讲学校,又要讲校长;既要讲实践,又要讲理论;既要讲全面,又要讲亮点;既要讲当下,又要讲未来;既要讲客观,又要讲主观;既要讲成绩,又要讲不足;既要讲得好,又要做得到。

【诠释】

近年来,不少地方教育主管部门开展了"校长讲校"活动,这对学校的规范办学和校长的管理素养提升起到了积极的促进作用。但"校长讲校"究竟怎样讲、讲什么,专家学者也是众说纷纭,各执一词。笔者认为,校长讲校讲什么尽管不能"一刀切",但要体现出以下七个方面:

(1)既要讲学校,又要讲校长。校长讲校首先要讲学校。讲学校如何贯彻党和国家的教育方针,如何坚持社会主义办学方向;讲学校的校风、校训、教风、学风;讲依法治校,加强师德师风建设;讲"五育"并举,德育为先,如何提高教育教学质量,促进学生全面发展;讲学校如何改革创新,加强学校制度建设和文化建设等。同时也要讲校长。讲自己的教育思想和办学理念,讲自己的管理策略,讲如何提升自身综合素养,推动实现专业成长等。在讲校中,如果校长只讲学校,等于把自己放到了旁观者的位置;如果只讲校长,等于把学校放到了校长之外,"校长讲校"也就成为纸上谈兵了。

(2)既要讲实践,又要讲理论。校长讲校应当多讲学校的教育教学实践,多讲学校的典型做法,同时又要把学校的做法上升到理论高度,即讲为什么这样做,其理论依据是什么,让听众既知其然又知其所以然。在讲校中,校长如果只讲实践做法,等于把自己放到了学校"管家"的位置;如果既讲实践又概括理论,无疑校长的身份陡变为"教育家"的显赫位置。

(3)既要讲全面,又要讲亮点。所谓讲全面,就是既要讲学生,又要讲教师;既要讲教学,又要讲教育;既要讲常规管理,又要讲改革创新;既要讲如何狠抓教学质量,又要讲促进学生全面发展。同时又不能面面俱到,要突出讲学校的闪光点,也就是讲如何根据学校实际特色办学,让人听后有眼前一亮的感觉。在讲校中,校长如果把常规管理工作尽数道来,而把特色、亮点一带而过,难免让人产生意犹未尽的感觉。

(4)既要讲当下,又要讲未来。校长讲校当然重在讲近几年特别是当下学校正在做的工作,多讲眼下学校的管理,学校取得哪些突出成绩,突出现实性和时代性。同时,也要适当讲一下学校的近景目标和远景规划,以体现校长的计划性和前瞻性。在讲校中,如果校长只讲学校当下工作不讲未来发展,就好似在做工作汇报,校长胸怀大志的气质肯定体现不出来。

(5)既要讲客观,又要讲主观。校长讲校既要讲学校长足发展和取得骄人成绩的主观原因,也要讲上级教育主管部门正确领导、全校教职工和社会各界大力支持的客观原因。不能把学校取得的成绩全部归结为自己的主观努力,而把学校存在的问题和不足全部说成是由于种种客观原因造成的。在讲校中,校长如果只讲主观原因不讲客观原因,很容易让人感觉讲校者有言过其实、夸夸其谈之嫌。

(6)既要讲成绩,又要讲不足。校长讲校当然是以讲成绩为主,多讲学校的亮点,多讲学校取得的"战绩",多讲学校的发展变化,多讲学校的改革创新。同时也要适当讲讲学校的弱项和不足,讲学校还存在哪些需要改进的地方,讲学校由于某种原因出现哪些不尽如人意的问题。这样表面上看好像给学校抹了一点黑,但更能显示校长的品性和修养,也更能彰显校长实事求是的办学思想。在讲校中,校长如果只讲成绩不讲不足,很容易让人产生学校没有再发展空间的感慨。

(7)既要讲得好,又要做得到。为了使讲校活动讲得精彩,讲出水平,讲出特色,校长要做好前期准备工作,精心准备讲校稿:一要写好讲校稿,二要背熟讲校稿,三要试讲讲校稿。同时要制作好讲校课件,力求课件图文并茂、大方雅观,切忌太彩、太繁、太动。诚然,校长的讲校稿适当借鉴其他学校的经验也无可厚非,但若脱离本校的实际一味照搬照抄,让听众产生华而不实的感觉,不仅使校长讲校的效果大打折扣,而且可能造成讲校者威信受到影响的后果。

上述七个方面只是校长讲校的辩证法策略,千万不能作为七个方面的内容机械照搬。具体到某个校长究竟如何讲校,还需要校长本人大显其能、各显神通了。

学校管理篇

好学校要有准确的自身定位，稳定的培养模式，扎实的课程体系，精良的师资队伍，良好的校园文化，广泛的社区参与，充分的主体发挥，适用的教育设施，浓厚的科研氛围，科学的质保体系。

校长要俯下身，用"悦读"点燃教师的热情；弯下腰，把"美好"放进师生的掌心；抬起头，让"树人"成为教育的根本。校长治校要学会"外圆内方"，要学会"软管理"，要坚持人文性。校长要常到课堂里听听，到办公室坐坐，在校园里转转，在学生中谈谈，到教师家访访，到社区里走走，以寻求学校管理的"根"。

校长要担当唤起师德培育"认同"之责：唤醒文化认同，真正将行为"志于道"；唤醒职业认同，真正将行为"据于德"；唤醒专业认同，真正将行为"依于仁"。校长要坚持三大育人体系：以"活课程"打造课程育人体系；以"活课堂"打造课堂育人体系；以"活辅导"打造社团育人体系。学校全面育人工程主要有七：观念育人工程、环境育人工程、管理育人工程、教书育人工程、活动育人工程、考试育人工程、服务育人工程。

实现文化治校，要"三管齐下"，即以德治校、以法治校、以情治校。校长要建构高品位的校园文化，应淬炼人类崇高精神，吸纳古今闪光思想，打造师生生态家园，提升行为文化品质，彰显建用并举理念。要创建"五气"校园文化：校园美化接地气，办学理念显灵气，校园生活有朝气，评价机制树正气，教学管理聚人气。

46 好学校的十大特征

准确的自身定位;稳定的培养模式;扎实的课程体系;精良的师资队伍;良好的校园文化;广泛的社区参与;充分的主体发挥;适用的教育设施;浓厚的科研氛围;科学的质保体系。

【诠释】

好学校具有以下十大特征。

(1)准确的自身定位。"找准位子,办出样子,创出牌子",是一所学校成长为好学校的"三步曲"。准确的自身定位是办好一所学校的前提。学校定位,要遵循"四个客观",即充分考虑社会的客观要求、学校的客观基础、办学的客观条件和教育的客观规律。

(2)稳定的培养模式。培养模式是在一定的教育理念指导下,对人才培养目标、方法、机制、措施及人才培养过程中各种关系的规范。先进的人才培养模式是先进的教育理念的客观化要求,是先进的教育思想在实践中的反映。"相对稳定"反映的是学校掌握教育教学规律的程度。

(3)扎实的课程体系。课程结构和体系决定了人才规格与质量,与培养目标相匹配的课程结构与有特色的校本课程体系是一流学校的必备条件。学校课程体系,除了国家课程、地方课程外,还应该有校本课程。除了学科课程,还应该包括环境课程和活动课程。

(4)精良的师资队伍。高素质的教师是学校实现教育目标的核心和关键。有一支"爱生若子""爱校如家""敬业专业"的师资队伍,是所有好学校的共同特征。精良的师资队伍,应该"个体素质较高""群体结构合理"和"富有创新精神"。

(5)良好的校园文化。校园文化是全校师生员工共同创造的。但是,它一旦创出来,就是一种能动的教育力量,又会反过来创造这所学校的师生员工。文化是一种精神力量,在制度管不着的地方起作用。一所学校,不可能有百年不变的校长,却可以有千年传承的校园文化。

(6)广泛的社区参与。社会参与度越高,学校就会办得越好。现代社会是开放的社会,现代教育也必须是面向社会的教育。这种教育在积极服务社会的同时,也能广泛地吸引社会的支持与参与。学校教育学生要从教育家长做起,从引导家长的自我教育做起,从优化社区的教育环境做起。

（7）充分的主体发挥。学生广泛的主体参与,既是好学校的标志,也是一所学校之所以成为好学校的原因。学生主体意识的弱化,就是学校教育质量的弱化。教育,说到底是为了学生,围绕学生,在于学生,通过学生,服务学生,激发学生,取决学生……

（8）适用的教育设施。适用的教育设施不是单纯的"先进""一流",它更看重的是"适用"。"实用、高效、人本"才是衡量教育设施优劣的标准。用坏了的教育设备,比保存如新的教育设备,价值高出百倍。"我这个地区最好的建筑是学校"不如"我这个地区待遇最好的职业是教师"。

（9）浓厚的科研氛围。教育科学是前沿科学。教而不研则浅,研而不教则空。学习、借鉴、消化、吸收、创造,其实都包含在教育科研当中。教育科研,不是为了出成果,而是为了出人才。学校浓厚的科研氛围,带给学生的是可贵的"求真"意识。

（10）科学的质保体系。教育是过程的艺术,没有过程就没有教育。好教师不认真工作,和差教师无异。建立科学的质量保障体系,比选拔好教师更重要。把质量交给制度,比把质量交给个人更可靠。质量保障体系最重要的环节在课堂。一所学校,最美的风景不在校园,而是在课堂。

47 学校的"精致管理"

管理的精致,本身并不是目标。对校长而言,管理的精致,最终是为了教育的精致。

【诠释】

精致管理就是"追求完美,实现卓越"的过程。精致,源于细致,成于极致;精致,始于精心,成于精彩。精致管理,能让简单的事情高质量地重复做,从而创造不简单;精致管理,能把平凡的事情做到极致,从而创造不平凡。

管理离不开规则和标准,而规则和标准正是精致的完美表现。所以,任何一个真正成熟的管理,必然是靠制度来运行的,而这个制度必然是在对细节精确把握的基础上制定的。没有好制度,成功不容易;有了好制度,失败不容易。

精致的前提是"精要"。制度并非越多越好,不见"管理"的管理,才是最高境界的管理。制度是打造一个合适而且坚固的容器,不是守着一个破锅"打补丁",到处堵漏。补丁越打越多,漏洞也会越来越多。

精致管理重结果,更重过程,精致管理是过程和结果的统一。实现教育教学目标的过程,是典型的"精致管理"的过程。建立"定向机制"既是实现教育教学目标的根本保证,也是精致管理的灵魂所在。这个机制可概括为三点:第一,锁定目标——目标锁定要精准。精准就是要对目标进行"分解""量化",实现"可测",要时刻关注目标的三个维度,即方向、时间、程度。第二,关注过程——过程控制要自动。自动就是要建立机制,让"反馈""诊断""改进"自发进行,准确反馈,科学诊断,及时修正。第三,着力执行——指令执行要到位。到位的衡量标准是"敏捷""通畅""至达",做到反应敏捷,传输通畅,落实到位。

精致管理要有组织保证,关键词是"扁平化"和"低重心"。所谓扁平化,即丰富学校中间层职权,拉近学校层级距离,变"金字塔"的学校管理模型为"橄榄球"型管理模型。纵向到底,层级精简,横向到边,疏而不漏。减少层级损耗,提高执行效率。

精致管理的学校,应该包含以下十二个"精":校长精明,队伍精良,机构精简,文言精要,流程精细,目标精准,要求精确,衔接精密,投入精心,内容精选,外观精美,处置精当。如此,才能荟萃精英,打造精品,演绎精彩。

精致管理讲究"细化""常化""内化"。细化,是指精细的,而非笼统的;常化,是指常态的,而非突击的;内化,是指自觉的,而非压制的。"精心"不等于"精细","精细"不等于"精致"。精心用错地方,带来的并不是精细,浪费的也不仅仅是精心;精细如果只追求"细"而忽视"精",收获的不会是"精致",而只能是"压抑"和"窒息"。

精致管理是一种境界,精致的境界是永无止境的。精致管理是简单管理,拒绝繁文缛节和形式主义;精致管理是制度管理,不是能人管理;精致管理是文化管理,不是僵化管理。管理的精致化和人文化是统一的而不是对立的。精致管理一定是人文管理,精致管理是解放人而不是束缚人,是发展人而不是压制人。管理精致化的程度,就是管理符合规律的程度,就是管理人文化的程度。

管理的精致,本身并不是目标。对校长而言,管理的精致,最终是为了教育的精致。

48 学校管理该如何借力

> 　　学校的管理,可以借上级政策的力,借视导检查的力,借管理团队的力,借教师群体的力,借学生家长的力。

【诠释】

　　学校借力管理,是校长借助多方关系,集多股力量为己所用,从而达到事半功倍的管理效果。

　　(1)借上级政策的力。通常来说,教育主管部门都制定有具体的办学要求和目标,这些文件政策对学校建设有指导作用,校长要依托规范化办学的目标要求去着力落实。

　　(2)借视导检查的力。一般来说,学校都会接受来自教育主管部门、兄弟学校及其他单位领导的检查和参观,这是推进学校发展的好机会。高明的校长会借检查、视察的东风,会诊分析学校的问题,抓住机会对一些难处理的症结死角进行整顿,并加以改进。

　　(3)借管理团队的力。校长在推出新举措时需要深入调研,广泛听取意见,更重要的是要争取管理团队的支持配合,要在学校行政会议上先讨论通过。会议上形成的决议具有权威性,在执行时容易被教师所接受。作为校长,一定要尊重管理团队成员的意见,发挥团队成员的优势特长,科学分工,明确职责,以达到管理的最优化。

　　(4)借教师群体的力。校长在每学期开学之初要将行政分工和要求在全体教师会上认真宣读,这既有利于教师明确对口领导,便于开展工作,又可借助群众的力量来督促管理干部。

　　(5)借学生家长的力。校长可以适时地借助家长的力量,对一些特殊的教师和教育现象进行适当的警示教育,以达到教育的目的。比如,校长可以鼓励家长写表扬信,歌颂教师教书育人、关爱学生的事迹,从而在校园内树立师德模范,号召全体教师学习;也可根据家长的投诉,批评个别教师的一些不当行为,以此警告全体教师;等等。虽然家长的力量不可以经常借用,但是,合适的时候偶尔用之,往往对教师有较大的促进作用。

49 校长办学思想的"思"与"想"

> 校长的思想就是校园的桃李芬芳,就是师生每天的课堂。有了立德树人的价值,自然就有了思想的光芒。

【诠释】

历史上有不少灿烂的办学思想,至今还是指引校长办学的灯塔。比如杜威的"教育即生活,社会即学校";陶行知的"千教万教,教人求真;千学万学,学做真人"。当今社会办学思想如雨后春笋,却鲜有灯塔的价值。有的思想要么专业上支离破碎,要么立点上南辕北辙,经不起实践的检验和理论的推敲。

作为一校之长,有自己的办学思想是值得骄傲的。但是,思想必须有思想应有的质量,即思想要有根,要有魂,要有本。所谓思想之根,就是对生命的尊重,对学生成长的呵护;所谓思想之魂,就是对规律的敬重,对时代的追随;所谓思想之本,就是化管理为服务,化管理为成就,服务教师的事业发展,成就学生梦想的实现。

作为一校之长,形成自己的办学思想是理应追求的目标。但思想离不开经年累月的积淀,更离不开脚踏实地的实践;办学思想,要有学的虔诚和智慧,更要有办学的深入和领悟。办学思想不会横空出世,它来自真情的奉献,源于真抓实干的精神。做好学校的每一件具体工作,思想才有生长的土壤。所做每件事要让师生有回味的甘甜,校长的办学不讲思想也有分量。

办学思想,不是自我标榜。疏离实践、背离规律的思想,不过是搔首弄姿的包装。琢磨思想,不如琢磨"干"的方向、"干"的质量。办学思想,要多思少说;办学思想,要多学少想。思想无须吹嘘,思想不是妄想。校长的思想就是校园的桃李芬芳,校长的思想就是师生每天的课堂。有了立德树人的价值,自然就有了思想的光芒。

50　不需要五花八门的"特色"学校

> 为"特色"而特色，势必要扭曲基本，形成"反教育"；"特色"太多了，势必干扰学生的正常学习，形成"反规律"。

【诠释】

媒体上常有介绍五花八门的"特色"中小学学校，教育部门领导和校长们的汇报，教育行政部门的"验收"，评估系统的指标中，到处听闻"特色"二字，让人听了看了总有些疑惑。笔者觉得，基础教育的"特色"过多，非但难成其为"基础"，也就算不上特色了。为特色而特色，势必要扭曲基本，形成"反教育"。一个国家，有成千上万所学校，每所学校都有"特色"，可能吗？若果真都有特色，我们经常喊的"教育规律"岂不是胡说？

教育部门的领导视察学校时，都会脱口而出地问"学校的特色是什么"。他们这样问，也是出于"政绩"的考虑：他不一定懂行，但他知道，如果上级领导来视察，他作为陪同，得汇报出一些"特色"来。所以他先要把下面的"特色"摸清。"特色"多了，上级领导的脸色可能会好看一些，下属的日子也就会好过一些，或许还有意想不到的运气。

因此，校长们的任务就来了，他们得挖空心思去挖掘"特色"，如果挖不出，就得组织智囊团编造。就这样层层下压，最后压向课堂。试想，一名中小学生，每天在学校上七八节课，每门课的教师都凭千奇百怪的"特色"上课，他吃得消吗？尽管学生对"特色"课谈不上异议，但他会埋怨"活动多""花样多"，学不到真本领。

因材施教，古人的教诲才有可能形成真"特色"。也有不少学校的校长，他们不愿做假，鄙视子虚乌有的"特色"，宁可被上级说成平庸，也不敢违背教育教学规律。"宁可得罪领导，不敢违反教育规律"，这样的校长可敬可赞！

51 学校教育的"一个中心""两个基本点"

学校教育要坚持"一个中心""两个基本点",即坚持以教学为中心,坚持学生的全面发展,坚持教师的专业水平提高。

【诠释】

关于学校教育的"一个中心""两个基本点"的说法,有的说是以课程改革为中心,一手抓课堂教学改革,一手抓青年骨干教师的培养;有的说是以教学为中心,坚持德育和智育两个基本点;也有的说是以学生为中心,坚持教学和科研两个基本点。上述几种说法从不同角度看,都有一定道理,但其表述还有待于进一步商榷。

笔者认为,学校教育要坚持的"一个中心",应为坚持以教学为中心,这是毫无疑义的。"两个基本点"应从学生和教师两个方面考虑更为科学,即坚持学生的德智体美劳全面发展,坚持教师的专业水平提高。

52 校长:俯下身,弯下腰,抬起头

俯下身,用"悦读"点燃教师的热情。
弯下腰,把"美好"放在师生的掌心。
抬起头,让"树人"成为教育的根本。

【诠释】

校长要保持三种姿态,即俯下身、弯下腰、抬起头。

(1)俯下身,用"悦读"点燃教师的热情。校长爱教育,应该首先从爱教师开始。校长爱教师,教师就会爱学生。以发展教师来发展学生,以发展师生来发展学校。爱教师,要从鼓励教师以坚持阅读来发展自身作为切入点,以善于发现、勤于激励、重在点燃作为座右铭,为教师的成长谱写"四部曲",

即师德纯粹,专业精湛,读书润身,课堂至上。

(2)弯下腰,把"美好"放在师生的掌心。弯下腰,让学生们懂得校长不仅仅是一位师长,也是一位挚友和亲人。弯下腰,是对师生的尊重,有利于培养学生的气质,让学生有思想,会表达;有责任,敢担当;有爱心,能宽容。

(3)抬起头,让"树人"成为教育的根本。要树立"为学生终身幸福发展奠基"的理念,校长要牢牢抓住文化和课程两个方面。在校园文化培育上,要突出两个字——"人"和"美",千方百计营造"让每个学生抬起头来"的校园文化氛围。对于基础性课程,要坚持采用校本化实施策略,让教师编辑适合学生实际的校本导学案和校本作业,充分发挥教师的主导作用和学生的主体作用,以培养学生必备品质与关键能力。

53 师德培育:校长要担当唤起"认同"之责

唤醒文化认同,真正将行为"志于道"。

唤醒职业认同,真正将行为"据于德"。

唤醒专业认同,真正将行为"依于仁"。

【诠释】

作为教师精神价值的引领者、群众"创造"的首席者、利益"博弈"的平衡者,校长当下更应该唤醒教师主体成长需要,通过内生驱动实现由视界到境界的提升。

(1)唤醒文化认同,真正将行为"志于道"。校长与教师之间最好的关系,是简单的人际关系、简约的工作关系。校长的文化引领,应该是引导教师逐步适应和遵循学校长期约定俗成或共同遵循的做事方式。校长要重在建立学校的核心价值,让学校的一切管理、教学行为都归根到"成人之美"上。

(2)唤醒职业认同,真正将行为"据于德"。教师之德,唯有其认同此职业且作为事业,才能真正将职业成长视为自主需要,否则就很难提升为德之格并真诚践行。校长要引导教师确立身份自信,通过愿景引领、文化聚合、课程改革、生涯规划、优化学校内外发展环境等,增强教师的归属感。用学校的高品位发展、教师从中获得的真实幸福感,去激发教师的职业自信。同时,校长要引导教职工践行团队价值，要求要高瞻远瞩，为未来生存做充分的准备；要默契行动，为团队生存自发奋斗；要有雁阵精神，不让一个团队成员掉队。

（3）唤醒专业认同，真正将行为"依于仁"。专业发展是教师成长成功的基石，较强的专业能力与素养能够唤醒个体的自信心与成就感。校长对师德的引领，在于唤醒教师的专业自信，用专业发展的效能感、成功感与内心的丰盈成就其德行；校长对专业的引领，则通过专业成长愿景规划，激发教师专业发展的原生动力和内驱力，实现教师的专业发展和部分教师的领军发展。

54 校长要学会放权

校长作为一名领导者，必须学会将权力交给信任的下属，要敢于放权，并且懂得授权。

【诠释】

现代管理学认为，"管理最少的领导才是最好的领导"。在"不为"的背后，其实隐含着一种大智慧。校长作为一名领导者，必须学会将权力交给信任的下属，要敢于放权，并且懂得授权。

（1）要将一些决策授权给他人或组织机构。学校工作方方面面，十分繁杂，但校长又不可能是一个无所不知、无所不会的全才，这就要求校长要学会放权，敢于放权，做到有所为和有所不为，相信自己的下属，让下属去发挥作用。

（2）要授权给值得信赖的人。校长授权时必须有合适的人选，一要授权给"明白人"，要把权力授给明白校长的观点、明白校长的想法并能给校长提出建设性建议的人；二要授权给"贴心人"，要把权力授给愿意为学校、为校长出力的人。

（3）要授权不授责。授权不仅对自己更要对下属的工作绩效负全部责任。校长在进行授权时，就要主动为下属排忧解难，即使下属偶尔出现失误或过错，也要给予充分的理解和信任。

（4）要做好授权的监督和控制。没有制约的权力是不可想象的，明智的校长会建立一套明确的权力控制机制，并通过定期督察、座谈交流等形式来随时了解下属的工作情况。

55 校长要学会"外圆内方"

> 情感是圆,修养是方;文化是圆,制度是方;团队是圆,个人是方;环境是圆,方针是方。

【诠释】

作为校长,做人处事要学会"外圆内方",才能找到智慧与通达的成功之道。

(1)情感是圆,修养是方。一所学校就是一个生命体,校长应表现出人性化的意识,尊重、信任、关爱教师是学校管理的主题之一。校长应树立"管理就是服务"的理念,做到"外圆内方",柔软、温和、人性、灵活是处理问题"外圆"的方法要领。校长是一所学校的领头雁,掌握着学校生存和发展的命脉,刚毅率直、公道正派是校长人格修养"内方"的基本特征。校长要牢固树立公仆意识,把教职工的利益放在第一位,要用一颗公正心,客观、全面、及时地为教职工做好"服务"工作。

(2)文化是圆,制度是方。校园文化包括共同的理想信念、价值观念、历史传统、道德规范和行为准则等因素,其核心是全校师生共同的价值观念。信任、责任、诚实、正直和忠诚等价值观是校长真正意义上的"圆"管理。在打造文化"外圆"的同时,不可忽视制度的"内方"制约点,即制度建设的缺位问题和管理的薄弱现象。我们号召教师爱岗敬业、恪尽职守、无私奉献时,更应该审视学校的各项管理制度是否执行到位。

(3)团队是圆,个人是方。校长作为学校团队的领导,要走在团队前面,高举团队旗帜,凝聚人心,做事圆满,充分尊重每个教师的理想,促成学校远景规划和个人成长发展规划和谐统一,注重以人为本的弹性管理。同时校长要在内方上提高个人修养,志存高远,坚持真理,爱憎分明,在原则问题上不左右逢源,不随波逐流。面对错误行为或不良倾向,敢于旗帜鲜明、挺身而出,做一个正直的人。

(4)环境是圆,方针是方。作为校长,要用四只眼看教育:一只眼看校内教育,一只眼看学生家庭教育,一只眼看社会教育,还有一只眼放眼世界教育。校长要打造教育发展"圆融"的环境,坚守党和国家教育方针的"方正"地位。办学不仅要遵循教育规律,而且要遵循市场规律。校长既要全面贯彻落实党和国家的教育方针,又要寻求教育的合力,倡导平等互助的师生关系,建立与学生家长的教育同伴关系,搞好与周边社会环境的关系,理顺学校与上级主管部门的关系,保障学校工作在社会和谐的环境中正常发展。

56 校长开会"五要"

　　校长开会"五要":要学会取舍、要固定时间、要明确人员、要严格程序、要落实决议。

【诠释】

　　校长参加会议、举行会议要做到"五要"。

　　(1)要学会取舍。校长抓全面,但不是事无巨细,开会同样如此,不是每个会议都需要校长出席、主持。校长要想从文山会海中摆脱出来,必须学会取舍。上级党政、教育行政部门通知校长参加的会议,校长必须按时出席,以免影响传达、贯彻效果。其他属于分管领导和部门参加的会议,校长就不要代为参加,这既是对分管领导和部门的尊重,也更有利于会议精神的贯彻落实。对于本校的会议,校长要统筹兼顾,科学安排,学会取舍。就学校而言,研究安全、人事、财务等重大事项的会议以及开学典礼、学年工作总结和教代会是校长必须参加的。

　　(2)要固定时间。会议时间相对固定,有利于学校和教职工统筹安排工作和学习,避免会议扎堆撞车,影响正常的教学和工作秩序。为了使教职工心中有数,学校办公室应于每周日以通知的形式在学校公告栏或学校微信群提前告知下周要召开的会议,包括时间、地点、人员等内容,以便大家做好准备。如果没有特殊情况,不要轻易取消。什么时间开会,会议开多长时间,表面看只是时间问题,实际上涉及校长的观念、素质、水平等。因此,建立时间相对明确的会议制度,是校长提高管理水平的重要手段。

　　(3)要明确人员。会议的主题不同,参会的人员也不相同。教职工大会全体教职工参加,党员大会全体党员参加,班主任会议全体班主任参加,这类会议的参会对象都十分明确。凡涉及学校重大事项研究时,一般应由学校党委会或校务会班子集体研究决策,但有时校长也可根据具体情况,适当扩大参会人员的范围,举行一些扩大会议,以提升科学决策的有效性。

（4）要严格程序。会议由谁主持,研究讨论什么问题,发言的先后次序,会议的精神怎么贯彻落实,都应该有严格的程序。比如,学校党委（支部）会议应由党组织负责人主持,学校校务会议应由校长而不是书记主持,校级层面召开的会议应由校级领导主持等。涉及学校重大事项,学校班子集体研究重大事项,校长必须严格遵守一把手"末位表态"制度,以确保决策的质量和民主集中制的贯彻落实。

（5）要落实决议。开会是为了研究工作、布置工作、解决问题,如果会议没有形成决议,或者决议在实际工作中得不到贯彻落实,开会就失去了实际意义。因此,贯彻会议精神要责任到人,并制订详细的跟进计划。校长作为一把手,应该树立领导集体的权威而不是个人权威,对于领导集体做出的决定应坚决执行。如果确有缺陷,需要修改或者暂缓执行,必须再次开会研究,校长要说明不执行或暂缓执行的原因。这样,才能树立学校领导的集体权威和决策权威。

57　校长"软管理"治校策略

> 校长治校要率先垂范,勇挑重担;要心胸宽广,境界高远;要民主治校,以师为本;要创新管理,修炼内功。

【诠释】

"软管理"就是校长个人的品德、学识、能力、胸怀、情感等因素对师生所起到的潜移默化的感召作用。在学校管理中,校长不但要用"硬管理",也要善于"软管理"。

（1）率先垂范,勇挑重担。古人云:"其身正,不令而行,其身不正,虽令不从。"作为一名校长,要以身作则,事事从我做起,要求教职工做到的,自己首先做到;要求教职工不准做的,自己坚决不做。这样才能赢得人心,推动学校工作的顺利开展。

（2）心胸宽广，境界高远。"金无足赤，人无完人。"作为一名校长，要心胸宽广，学会宽容，学习别人的长处，容忍别人的短处。在学校管理过程中，少一点指责，多一份关心；少一点强制，多一份尊重；少一点疑虑，多一份信任；少一点限制，多一份人性。

（3）民主治校，以师为本。学校工作琐碎繁多，主要依靠教职工去完成。校长不仅要善于同教职工共商治校大事，树立民主、团结、和谐、友善的校风，还要在不违背政策原则下，千方百计为教职工服务，尽可能为教职工排忧解难。

（4）创新管理，修炼内功。校长要深入研究学校管理策略，博采众长，争做学校管理行家；同时，要苦练内功，努力提高自己的教育教学教研能力，争做教书育人的名家。

58 校长必须抓对"三件大事"

校长在学校管理中必须抓对"三件大事"，即"走对路""用对人""出对招"。

【诠释】

作为校长，不可能事必躬亲，也不可能事无巨细，但是有三件大事必须抓对。

（1）走对路。这是决定学校发展方向的问题。一所学校要想真正发展起来，必须有一个明确的发展方向，这就要求校长能够对所在学校进行准确定位，然后制订出适合于本校的发展之路。任何刻意模仿或盲目的创新都是不符合教育教学规律的。

（2）用对人。这是能否最大限度发挥学校人力资源的问题。校长要深谙用人之道，任用干部切忌操之过急，一定要经过认真考量后再做定夺。好的管理人才的标准是，不仅教育教学业务素质精，而且有创新的工作方法、吃苦耐劳的敬业精神和高尚的人格品质。如果校长身边有一帮出类拔萃且尽心尽力的人，校长工作就会如鱼得水。

（3）出对招。这是校长的工作策略问题。作为校长，会不断碰到棘手的事情,大到学校发展,小到学生的磕磕碰碰,处理不好,工作上就会出现问题。所以校长一定要讲究工作策略,在小事中透出大胸怀,在平凡中显示大智慧。工作上坚持刚性原则,方法上讲究柔性策略,切忌独断专行。

59 校长不妨自寻"苦"吃

校长要管理好学校,不妨自己找些"苦"吃:树立目标,自加压力;融入团队,交叉管理;四面树"敌",相互监督;知人善任,权力分流。

【诠释】

《菜根谭》曰:"嚼得菜根,百事可为。"校长要把学校管理好,不妨有嚼菜根的吃"苦"精神。

(1)树立目标,自加压力。校长不妨针对自身的短处和不足,制订一些自我管理的目标,让全校教职工监督执行。这种自暴其短的做法,可能一时会使校长的形象和威严受到一定影响,但是能够起到"其身正,不令而行"的效果,更有利于在全校树立正气,弘扬正能量。

(2)融入团队,交叉管理。校长是学校的法人代表,在学校管理方面负全责,但在具体职能部门不妨接受处室领导的管理。如在工会接受工会主席管理,在办公室接受办公室主任管理,在教研组接受教研组组长管理等。校长从管理者的身份降为被管理者,表面上看好像权力受到一定限制,但这样做使各处室职责分明,让校长融入团队之中,更能促进学校工作的全面开展。

(3)四面树"敌",相互监督。校长不妨建立一些民主监督组织,如教代会常委会、家长委员会、学校行政监督小组等,广泛吸收有才能的教职工和家长参与其中,发挥他们放大镜的功能,鼓励其提出学校行政管理中的缺陷,透视学校教育教学工作中的不足。这样做表面上看可能给校长带来"受制于人"的尴尬,但有利于学校形成有话明说、有理明讲的民主氛围,更有利于学校健康和谐发展。

(4)知人善任,权力分流。校长要善于把自己的权力分流出去,不妨把学校里的教务、政教、总务、行政四大权力放给副校长主管,让教务处、政教处、总务处、教科室等处室分工明确,责任到人。这样校长看似权力减弱了,但压力减轻了,工作绩效高了,最终的最大获益者仍是校长及学校。

60 九年一贯制学校要在"贯"字上做好文章

> 九年一贯制学校要在"贯"字上做好文章,既要实现管理上的"一贯",又要落实教材上的"一贯"。

【诠释】

九年一贯制学校的一个本质特点和关键环节,就是一个"贯"字,如何体现"一贯"的特点和发挥"一贯"的优势是学校工作的重点和难点。

(1)实现管理上的"一贯"。要求副校长和学校中层干部既具体分管某一年级或行政的某项工作,又要同时牵头1—9年级的某项工作,使各项工作既有阶段性又有连贯性。

(2)落实教材上的"一贯"。校长要遵循学生成长和学科知识的规律,安排有关部门自编科学实用的校本教材,部分初中内容下沉至六年级,将小学和初中两块进行无缝衔接。这样由表及里,学校的教学和行政、德育、后勤才能真正实现一体化、一贯制。

61 "立德树人"不应只是一句口号

> 学校要建立学科育人机制,将"以德启智"作为教风贯彻到教学全过程中;要筑牢师德基石,让每一位教师言传身教,实施全员育人、全程育人;要加强家校共育,与社会联手共同育人。

【诠释】

毋庸置疑,当今很多学校喊着"立德树人"的口号,却仍在行片面"应试教育"之实,重智育轻德育现象在不少学校仍占有一席之地。究其原因,主要是"素质教育""核心素养""习惯养成"甚至于"立德树人"等名词无论闪耀着多么现代教育理念的光芒,却总是不被广大家长所待见。于是乎,学校只好顺应家长的诉求,使"立德树人"的教育本质不能真正落到实处。

其实,好的教育首先是能让学生们健康成长的教育。成长的起点是身正。首先,学校要筑牢师德基石,让每一位教师言传身教,去实现以一颗心灵唤醒一群心灵的高尚的育人活动。其次,学校需切实建立起学科育人机制,以德为首引领学生全面发展,让智育、体育、美育、劳动教育与德育有机结合起来,并将"以德启智"作为教风贯彻到教学全过程中去。再次,要实施全员育人、全程育人,加强家校共育,与社会联手共同育人,改变片面的学校育人和班主任育人而其他人只教书不育人的格局。最后,学校要高度重视仪式教育的德育功能,如开学、升旗、入队、离队、入团、毕业等,学校对这些活动都要举行典礼或隆重的仪式,让这种显性的活动真正营造起浓厚的育人氛围。

62 学校要坚持三大育人体系

> 以"活课程"打造课程育人体系;以"活课堂"打造课堂育人体系;以"活辅导"打造社团育人体系。

【诠释】

学校要坚持以下三大育人体系。

(1)以"活课程"打造课程育人体系。学校以"一体三翼十二支点"打造课程育人体系。"一体"即学校要坚持"培育学生身心成长力量"这一核心理念,构建课程体系;"三翼十二支点"即围绕"爱国、感恩、诚信、友善"培育学生品德的力量,围绕"明礼、遵规、悦读、笃写"培育学生习惯的力量,围绕"追趣、乐长、高雅、自信"培育学生兴趣的力量。

(2)以"活课堂"打造课堂育人体系。学校要避免走入模式误区、硬推误区,立足课堂要素,开展"基于学习力提升的活课堂"教学,构建课堂改进"一核四维八要素"。"一核"即培育学生核心素养;"四维八要素"即"学案活"突出"扣标、问题","策略活"突出"合作、评价","达成活"突出"情境、反馈"，"教师活"突出"激情、亲和"。通过"活课堂"教学，让教师真正找到课堂改进的最有效途径。

（3）以"活辅导"打造社团育人体系。学校要把学生的能力素质提升作为学校品牌的鲜明特征，着力构建系统社团体系：一是优化学生社团设置，对原有社团进行整合提升，开设体育、音乐、美术、信息技术及其他社团，所有社团均有专业教师或聘请兼职教师辅导。二是实行分项分层教学，对艺体课由年级统一安排，打破班级界限，实现选课走班，构建学科和社团相统一的分项分层培养模式，并为所有学生建立特长档案。三是全力保障社团运行，做到设施保障到位。四是通过校园体育艺术节、社团展示等活动，确保社团活动的质量。

63 让"四抓"抓牢治校之本

> 抓基础，发挥制度激励作用。
> 抓核心，强化师资硬核力量。
> 抓关键，增强校长领导能力。
> 抓品牌，提升学校教育品质。

【诠释】

校长要按照"问题导向、目标引领、评价激励"的思路，构建起现代学校治理体系。

（1）抓基础，发挥制度激励作用。制度是理性治理的前置保障。要真正发挥好制度的正向引导作用，就要从学校、团队、个人三个层面，搭建教师成长立体平台，激发教师争先创优的积极性。

（2）抓核心，强化师资硬核力量。学校要坚持把提升教师素质作为第一要务。一要招引人才；二要以赛代训，组织教师参加教学技能大赛，包括教学策略大赛、班级管理大赛、说课大赛、命题大赛，实现教师由被动培训变为主动参训；三要层级管理，把层级增设为入职型、适应型、胜任型、骨干型、示范性、导师型、专家型七级。层级管理是对教师的水平认定，有利于调动教师的主动性。

（3）抓关键,增强校长领导能力。校长要基于规律、基于理念、基于问题,用心去思考学校发展规划,明确办学方向,坚定发展定力。

（4）抓品牌,提升学校教育品质。学校要着力创办品牌学校,制定组织严密、上下通畅、环境和谐、管理规范的规章制度,朝着"优势项目——特色学校——品牌学校"的健康轨道发展,以品牌创建全力助推学校高质量发展。

64 校长应具备四种管理思维

　　校长要成为学校师生有效的沟通者、忠实的服务者、成长的激励者和专业的引领者。

【诠释】

校长应具备以下四种管理思维。

（1）要做有效的沟通者。校长不仅要把自己看成是一个管理者,而且也是一个"沟通者",主动走到师生当中去,在与师生沟通上下功夫、花力气、做文章。只有真正和师生沟通,才能使学校资源得到最大的发挥和利用,才能激发出广大师生工作学习的积极性,学校工作才会顺利扎实开展。

（2）要做忠实的服务者。校长要关注师生的内在需要,多和师生沟通、谈心,了解他们的生活、学习、工作情况,主动为他们排忧解难。讲的是师生想的,干的是师生盼的,改的是师生怨的,全心全意为师生服务,就一定能够激发起全校师生向上的潜力和进步的欲望。

（3）要做成长的激励者。在学校管理中,校长要做到政策暖人、感情留人、行动感人、管理激人,做有人情味的校长,对全校师生多一分关心、多一分鼓励、多一分宽容、多一分赏识。既调动师生自身发展,更促使学校健康持续发展。

（4）要做专业的引领者。一个好校长不仅在管理工作中熟悉政策法规,讲究管理艺术,更要在教学教研中施展才华,引领教师专业发展。校长要身先士卒,在业务上做引领教师专业发展的"专家",在学习上做师生心目中的"学者",使自己成为一个热爱学习、精于业务的人,并能引领全校师生在学习中钻研,在钻研中学习,让书香文化在校园荡漾。

65　学校管理的"方圆"之道

在学校管理中,"方"是学校的脊梁,"圆"是管理者的智囊,"方"能制"圆","圆"能补"方"。

【诠释】

"方",有棱有角,是指管理的原则性、规范性。"圆",有灵有感,是指管理的灵活性、变通性。"方"与"圆"的辩证统一,即原则性与灵活性的有机结合,是一种科学而智慧的管理方式。

在学校管理中,"方"是学校的脊梁,"圆"是管理者的智囊,"方"能制"圆","圆"能补"方"。具体地说,要做到以下三点。

(1)由方而圆。任何一所学校的管理都需要规章制度的约束。校长在制定规章制度时要从"方",以体现管理的规范性、严肃性。但在执行规章制度时应从"圆",以保证学校工作顺利进行为目标,不以处分和制裁教职工为目的。

(2)小圆大方。"小圆",是指校长在学校管理的细枝末节上要宽宏大量,容人之短,谅人之过。"大方",是指校长在学校管理的全局和方向上要坚持原则,不能随意让步。"小圆大方"的关键在于把握好大与小的度。

(3)腹圆背方。"腹圆",是指校长在选才和用人时应该有开放的心态,善于接纳各种类型的人才,知人善任,用其所长。"背方",是指校长在用人时要坚持标准,严格要求,公道正派,任人唯贤。

66　完善教学质量保障体系

促进教师的专业发展是教学质量保障体系的基础,建立科学的监督体系是教学质量保障体系的法宝,构建和谐的激励机制是教学质量保障体系的根本。

【诠释】

（1）促进教师的专业发展是教学质量保障体系的基础。教师是教育教学的关键性资源，教师的素质在相当程度上决定着教育教学的整体质量。因此，校长要注重促进教师的专业发展，培养教师一要有高尚的师德，二要有深厚的从教情感和敬业精神，三要有渊博的学识，四要有追求自身发展的求知欲。

（2）建立科学的监督体系是教学质量保障体系的法宝。搞好教学工作只有严格的规章制度还不够，还要有强有力的检查机制做保障。建立完善、规范的教学质量监督检查机制，是保障教学工作顺利进行的法宝。教学质量检查机制一要有阶段式教学质量监控，包括期初检查、期中检查、期末检查；二要有听课制度，包括校领导听课制、教务处听课制、教科室听课制、教研组听课制、教师听课制；三要有学生评教制度；四要有教学竞赛制度。

（3）构建和谐的激励机制是教学质量保障体系的根本。教师的劳动是一种复杂的个体劳动，需要不断地激励，以调动积极性，发挥创造性，增强责任性。校长要以师为本，重视对教师情感、宗旨、信念、价值趋向等长期的培育，从而提高教师的凝聚力和竞争力。应注意营造和保持一种相对宽松的评价氛围，使评比结果与行政奖惩保持适当的距离，减少考核指标的刚性，以鼓励教师的个性化发展。

67 抓住学校安全教育的四个关键因素

> 校长要坚守珍爱生命、居安思危的安全教育理念，构建贴近实际、以练为主的安全教育课程与教学，形成师生临危不乱、有序撤离的良好纪律，培养管理者和教师沉着冷静、正确指挥的能力。

【诠释】

（1）坚守珍爱生命、居安思危的安全教育理念。学校安全教育的根本是呵护全体师生的生命安全，为学生的生命成长创造一个安全的环境。校长必须时刻坚守珍爱生命、居安思危的教育理念，坚持在课程教学中贯彻这一理念，这是学校做好安全教育的前提和基础。

（2）构建贴近实际、以练为主的安全教育课程与教学。校长要落实珍爱生命、居安思危的教育理念，需要学校课程与教学作为载体，使这种理念融入学校日常的课程与教学之中。不同的学校潜在的安全隐患存在着差异性，校长必须有针对性、有侧重地开设安全教育课程，这样才能做到有的放矢。此外，在日常教学过程中，校长应注重开设安全逃生演练类课程。通过演练，可以最有效、最迅速地提高师生的安全逃生知识与技能。

（3）形成师生临危不乱、有序撤离的良好纪律。良好纪律是临危不乱、有序撤离的保障。只有当学生在学校安全教育中养成铁的纪律，才能在安全事件突发时，做到临危不乱、有序撤离。而这种严明的纪律性必须在学校课程教学中不断训练、持续强化才能逐渐养成。

（4）培养管理者和教师沉着冷静、正确指挥的能力。在危急关头，学校管理者和教师必须首先站出来，担当起守护者和指挥者的角色，果断采取应急措施，保护学生的生命安全。这就要求学校管理者和教师必须具备较强的指挥能力。管理者和教师的沉着冷静、正确指挥能力不是与生俱来的，需要在日常的教学过程中不断加以培养。一方面，校长要加强对管理者和教师的基本应急处理能力的培训与指导；另一方面，管理者和教师要自觉加强安全教育内容的学习，以提升自身的应急处理能力。

68 学校特色的创建

深刻把握特色内涵，树立正确特色观。
深化教育常规管理，打牢特色支持点。
依托学校传统优势，找准特色定位点。
凝聚师生集体智慧，培育特色生长点。

【诠释】

（1）深刻把握特色内涵，树立正确特色观。特色教育属于教育，教育的使命是促进人的发展，让学生更好地成长，任何特色教育都要切实做到"以生为本"，为了学生的发展，促进学生的发展。因而，校长要正确理解特色教育，把特色教育放在"人"的教育背景之上，而不能被庸俗的功利主义迷惑双眼。不能为了特色而特色,而是为了学生而特色;不能为了荣誉而特色,而是为了教育而特色。

(2)深化教育常规管理,打牢特色支持点。任何特色教育都不是孤立的,都是常规教育的升华和提升。离开常规教育做基础,特色教育便失去了根基,也就失去了生长的动力。因而,校长在抓特色教育的同时,更要强化教育教学常规管理,让特色教育与常规教育相得益彰,共同促进学生更好地发展。

(3)依托学校传统优势,找准特色定位点。特色学校的创建,需要结合实际,立足传统,在学校潜在的优势中发现突显,而不能盲目跟风、生搬硬套。校长要善于发现、总结、归纳、提炼、发展自身的优势传统,找准自身的特色,发展自身的个性,依托传统优势准确定位,确立特色创建工作的正确方向。

(4)凝聚师生集体智慧,培育特色生长点。特色教育不是校长孤军作战,特色学校的创建更需要全体师生的集体智慧。在特色教育的创建工作中,校长要尊重师生的意见,吸纳师生的智慧,群策群力,不断完善特色教育体系,使学校的特色教育更加完善,更加科学,更加符合学校实际。

69 学校规范管理的四个层次

> 学校实施规范管理大致可分为四个层次:强制的规范管理、健全的规范管理、科学的规范管理、人文的规范管理。

【诠释】

作为校长,首先要对学校的管理状况进行调查诊断,明确现状处于管理的第几层次,然后对症下药,按照渐进完善规范管理原则,由低到高实施规范管理。

(1)强制的规范管理。校长要制订学校一系列的常规管理制度,做出硬性规定,使全体教职工明确自己的职责和要求,通过强制推行,注重检查落实,从而把管理纳入一个有序的轨道上来。这种强制性规范管理实行到一定时期,就会使教职工变成一种自觉的自我规范行为。

（2）健全的规范管理。当有序运转的稳定局面形成后，校长就要在规范管理的健全上做文章。大到教育、教学、行政、后勤，小到每一次集会要求、每一个通知的下发、每一个提案的撰写等，都要有具体明确的要求。从制度到条例，从考核到奖惩，都要讲究依法办事、依章行事。学校各方面的规范管理越健全，要求越明确，整体功能就会越优化。

（3）科学的规范管理。学校的方方面面都实行制度化的规范管理，其管理效益肯定会逐渐体现出来，但可能存在着管理制度的科学性、合理性问题。一个制度或要求的出台是否符合党和国家的教育方针，是否遵循教育教学规律，是否能最大限度地起到激励先进、鞭策后进的作用，校长还需集思广益，还需充分论证，还需实践检验。所以，校长要大胆实践，反复求证，锐意进取，不断完善。

（4）人文的规范管理。学校管理的最高境界是无为而治、人文管理。人文的规范管理，体现为任何一项科学的管理制度是从全体教职工中产生，为教职工所认同，为教职工所乐意接受并自觉执行；体现为每一个教职工都能在一个和谐的氛围中为同一个目标（愿景）努力工作和生活；体现为在这个规范的管理体系中，每一个教职工的感觉是幸福的、舒心的。所以，人文的规范管理应该是全体教职工的自我管理、民主管理，这就需要校长加强情感管理，引导教职工共同把自己的学校打造为精神特区、文化特区和人文特区。

70 学校品牌的开发策略

校长要重视学校品牌的开发与维系，坚持理念策略、形象策略、特色策略、连锁策略和合作策略。

【诠释】

学校品牌是一种有特定学校名称和标志、跨越时间和空间、在与社会各界的互动关系中产生的精神凝结和文化积淀，是集知名度、美誉度、认可度和忠诚度于一身的无形资产。校长要把品牌纳入学校发展的顶层设计，并采取有效策略对其进行开发与维系。

（1）理念策略。好的品牌理念设计与选择，能够给教育消费者带来思想震动。只有建立起一个持续长久的品牌理念,才能深入并赢得人心,继而扩大学校影响力。因此,校长要注重学校品牌发展理念的研究与提炼,使其有效渗透到学校品牌发展的整个过程之中。

(2)形象策略。形象就是招牌。在众多的学校当中,形象好、口碑好的学校有较高的社会声誉,往往更容易脱颖而出,更能主动把握生源市场,提高学校的竞争力。

(3)特色策略。特色策略也就是差异性策略。一所学校能否快速发展,首要标准就是看它是否具有核心竞争力,而是否具有核心竞争力的关键在于学校是否有自己的课程优势和学科优势。这就要求校长要根据自身特点有针对性地进行资源优化整合,将注意力集中在某个点上,有重点地加以突破。

(4)连锁策略。连锁策略就是利用学校自身的品牌优势,整合其他优势教育资源,以达到扩大学校规模和品牌的方法。学校品牌连锁是学校品牌开发中的一条绿色通道,是维持品牌持久生命力的动力,也是一个好的品牌发展到一定阶段的必然趋势。通过品牌连锁,可以在短时间内扩大学校规模和知名度,提高学校办学效益。

(5)合作策略。学校品牌的开发与拓展,除了学校自身努力外,还需要从外界获得人力、财力、物力的有力支持。合作策略是一种有效的品牌开发策略,这种合作包括学校与企业的合作、中小学与高校的合作、中小学之间的合作等。通过合作,学校可以获得政策、资金、信息等多方面的资源,有利于学校品牌的进一步开发与拓展。

71 学校全面育人工程

> 学校全面育人工程主要有:观念育人工程、环境育人工程、管理育人工程、教书育人工程、活动育人工程、考试育人工程、服务育人工程。

【诠释】

教育的核心是育人,学校工作就是围绕育人开展的,学校教育教学必须实施全面育人工程。

（1）观念育人工程。学校的教育教学观念要紧跟时代步伐,用先进观念培养新时代的劳动者和接班人。

（2）环境育人工程。搞好校园整体建设、设施建设、绿化建设、环卫建设、景点建设、文化建设等,营造良好的环境育人氛围。

（3）管理育人工程。加强学校管理队伍建设,抓好量化管理、分层管理、过程管理、全员管理、人本管理等。要"管""理"两手抓,探索适合本校实际的管理模式,让管理出效益。

（4）教书育人工程。教师要寓教育于教学之中,既教书又育人,为人师表,以身示范,增知添德,立德树人,以美化学生心灵。

（5）活动育人工程。学校要广泛开展形式多样、内容丰富的各类活动,增强学生体能、技能、智能,让学生在活动中锻炼,在活动中受益,在活动中成长。

（6）考试育人工程。一方面抓考风考纪建设,进行严格的考试管理,正考风,促学风;另一方面营造良好的考试氛围,让学生养成健康的考试心态,以从容面对考试。

（7）服务育人工程。树立"一切为了师生发展、为了一切师生发展、为了师生一切发展"的思想,提供优质的教学服务、管理服务、后勤服务等。

72 校长管理要留个"缺口"

校长管理留个"缺口",更能发挥下属的智慧,调动全员工作的积极性,让管理更具人文性和创新性。

【诠释】

留个缺口给下属,并不是说校长的管理能力不强,而是一种更高层次的管理智慧。当然,这里所说的"缺口",有别于管理上的"漏洞"。管理"漏洞"是管理上的缺失、疏忽甚至是一种失职,而"缺口"管理是一种管理策略,充满了管理的智慧。

（1）校长管理留"缺口",下属工作显才能。校长管理留了"缺口",才能充分发挥学校各级领导干部的智慧和才能。校长是学校的领导核心,把握着学校的办学方向和发展前景。校长在管理上要做到饱览全局,即在宏观上制订学校的近景目标和远景目标;而不能包揽全局,即在微观上做到全面管理而不必细致入微,要给学校副职和中层干部留出需要去填补的"空白"。

(2)校长管理留"缺口",调动全员积极性。学校管理的成功就在于最大限度地开发教职工的智慧和潜能。校长留下的"缺口",往往给教职工创造性地开展工作预留了空间,让教职工工作更具有主动性,更能调动教职工工作的积极性。

(3)校长管理留"缺口",管理更具人文性。学校管理要以人为本,因师而异,实现"人文"管理和"制度"管理的有机结合。在学校实际管理工作中,总会出现一些新情况、新问题,如果运用单一的制度管理模式,难免在管理上会出现一些"不和谐"的现象。如果留了"缺口",就会根据实际情况进行灵活处理,这种充满人文关怀的管理,更会深入人心。

(4)校长管理留"缺口",管理呈现创新性。学校管理是在不断出现新问题、解决新问题的过程中逐步完善和发展起来的。校长如果在管理上留下一个"缺口",下属教职员工在"填补"的过程中就会出现一些新方法、新措施,这就为校长提供了创新管理的契机。如果校长及时有效地开发这些鲜活的、宝贵的教育管理资源,学校管理就会呈现出一个崭新的局面。

73　校长治校人文性"四化"

　　校长治校要坚持人文性,即:思想观念的现代化,行为方式的个性化,文化知识的丰富化,能力结构的综合化。

【诠释】

(1)思想观念的现代化。校长思想观念的现代化,其标志为要树立科学意识、民主意识和创新意识。校长要重视调查研究,采用科学的方法,按照科学的程序管理学校。凡是重大问题的决策方案,都要经过科学的论证。民主意识可以缩短管理者和被管理者之间的距离,使教职工产生认同感和主人翁意识。创新意识在某种意义上说也是战略意识和超前意识,这种创新意识取决于校长的战略眼光,而不是所谓的花样翻新。

(2)行为方式的个性化。我国中小学校的类型不同,加之学校所处的区域存在差异,因而需要校长管理行为方式的个性化。要想做一名好校长,首先要成为一位有思想、有个性、有实践影响力、有理论影响力和感召力的人。

(3)文化知识的丰富化。古往今来,有众多教育家为我们留下了极其宝贵的教育遗产,其中不少教育思想至今仍有相当大的影响力。这些经验、知识和思想是我们的宝贵财富。校长要积极存储和内化这些财富,养成阅读的习惯,博览群书,开阔视野,用知识丰富自己的文化底蕴,用先进的教育理念和管理智慧实现学校的最优化管理。

(4)能力结构的综合化。校长不仅要有决策能力,而且要有较强的书面、口头表达能力,还要有较好的社会交往能力。较强的书面、口头表达能力有利于校长做好教职工的思想工作,正确、恰当地阐述学校的办学思想、工作目标和各项工作要求。语言表达能力也是体现校长学者风范、学术水平的一个重要指标。校长不仅能讲,还要会写。社交能力也是新时代校长不可或缺的重要能力。校长只有协调好与社会各界的关系,学校工作才能取得社会的关心、支持和帮助。校长在社会交往中的形象不仅代表着个人,更代表着学校的形象和实力。

74 校长要讲好五个故事

> 讲学校的故事——讲方向。
> 讲校长的故事——讲示范。
> 讲教师的故事——讲责任。
> 讲学生的故事——讲传承。
> 讲家长的故事——讲认同。

【诠释】

校长要讲好五个故事,每一个故事都浸润着学校的文化,每一个故事都是对文化的点滴沉淀,每一个故事都是对文化的一笔一画的真实表达。

(1)讲学校的故事——讲方向。校长的办学理念是让每一块金子都闪闪发光,让每一个学生都取得成功。校长的办学理念不是简单地陈述、复制,而是通过学校的办学沉淀来表述,用历史的脚步来丈量,用厚重的数据来印证。这样的办学理念才令人信服,令人敬仰。

(2)讲校长的故事——讲示范。一个好校长,成就一所好学校;一所好学校,背后一定有一个好校长。校长不能只停留在口头上说教,要时时、处处做出榜样示范作用。

(3)讲教师的故事——讲责任。最好的教育是影响,最好的影响是行动。每一个学生都是有感情的,校长要引导教师担当责任,对学生付出更多的爱,和学生再远的距离都可以拉近,学生再冰冷的心都可以融化。

(4)讲学生的故事——讲传承。校长既要重视开发学生的智商,更要注重"规矩""秩序""情绪控制"等素质的培养。校长要呵护、在意每一个学生的成长,每一个学生都有他自己的优秀标准,要树立"没有差生,只有差异"的理念。

(5)讲家长的故事——讲认同。校长要多邀请家长参与学校的管理和改革,让家长真真切切看得见孩子的成长,要千方百计提高家长的满意率。

75 设计改变学校

学校理念设计,铸造师生共同的价值观。
学校视觉设计,实现管理理念的可视化。
学校行为设计,提供学校行为发展路径。
学校环境设计,构建优雅温馨最美校园。

【诠释】

(1)学校理念设计,铸造师生共同的价值观。学校理念集中体现了学校的办学目标、价值追求和学校特质,是学校的核心理念、培养目标、校训、校风、教风、学风等的总和。其中,核心理念是学校的精神内核,它决定了学校存在的意义。核心理念要回答"为什么办学"的问题,它是学校确立工作目标、管理制度、办学特色的依据,是学校生存理由、生存动力、生存期望的有机构成。核心理念的提出可从三个方面切入:一是着眼学生发展,主要回答培养怎样的学生的问题;二是与学校办学特色、校名等有一定的关联,也要考虑学校所在的地域或文化特色;三是能凝聚人心,反映师生、家长及社会的共同的价值追求。

（2）学校视觉设计，实现管理理念的可视化。学校视觉设计，就是将学校的办学理念、精神、制度规范等抽象的内容转换为具体的符号及形象化语言，让学校理念及精神形象化、立体化，让学校管理可视化。学校的视觉设计主要包含学校形象设计、学校管理可视化和学校形象的策划与推介。学校形象设计，就是用形象化的视觉符号来表达学校理念、学校精神和行为规范。学校管理可视化，就是学校通过制订、执行、检查和改进管理条例来提高效率及达成目标。学校形象的策划与推介，就是将学校管理前置，让学校管理提前介入学生行为，让管理走在问题前面。

（3）学校行为设计，提供学校行为发展路径。学校行为设计，就是对学校管理制度、师生行为及活动等的设计，主要包括学校发展规划、岗位职责、教师管理、学生管理、教学管理、课程管理、财务管理等。其中，学校课程是最应关注的学校行为。课程造就人生，设计课程就是设计学生的未来。学校在每一个发展时期都要认真规划学校整体的课程体系，都要撰写《学校课程方案书》。

（4）学校环境设计，构建优雅温馨最美校园。学校环境设计，是根据学校办学理念，综合基础设计要素和学校功能需求，对学校建筑物、空间环境以及学习与生活设施等进行的系统设计。学校环境设计的具体内容有学校各类标识，教室、会议室、走廊等环境布置，学校自然景观设计，校园的文化景点设计等。学校要重视包括楼梯过道、学校橱窗、校园各种提示语、校园人文景点等公共艺术的设计，其中提示语是公共设计中最不可缺少的部分。

76 让家长成为学校的同盟者

> 中小学校建立家长委员会，让学生家长成为学校教育的"同路人"和"当事人"，家校成为教育同盟。

【诠释】

（1）建立家长委员会的意义。建立中小学家长委员会，引导社区和有关人士参与学校的管理和监督，是建设现代学校制度的重要组成部分，也是完善中小学校管理制度,构建学校、家庭、社会有机结合的育人体系的重要支柱。每一位家长,当他参加了学校家长委员会,就意味着家长从为学校输送学生的角色,变成了学校教育的"同路人";意味着家长从站在学校大门之外的"教育看客",变成了学校教育的"当事人",家校成为教育同盟。

(2)家长委员会的性质。家长委员会由家长代表大会推选产生,家长代表大会由全体学生家长选举产生。所以,家长委员会是代表全体学生家长利益的群众性自治组织。它代表全体学生家长参与学校民主管理,支持和监督学校做好教育教学工作。家长委员会是在学校的参与下成立的,但不是学校的下属或"附庸",是相对独立于学校的教育力量,是学校教育的同盟军。

(3)家长委员会的基本职能。中小学家长委员会有三项基本职能:参与学校民主管理和监督,参与教育教学,提升家长家庭教育水平。这三项基本职能,其实质是落实家长的"四权",即知情权、监督权、参与权、评议权。其中,知情权是保障其他三权的前提。监督权一是对依法治校情况监督;二是对课程实施情况监督;三是对学校收费情况监督;四是对教师职业道德规范监督;五是对学校日常管理监督;六是对招生情况监督。参与权主要有四:参与名师评选,参与优秀学生评选,参与优秀家长评选,参与评价学校。为了保证家长委员会的民主监督和管理落到实处,可实施"家长代表大会提案制",即在每学期的家长代表大会上,家长可以就学校的某个方面提出整改的意见和建议,然后由校领导和家长委员会对这些提案进行讨论和答复。

(4)家长委员会的权利边界。学校和家长委员会之间要理清各自的权利边界,规范各自的行动。一切法律、法规、政策赋予学校的权力和工作职能,家长委员会都不能干预。学校必须贯彻党和国家的教育方针,执行国家的课程方案,家长委员会也不能干预。家长委员会可实施"一二三四工作法",即一个方向要把握:一切为了孩子的健康成长。两个误区要避免:一是避免和学校对立,二是避免成为学校的工具。三个关系要和谐:与家长的关系,要掌握自愿参与原则,既充分发挥绝大多数家长的积极性,又要避免议而不决;与学校的关系,要掌握对立统一原则,既要检查监督,又要支持帮助;与学生的关系,要掌握全面发展原则,既要关注学习成绩,更要关注身心健康。四项工作要落实:监督学校建设,参与学校管理,解决学校难题,发挥家长特长。

77 学校情智管理"三重"

学校情智管理要注重"三重",即重发现,重关怀,重激励。

【诠释】

所谓情智管理,就是管理者通过自己的情感与智慧作用于被管理者,营造出富有浓郁人情味的高效、和谐的集体氛围,充分激发被管理者的情智潜能,让每个人的潜能得到最优化发展的管理。情智管理的核心理念是以人为本,情智交融,和谐共生。其策略是以情换情,以智启智。它强调以下"三重"。

(1)重发现。校长要有一双发现的慧眼,善于发现教职工身上的亮点、优点和弱点。要扬其所长,避其所短,优化组合,让每一位教职工的潜能都能得到最优化发展并和谐统一于学校的大目标内。

(2)重关怀。关怀人是校长必须具备的人文情怀。人与人之间需要关怀,需要亲情。一个学校内更需要营造上下关怀、互相关怀的氛围。关怀出智慧,关怀出效率,关怀出成绩。

(3)重激励。人需要激励,有时校长一个灿烂的笑容,一句赞美的话语,一次亲热的握手都能给教职工以精神力量。因此,学会赞美教职工是校长必备的素养之一。虽然管理需要制约,有时甚至需要强迫,但更多的是需要激励,恰当的激励可以使弱者变成强者,使庸者变成智者。

78 改造学校从改善流程着手

在学校管理中,当发现存在的问题或听到家长的抱怨之后,一定要勾画出影响这一问题的流程图。

【诠释】

在工厂或商场里,如果产品有缺陷,客户有抱怨,那么不容置疑的是要从流程上找问题。必须找到出问题的那个环节,改进了这个环节才能根本解决产品的质量或服务问题。寻找流程中的问题,是解决问题的最佳思路。所以在学校管理中,当发现存在的问题或听到家长的抱怨之后,校长一定要勾画出影响这一问题的流程图。

流程没有确定好,会带来一系列意想不到的问题,所以即使流程问题很清楚,也一定要画出流程图。有时候我们习以为常了,感觉就这么回事,但是真正画出来流程图我们会感到很惊讶。因为对一个人来说,在通常情况下,在与他相关的领域中,他知道的不过15%,他知道自己不知道的约占30%,而他不知道自己不知道的竟高达55%。对于一位校长来说,其学校的情况,他知道的约占15%,他明白自己不知道的占30%,问题就出在另一多半上。我们并不认为自己不知道,问题就出在这里。

在学校管理工作中,什么事都有流程,没有什么事没有流程。而且每一个流程都存在这样或那样的缺陷,只是我们有没有必要去改变,有没有能力去改变。所以我们一定要通过勾画出流程图去寻找不容易被发现的缺陷。

79 校长管理学校的三层境界

第一层境界——实干型校长。
第二层境界——智慧型校长。
第三层境界——专家型校长。

【诠释】

境界,是人对事物认知所达到的程度。放之于管理,只做到第一层境界的人,充其量只是个实干的管理者;若懂得激励加上智慧,便达到第二层境界,是具有影响力的领导;若是以优良的人格、人性的魅力、实在的行动去感召,便是专家,则达到至高境界。

(1)第一层境界——实干型校长。这种类型的校长,主要特点是"务实"。管理工作按条框做事,工作目标是专心把各级行政指令落到实处,致使学校管理变成一种形式上的管理。校长唯上、唯书、唯教条,安于现状,缺乏创新精神,不敢越雷池一步。

（2）第二层境界——智慧型校长。达到此层境界的校长属智慧型、研究型校长，其特点在于"务虚"。即对政策和上级指令有自己的看法和执行措施，对学校管理有自己独到的艺术手法，驾轻就熟，不仅有学问和管理智慧，而且具有良好的个性气质和修养，在整个管理过程中显现出智慧的火花，运用灵活的管理艺术，使教职工从中受到熏陶、感染、启迪并有所感悟，从而逐步地提高教职工自身素质，最终真正带领全体教职工达到理想的工作目标。

（3）第三层境界——专家型校长。这种类型的校长主要特点是虚实结合，即在对学校的管理中，既"务实"又"务虚"。达到这层境界的校长，往往能达到"专家"的境界，其影响力不是来自职位所赋予的权力，而是依靠个人魅力去影响师生。作为专家型的校长，除校长所具有的大智慧、大气魄外，更主要的是拥有大胸怀。学校管理的最高境界是"不管之管"，要达到此境界，校长应具备以下十种"精神力量"：超前的战略意识，宽容的民主作风，深切的人文关怀，公正的做人品格，与时俱进的学习意识，坚强的意志性格，完善的人格魅力，突出的创新能力，科学的决策能力，有效的合作协调能力。

80 校长，千万别学"诸葛亮"这三点

校长，不学诸葛亮"压制魏延"，不学诸葛亮"错用马谡"，不学诸葛亮"放纵刘禅"。

【诠释】

（1）不学诸葛亮"压制魏延"。诸葛亮一生谨小慎微，这既是他的优点，也是他的缺点。因为小心谨慎的个性，诸葛亮在选拔人才方面总是喜欢儒雅之士，不喜欢粗狂之人。例如，不管武功还是谋略，魏延都是不亚于"五虎上将"的人选，但却始终得不到诸葛亮的重视。高明的校长不仅能使一般教职工变为优秀的，更重要的是能使优秀的变为更优秀的。诸葛亮却使好的变成了差的，教训不可谓不深刻。驭人技术高超的校长，不仅敢用将才的教师，而且加以重用。如果连一个优秀教师都不敢重用、不能重用，何谈管理学校？

（2）不学诸葛亮"错用马谡"。大胆使用人才，让他们充分发挥才能，是

实施人才战略的关键。有能力的人并不一定适合所有的职位，在择优选用人才时要懂得去掉不适合的人选，诸葛亮在这方面也是失误连连。比较明显的一次是马谡失街亭。不可否认，马谡的确是一位很出色的参谋人才，但他完全没有实际作战指挥的经验，故失街亭是败在马谡，过在孔明。作为校长，要知人善任，就是使所用的每个人都各得其所，各尽其能。要用好人，知人是前提，善任是目标。"知人"，包括知人所长和知人所短；"善任"，包括大胆用人和用人所长。

（3）不学诸葛亮"放纵刘禅"。诸葛亮辅政后，事无巨细，都要亲自过问，还真是"鞠躬尽瘁，死而后已"。这的确令人钦佩，但无意中却限制了人才的发展，埋下了蜀国亡国的祸根——完全忽视了对刘禅从政素质及执政能力的培养。这也告诫校长，在工作中要注意"放权"，要宽容而不纵容，过度纵容就是放纵。如果校长有收放自如的驭人之术，不妨多"放"，但决不"纵"。

81　寻求学校管理的"根"

> 校长要常到课堂里听听，到办公室坐坐，在校园里转转，在学生中谈谈，到教师家访访，到社区里走走，以寻求学校管理的"根"。

【诠释】

校长对学校的管理切忌只坐在办公室里"孤芳自赏"，必须主动出击，到"一线"去寻求学校管理的"根"。

（1）到课堂里听听。课堂是学校教育教学的主阵地。校长的教育思想、办学理念需要在课堂上得到体现，学生的健康成长、全面发展需要在课堂上得到落实，可以说学校的发展系于课堂。校长必须经常走进课堂，多到有问题的班级去听听学生学的状况，多到有问题的学科去听听教师教的状况，然后有的放矢地出台学校教学管理的具体对策。

（2）到办公室坐坐。校长应常到教职工的办公室坐坐，和他们促膝谈心，征求他们对学校发展的建议，了解教学管理中存在的问题，参加学科备课组的教研活动，亲历教师备课、批改作业的全过程，真实体验一线教师的工作状况，以利于及时有效地解决问题。

（3）在校园里转转。校长经常在校园里转转,能及时了解到学生课余、课间的真实活动情况,以取得学生管理的第一手资料。这样做,一方面能弄清学校教育存在的遗漏,从而有针对性地开展工作,提高时效性;另一方面,更能从中了解校园里存在的不安全因素,以尽早把安全隐患消灭在萌芽状态。

（4）在学生中谈谈。校长有的放矢地和学生多谈心、多交流,从中了解到有关学生需要什么、喜欢什么等方面的信息,从而为从学生中来、到学生中去的人本办学理念打下坚实的根基。

（5）到教师家访访。校长利用节假日或双休日,偶尔去教师家里看看访访,实地了解教师家的处境,帮助教师解决家里的困难。这样做,送去的是校长的关爱和学校的温暖,回报校长的是轻松而高效的教师管理。

（6）到社区里走走。学生要健康发展,离不开家庭、社区的配合,校长也需要到社区走走问问,听听社区、家长对学校教育的意见和建议,了解不良社会现象对学生产生的影响,以便出台对策,形成学校教育、家庭教育和社会教育的合力。

82 要注重学校内涵发展

> 学校发展愿景,是内涵发展的方向和核心价值;课堂、课程、教师、学生,是内涵发展的核心要素;良性运行机制,是内涵发展的根本保障;学校教育科研,是内涵发展的动力;和谐校园文化,是内涵发展的人际生态环境。

【诠释】

学校的内涵发展主要有四:一是相对于规模发展的质量发展;二是相对于粗放发展的精细发展;三是相对于同质发展的特色发展;四是相对于模仿发展的创新发展。学校内涵发展不是一个纯粹的理论命题,而是需要在实践中加以落实的一个非常重要的现实问题。

（1）学校发展愿景,是内涵发展的方向和核心价值。愿景是对未来的愿望、发展前景的美好描述,体现的是希望、愿意看到的景象。从校长的角度来说,着眼于学校的内涵发展,需要进行愿景管理。通过开发愿景、瞄准愿景、落实愿景的三部曲,来组织教师队伍,使教师的力量极大地发挥。愿景形成后,学校应着力将愿景转化为具体的发展规划,将办学理念和学校发展目标用规划和行动方案的形式表现出来,以此来引领和规范全校教职员工的行为。

(2)课堂、课程、教师、学生,是内涵发展的核心要素。第一,课堂改革。学校需要把注意的焦点转向课堂,使课堂行为经由反思提炼转化为课堂教学智慧。第二,课程开发。关注课程开发,不仅是将校本课程开发落到实处,而且要将"二次课程开发"当作教学的日常行为。"一次课程"是编撰教材的专家以教材的形式表现出来的,"二次课程"是由任课教师以教案的形式表现出来的。教师要将每次备课当作是自己的一次课程开发。第三,教师成长。内涵发展既要为每位教师的专业发展提供广阔的空间,又要考虑如何在学校中建立起一支素质优良、结构合理的教师队伍。第四,学生发展。在学校内涵发展中,无论是校长还是教师,都应该更多地走进学生的心理世界,使课程更能贴近学生的实际需求,使课堂更能激发学生的主观能动性,使教育教学更能促进学生的全面发展。

(3)良性运行机制,是内涵发展的根本保障。学校内涵发展需要一定的保障措施,形成行之有效、高效快捷、良性运行的机制,是学校内涵发展的必要基础与前提。从学校运行的理念来看,需要将以学生发展为本的理念放在突出位置;从学校运行的制度来看,需要建立健全一系列规章制度,用制度保障发展,靠制度促进发展;从学校运行的方式来看,需要考虑开展哪些活动,借助于何种渠道或途径将内涵发展推向深入;从学校运行的机构来看,需要考虑在组织机构上要做哪些调整,需要新设置哪些机构等。

(4)学校教育科研,是内涵发展的动力。学校要获得发展的动力支持,保证内涵发展的健康、协调、稳定,就需要高度关注学校的教育科研。在内涵发展的背景下,学校教育科研至少从三方面理解:一是研究当今教育理论和教育实践中的重大问题;二是研究学校教育教学中存在的中观和微观问题;三是研究学校自身的发展问题。

(5)和谐校园文化,是内涵发展的人际生态环境。在学校内涵发展中,如果没有良好的人际情感关系,没有和谐的校园文化,没有学校内各处室、年级的协同配合,就难以实现持久、健康的发展。可见,学校内涵发展需要有协调的内部环境。有了和谐的校园文化和教师之间相互的情感支撑,无论是课程开发还是课堂教学改革,都有了可靠的保障和空间,学校的内涵发展才会切实落到实处。

83 "五园"同创和谐校园建设

> 人文校园:培养"不需提醒的自觉"。
> 书香校园:感悟"师生阅读的快乐"。
> 生态校园:追求"和谐自然的环境"。
> 数字校园:致力"网络资源的共享"。
> 平安校园:实现"人与自身的和谐"。

【诠释】

校长要开展"人文校园、书香校园、生态校园、数字校园、平安校园"的创建活动,实现学校的和谐发展。

(1)人文校园:培养"不需提醒的自觉"。构建和谐校园关键在人,"五园同创"的核心在于人文校园建设,在于培养学生心目中"不需要别人提醒的自觉"。这就需要学校营造谅解与宽容、公平与公正的和谐氛围,坚持以事业和目标鼓舞人,以坦诚和民主团结人,以真诚和示范感染人,充分体现人与人的和谐和制度与情感的和谐。

(2)书香校园:感悟"师生阅读的快乐"。和谐校园离不开书香的浸润,和谐校园必然是书香校园。引导师生积淀丰厚的文化底蕴,是书香校园建设的基本目标,也是和谐校园建设的基础。建设书香校园,就是要求师生亲近书籍,使阅读成为师生最自然的生活状态,在阅读中实现与大师的对话,在阅读中体味、感悟成长。学校打造书香校园,一是制订全校读书计划;二是打造读书活动载体;三是搭建富有人文气息的读书激励机制。

(3)生态校园:追求"和谐自然的环境"。良好的校园生态环境是生动的生态教育资源。建设生态校园,就是把学校建成"绿色校园"和"文明校园"的融合体,建成人与自然和谐相处、人与人和谐相处的家园。和谐的生态更要求构建积极和谐的人际关系。校长要善于沟通心灵,要用光明前景激发人心,用真情关怀温暖人心,用坦诚相待交换人心。

(4)数字校园:致力"网络资源的共享"。和谐校园也必然是"数字校园"。建设"数字校园",就是在有形物质校园的基础上,以互联网为依托,去拓展和延伸人的肢体和头脑所能涉猎到的领域。为此,学校努力"铺好路""造好车",加大信息技术投入,努力实现从环境、资源到活动的数字化,为教育教学提供技术支撑。

(5)平安校园:实现"人与自身的和谐"。校园平安有序是全体师生普遍的渴望和需求,和谐校园必然是平安校园。全面促进师生的心理健康、促进师生自身的和谐,是和谐校园建设的题中之义。建设"平安校园",不仅仅是指完善安全防范措施和法治教育网络,维护校园治安秩序,保障师生的生命财产安全,更要求关注师生的心理健康,让人人心存对生命的敬畏和对人权的尊重,实现人的和谐发展。

84 用国际化思维管理学校

> 尊重生命,开展生存教育。
>
> 互助教研,引领教师发展。
>
> 注重平等,推进个性教育。
>
> 弘扬民主,养成宽容心态。

【诠释】

用国际化思维管理学校,不仅要求校长具有"高、远、宽"的国际视野,更要树立尊重、平等、民主的国际化思维模式。

(1)尊重生命,开展生存教育。西方教育十分注重生命价值。作为一名校长,在关注学生精神成长与发展过程中,对精神赖以存在的基础——人的生命应时刻给予呵护关怀,让学生学会珍爱生命、保护生命,保障学生安全、健康成长。为此,学校要给学生补上"学会生存"这一课,增强学生的安全意识,提高其应急避险技能。只有学生珍爱生命、心态阳光,校园才会充满青春活力。

(2)互助教研,引领教师发展。英国鼓励教师"反思性实践",其学习途径和方式之一就是创设"学习社区"。"学习社区"即由专家或专家型教师引领的5~8位同学科教师参与的、基于教育教学问题解决的、依托实践和网络平台的学习型组织。"学习社区"具有专业发展的自觉性、系统性和灵活性的特点。"学习社区"启迪我国的中小学校要开展以学科备课组为基本单位的教师自主合作教研活动。在教研活动中,教师在专家的引领下,依托同伴互助,提升教育悟性,提高专业水平,丰富教育智慧。

(3)注重平等,推进个性教育。从国际视野看,无论是高收入国家、中等收入国家还是低收入国家,都通过立法程序保证每一个儿童的受教育机会。保障教育公平、平等,"不让一个学生落伍",应该是我国基础教育工作者的基本职责要求。每个学生的禀赋性格、兴趣爱好、家庭环境都有差异,决定了对学生的教育必须个性化。强调学生个性化教育,不仅有利于促使学生良好品质的形成,还能更好地促使其良好习惯的养成,使之身心和谐发展。

(4)弘扬民主,养成宽容心态。美国著名教育家杜威认为:"学校在训练儿童时,应当尽可能多给儿童自由,并且发挥他们的主动性、独立性等品质。"学校教育的民主,要求教育工作者要以宽容的心态对待学生,促进学生不断开阔胸襟。因此,学校要赋予学生知情权、话语权;坚持民主谏议制度,向学生、家长、社会公开校长信箱;每月举行一次民主谏议会等。对学生、家长的合理诉求能立马解决的当场拍板,不能当场解决的提交校长办公会议研究后再作答复。同时,要注重激发学生敢于质疑、善于质疑的精神,不断提高学生的求异思维能力。

85 校长时间管理的法则

> 象限法则——培养优先意识。
> 目标法则——增强目标意识。
> 节约法则——提高时间意识。

【诠释】

时间管理是自我管理的起点,是事业成功的关键。校长要通过有效的时间管理,提升自己的专业品质。

(1)象限法则——培养优先意识。一个人把所有的事务按重要性、紧迫性两种属性排列,可以分为四类,或称四个象限:A类,既重要又紧急的事务,以处理此类事务为主的,通常属于拖拉的人;B类,重要但不紧急的事务,以处理此类事务为主的,通常是一些轻重缓急分明的人;C类,不重要但紧急的事务,以处理此类事务为主的,通常是些唯唯诺诺的人;D类,既不重要也不紧急的事务,以处理此类事务为主的,通常是些懒散的人。时间管理的象限法则告诉我们:按照 B—A—C—D 的顺序,优先处理那些重要但不紧急的事务。这一法则启示我们,要培养优先意识,工作时分清主次,抓主要矛盾。抓住了处理重要问题的时间,也就提高了时间管理的时效。意大利数理经济学家帕雷托提出著名的"重要的少数与琐碎的多数原理",其大意是:在任何特定的群体中,重要的因子只占少数,而不重要的因子则占多数。只要控制了重要的少数,就能控制全局。这个原理经过多年的演化,发展为管理学中的"80/20"原理。这一原理在校长的时间管理上也同样适用:将绝大部分时间安排在教育教学管理上,小部分时间用于自身专业成长相关课程的学习上,这样就抓住了主要矛盾。

(2)目标法则——增强目标意识。目标对人生有巨大的导向性作用。成功在一开始仅仅是一个选择。你选择什么样的目标,就会有什么样的成就,就会有什么样的人生。这就是目标法则。这一法则启示我们:第一,要制订个人目标。校长要增强目标意识,自主制订切合实际的目标;目标必须具体可测;目标要分层渐进,必须分阶段地设定目标,渐次推进。第二,学会授权。在学校管理的过程中,校长要善于和班子成员分工合作,善于发挥副校长、中层干部的积极性、主动性,那些下属能够完成的工作,尽量让他们自己来完成。这在时间管理方法上叫作"授权"。第三,协作共进。学校管理和教育教学活动,需要班子成员之间、校级领导与中层干部之间、中层干部与教师之间互相学习、团结协作、取长补短,在目标一致的情况下,更容易取得更大成效。为此,校长必须正确认识协作增效的价值。

(3)节约法则——提高时间意识。一切节约,归根到底都是时间的节约。这一法则启示我们:第一,拒绝打扰,减少浪费。打扰是第一时间大盗。校长必须学会拒绝打扰,按照自己效率最高的作息规律安排时间。第二,了解自身生物钟,科学使用时间。每个人的体内都有一只特有的"时钟",它决定了人什么时间效率高、什么时间更容易集中精力。因此,合理利用最有效率的时间是高效工作、学习的关键。校长要编排好、利用好自己一天里的"黄金时段",以切实提高效率。第三,勤于学习,磨刀不误砍柴工。在日常工作中,有许多校长倾心致力于"砍柴",却很少"磨刀"。事业有成的校长无一不是勤于学习、勤于"磨刀",将工作、学习与休闲结合起来,为自己创造出额外的"充电"时间。

86 新任校长不宜急烧"三把火"

新任校长到任后，要尽早进入"角色"，尽力稳定"军心"，尽快协调"关系"。

【诠释】

俗话说："新官上任三把火。"相反，新任校长到一所新的学校面临新的情况，且人生地疏，一定要保持心理冷静，稳住阵脚，切不宜急烧"三把火"，更不能急施"下马威"。

(1)要尽早进入"角色"。一要听一听。新任校长要倾听上级领导对这所学校班子及教师团队的评价，听听班子成员的介绍，听听教师们的心声。二要看一看。新任校长要看看学校的环境，看看教师的精神面貌，看看学生的行为习惯等。三要想一想。经过听一听、看一看，新任校长就该坐下来想一想：学校的优势是什么？影响领导、教职工工作积极性的主要节点是什么？先从哪个方面入手最有成效？想一想是最考验新任校长管理能力与水平的标志。

(2)要尽力稳定"军心"。新任校长要保持学校工作的连续性、稳定性，对学校原有的办学思想、校风、教风、学风等，不能轻易放弃或者改变；凡前任校长决定了的事项，如无特殊原因或决策失误，一般应该继续落实好；尤其要注意中层干部任职的稳定，千万不要采取"大换班""大放血"的做法。

(3)要尽快协调"关系"。协调好上下、左右、内外的关系是新任校长的当务之急。新任校长刚到新的学校上任，要及时争取上级领导和教育主管部门的帮助和支持；要主动和副校长联络情感，获得班子成员对工作的理解和协助；要多深入中层干部和教职工群体中，了解他们的工作、生活情况，以期赢得下属和广大教职工的信赖与尊重。

87 锻造学校精神

学校精神是学校文化的灵魂,是学校发展的脊梁,也是学校可持续发展的动力。

【诠释】

学校精神是学校育人目标和办学目标的价值追求,当学校的价值取向成为多数教师、学生的人生价值取向时,学校精神就成为学校文化之魂。

学校是文化的圣地,校长在积淀学校文化的过程中,要有意识地锻造学校精神。学校精神的锻造包含两个方面:一是现任校长要有意识地使学校精神文化有可持续性;二是继任校长要有意识地延续学校精神。这样学校精神就成为学校发展的脊梁。

在学校发展的过程中,学校文化的内容随着时代的发展而变化。但作为学校精神,特别是作为经过百年学校积淀的文化之魂的学校精神应坚挺。其中,学校精神核心内容的"立德树人"是永远要继承和弘扬的。

88 校长管理"三视"

中小学校长要视发展为办学生命,视信任为生存环境,视教育为研究历程。

【诠释】

校长管理要做到"三视"。

(1)视发展为办学生命。首先是作为教育对象的全体学生的发展。学校的天职在于为每个学生创造适合他们需要的充满生机与活力、充满体现时代精神与未来趋势的成长发展时空。好的教育,应该使每个学生都成为创造幸福和幸福生活的人。其次是作为教育者自身的发展。教师应是社会发展中的觉悟之人，是关怀中人、责任中人、事业中人，他们既是思想者、博爱者和先行者，又是一个生活的幸福者、成功的学习者、快乐的创造者。最后是作为师生成长主体环境的学校的发展。学校是社会的一部分，它应融于社会，又优于社会，是一个适合学生成长发展的理想之地。学校不单单是为学生服务，同时也应是社区文化科学教育的活动中心。

（2）视信任为生存环境。教育信任作为一种精神环境，是学校生存发展的重要前提。校长要着眼于学生的成长发展，致力于建立满足师生、社会要求的学校教育信任体系。一是建立教育能力信任，二是建立教育安全信任，三是建立教育法治信任，四是建立教育道德信任，五是建立教育发展信任，六是建立教育文化信任。

（3）视教育为研究历程。校长要把教育过程视为研究过程，倡导全体教职工关心教育的每个瞬间，研究教育的每个瞬间，在教育中焕发自己生命的光彩。一要研究学生。有效的教育，必须以准确地了解学生为前提，而准确地了解学生又必须基于双方心灵的相通和相融。二要研究自我。教师正确地认识自我、评价自我，进而研究与改变自我，是发挥潜能、弥补不足、优化个性、提升品位的重要途径。三要研究课程。要挖掘和利用校内的文化资源，自编教材，建构起校本课程体系，为每个学生的成长和发展提供一片沃土。

89 校园文化："文"容易，"化"可就难了

> 校园文化建设最大的难点，是"化"而非"文"。要使校园文化富有特色，一要"接地气"，二要"慢慢来"，三要"贵坚持"。

【诠释】

校园文化的"文"指的是文饰、装扮、包装之意，侧重外表的改变；"化"指的是内部的变化、内涵的变化、本质的变化。可以说，一个是显性文化，一个是隐性文化。

由于隐性文化看不见、摸不着，所以校园文化一般都抓显性文化，如校训和校徽展示、文化长廊和建筑景观设计、主题活动和特色竞赛开展，等等。

这些东西并非没有用,但仅抓这些方面是不够的。例如学校教师的工作态度如何?师生关系如何?教师有没有研究的兴趣?学生的精神状态如何?等等,更为重要。

校园文化建设最大的难点,是"化"而非"文"。现在的校园文化同质化现象很普遍,最明显的就是校训雷同。校训涉及办学理念和精神层面,如果连这些都雷同,还怎么谈学校的特色发展?那么,究竟如何才能使校园文化富有特色,真正成为学校的内在精神呢?

一要"接地气"。校园文化最好是从学校的精神土壤上自然生长起来。要想接地气,学校领导就要"体察民情",了解当地的风土人情,了解家长们的职业结构、文化水平、掌握教师的教育素养和心理状况,要敏锐地发现师生中的文化幼苗,并且努力加以培植。

二要"慢慢来"。校园文化建设的前提是了解自我,具有自知之明。关键是学校领导真正熟悉本校情况,能够走进师生的内心。当然,学校在进行校园文化建设之前,最好拿出方案向师生征求意见,不要急于行动。实践证明,校园文化建设是慢功,急于求成往往会导致失败。

三要"贵坚持"。文化是积淀出来的,一哄而起、一哄而散的现象是文化的泡沫。所以,看准了的东西贵在坚持,不摇摆,不跟风。

90 文化治校的三个维度

实现文化治校,要从"德行、法治、情怀"三个维度来考量,也就是"以德治校、以法治校、以情治校"下的"三管齐下"。

【诠释】

以德治校,以法治校,以情治校,三管齐下,有机融合,才能达到学校管理成效的提升,从而保障学校走在良性的康庄大道上。

(1)以德治校。德,即德行、品德。以德治校是根基。一要德行天下。校长对人对事,都要有道德之心。二要以德服人。校长的品德、品行要端正,心要坦荡,行要正当。三要公平廉勤。校长处事要公,不分远近亲疏,一个尺度量是非。要廉洁,要勤奋,勤能补拙,勤能养德,勤能生慧。

（2）以法治校。法，即行为规范的总称。学校要有法可依，先是国家的法，后是学校的规章制度，再后是群体和个人约定俗成的规则，都要认真、规范地去执行。首先，要有法规。校规校纪要全面，要具体。其次，要都知晓。秉持告知性原则，通过人性化的、易于接受的方式做到校规校纪人人皆知。最后，要乐执行。要做到人人关注，坚决贯彻，有效执行，奖罚分明。

（3）以情治校。情，即感情。以情治校，校长首先要情真意切，以情感人，以情动人，以情育人。其次，要用情准确，用情恰当，用情恒常。最后，要坚持"情"和"法"的统一，合理处置是情，秉公办事也是情。

91 学校文化的张力

清楚"我是谁"，解决力之所源问题。

知道"为了谁"，解决力之所向问题。

懂得"依靠谁"，解决力之所依问题。

【诠释】

研究学校文化的张力，必须弄清楚三个问题："我是谁""为了谁""依靠谁"。

（1）清楚"我是谁"，解决力之所源问题。"我是谁"其实是哲学追问。在建设学校文化的过程中，很需要追问自己所在学校的文化有别于他校的地方到底在哪里。想不清楚这个问题，难免会出现"口号标语满天飞、雕塑石头随心堆、校长离任文化毁"的尴尬局面。一所学校，如果找不到自己的文化基因，或者不能生成自己的文化基因，并且让这种基因永续流传，哪怕房子砌得再漂亮，也不能够成为"自己"，而很可能是他校的复制品，是一所没有生命力的校园，是无法让师生留下美好回忆的建筑物的堆积地而已。找不出学校的文化基因，就很难走出"千校一面"的怪圈。当然，对于新学校来说，因为没有传承，只有生成，这就需要作为开拓者的校长，为学校注入优秀的文化基因。有追求的校长，应该致力于办出一所用文化滋养的有灵魂的学校。

（2）知道"为了谁"，解决力之所向问题。学校文化建设到底为了谁？作为校长,应该经常问自己:教育最应该关注的人在哪里? 校长应把生活在校园里的学生作为最应关注的对象,中小学校园文化建设必须"坚守青少年儿童立场",重在让学生爱得上,重在让学生融得进,重在让学生走得远。因此,校长有必要对自己校园里的理念文化、视觉文化、行为文化做一次盘点,坚决剔除师生不喜欢的东西,减少学生一时无法消化的东西,尽可能多地增加学生作为主角的东西,让学校文化更加理性,更加人性。

(3)懂得"依靠谁",解决力之所依问题。学校文化建设应该依靠"三类人"——校长、教师、学生。校长是学校文化建设的总设计师。好校长之好,就在于他带领教职员工创造了催人奋进的学校文化;好学校之好,就在于学校有属于自己的发展方式和文化记忆。作为总设计师的校长,在学校文化建设过程中的责任担当,是传承、设计、整合、引领。教师是学校文化建设的推动者,让教师参与学校文化建设,就要让教师参与文化建构过程的思想碰撞,通过专题培训的方式让所有教师理解,组织相关活动让教师关注。学生是学校文化的创造者和受益人,有张力的校园文化建设要鼓励学生积极地参与到校园文化的创造过程中,强调建设以学生为主体、适合学生趣味的文化。

92 学校文化的传承与创新

文化立校:学校管理的至高境界。

文化传承:学校精神的源头活水。

文化创新:学校发展的不竭动力。

【诠释】

(1)文化立校:学校管理的至高境界。学校文化可分解为三个层面:一是物质形态的文化。包括校园的自然环境和各种设施,如操场跑道、树木花草、校标校徽等。学校物质文化尽管直观形象,却内隐了学校的价值观、审美观。富有个性的校园建设,一方面可起到美化环境、装饰校容的作用,另一方面又能起到陶冶情操、净化心灵的作用。二是制度形态的文化。包括培养目标、制度纪律、校训校规等。一所学校必须有明确的培养目标和办学方针,有严格完整的规章制度和组织纪律,才能培养和锻炼师生严谨求实的治学精神和实事求是的工作态度,才有可能培养出高质量的人才。三是精神形态的文化。包括办学思想、价值观念、态度作风、行为方式、礼仪习俗以及人际关系等。它是学校文化的核心内容,也是学校文化建设所要达成的最高目标。上述三个层面中,第一层面的文化是学校文化的外壳,第二层面是学校文化的支柱,第三层面是学校文化的核心。

(2)文化传承:学校精神的源头活水。第一,先进的传统文化,滋养师生心灵。一所学校,不管历史长短,一路走过的历程都是一笔财富,都是一种不可再生的教育资源。我们必须传承学校优秀传统文化,让历经岁月淘洗的经典和传统文化滋养师生的心灵。第二,先进的办学理念,引领学校发展。一所学校的教育理念就是校长的教育哲学思想。一个成熟的教育理念,往往贯穿办学的始终,经得住历史检验,是历任校长治校育人的总方针。先进的办学理念是一面旗帜,是一种力量,是一种气质,是一种个性,是一种氛围,是一种最宝贵的教育发展资源。第三,先进的学校精神,激励师生成长。制度是学校文化建设初级阶段的产物,制度向学校精神跃进,往往要经历一个艰难的"爬坡"过程,是一所学校从初创到成熟、从粗放到精致、从弱校到强校的不断升华过程。一旦一所学校制度文化经过长期建构而积淀成学校精神时,学校就具有一种无坚不摧、无往不胜的核心竞争力。

(3)文化创新:学校发展的不竭动力。首先,突出一个重点——培养学校精神。一要注重构建先进的文化体系,二要实行学校文化的引导和强化,三要尊重生命,共育和谐精神。其次,突破一个难点——创建特色文化。创建学校特色文化,就是要张扬学校个性,在创新上求发展,在特色上做文章,从而积淀成特色文化,打造出品牌学校。再次,把握两个关键——发挥核心和主体作用。一是要充分发挥校长在学校文化建设中的核心作用,二是要充分发挥师生在学校文化建设中的主体作用。最后,处理好两对关系——吸纳创新先进文化。一是处理好"传承"与"创新"的关系,二是处理好"学校文化"与"社会文化"的关系。

93 营造教师合作的文化氛围

> 激活教师的合作意识；构建教师的合作机制；搭建教师的合作平台。

【诠释】

教师合作，是指教师为了提高自己的教育教学水平，通过沟通、对话与交流等方式而联合起来的协作行动。教育是一种合作性的事业，教师从本质上来说是一种合作性的职业。教师的合作包括教师与教师的合作、教师与学校领导之间的合作等。

（1）激活教师的合作意识。要在全校营造教师合作文化，校长不仅自己要有合作意识，而且要有意识地激活教师的合作意识。校长有责任和义务向教师灌输团结、合作的理念，帮助教师形成双赢的新观念，改变教师"非赢即输"的思维定式和传统的单兵作战的职业意识，在全校营造一种浓厚的合作、互动的文化氛围。

（2）构建教师的合作机制。一是制订共同的奋斗目标。教师有了共同的奋斗目标，才会有共同的信念、共同的利益，并把合作组织的利益放在个人利益之上。二是制订合理的合作制度。校长要根据学校的具体情况和教师合作团队的特点，让教师广泛参与，以民主的形式共同制订教师合作的具体奖惩制度。三是构建和谐的竞争机制。校长要引导教师进行和谐竞争、有限竞争，在竞争中合作，在合作中竞争，使竞争的双方、多方的经验得以互补，以发挥更大的教育教学效益。

（3）搭建教师的合作平台。校长一要铺设教师人为合作的平台。学校通过一系列正规的、特定的程序，增加教师相互学习的机会，如组织教师集体备课，开展不同层次的教学研究与经验交流活动等。二要铺设教师自然合作的平台。教师根据自己的需要，自由地选择教研合作伙伴，自由地参与教研活动。教师这种自然合作行动，需要学校领导的支持，既需要校长精神上的鼓励，也需要物质上的帮助。可以说，校长的支持与鼓励，能够大大增强教师合作的动力，从而使合作更具成效。

94 建构高品位的校园文化

> 在校园文化建设的进程中,校长应淬炼人类崇高精神,吸纳古今闪光思想,打造师生生态家园,提升行为文化品质,彰显建用并举理念。

【诠释】

(1)淬炼人类崇高精神。作为个体的人是物质实体和精神主体的统一。教育是淬炼生命精神的实践活动,它承载着人类对美好未来全部的憧憬和梦想。人的精神力量不是遗传基因的造化,它深藏于人的内心深处,是在后天的自觉的活动中凭借教育而挖掘、点燃、唤醒、塑造生发出来的。优质的校园文化正是锻造师生高尚精神最好的凭借,是自然生命向精神力量跨越的桥梁。

(2)吸纳古今闪光思想。校园文化必须秉承以社会教化为宗旨、以人文关切为发端、以经世致用为归宿的文化基因,既要将积淀传统教育思想的精髓、整合提炼既往的办学实践作为基点,又要把握现实教育发展的脉搏,汲取当代智慧活动的新优成品以壮观瞻,从而形成鲜明的时代特征、地域特色和个性特质。

(3)打造师生生态家园。校园是师生工作、学习的家园,校长要科学规划学校的布局,整体优化校园的环境:栽培一草一木,设造一物一景,点放一砖一石,兴建一馆一室,张贴一言一句,发布一文一件等。要师承自然,讲究章法,追求高雅品位和文化内涵,以精心打造一个既充满人气、文气、才气又催人奋进的读书圣殿和书香校园,创设一个既洋溢天性、理性、德性又滋润美好心灵的生态家园和生活乐园。

(4)提升行为文化品质。校长在提升校园物质文化、制度文化、精神文化品位的同时,要多关注行为文化的品质,使广大师生对待校园文化的态度达到一致性或趋同性的认知,并形成不约而同的做事方式和处事态度,将校园文化内敛的价值观念和行为方式变成全体师生自我成长的内在需求、自身境界的主观显现,变成他律和自律的结合、鞭策和自立的统一,变成继承和创新的贯通、科学精神和人文品性的交融。

(5)彰显建用并举理念。校园文化的核心是师生共有的价值判断和价值选择,它有待于全体师生的共建共生。校长要重视价值选择的生成性、自主性、开放性,力戒教条式、高压式、封闭式。要提倡人人参与,增强同构共享意识,挖掘、发现、利用、创新已有校园文化成果的育人价值,并不断融会师生现实生活的鲜活感悟,使校园文化成为关注师生学习生活、激活师生现实成长的强势依托。

95 创建"五气"校园文化

> 校园美化接地气,办学理念显灵气,校园生活有朝气,评价机制树正气,教学管理聚人气。

【诠释】

(1)校园美化接地气。校园美化,只有吸引学生的视觉,获得学生心理的认同,才能发挥其德育大课堂的功效。校园中的墙饰、标语等要接地气,即要从学生的认知水平出发,要符合学生的年龄、心理、认知特点,要能吸引学生,让学生看得懂、想得明白、觉得有道理。校园中的哲理隽语要让学生能领悟,凡人小语能引起学生共鸣,名人名言能引发学生醒悟,小故事能折射出大道理,展示的历史典故、成语故事要符合时代的节拍。

(2)办学理念显灵气。学校有特色才会有灵气,有灵气才能不断发展壮大。办特色学校应从自身的实际出发,找准自己的优势,并将这一优势科学发挥,不断传承,与时俱进,由单方面优势的点变成具有特色的靓丽的线,由特色的线带动全方位的提升。办学不能邯郸学步,别人的特色可以借鉴,但绝不能生搬硬套,要学会取人之长,补己之短。

(3)校园生活有朝气。中小学校园应是一个充满生机活力的地方,校长要针对学生的身心特点和发展需要开展形式多样的文体活动,让学生在各种活动中收获与提升,让学生在生机盎然的校园中朝气蓬勃地成长。一方面,校长要开展多样化的文娱活动,以丰富学生的生活,陶冶学生的情操。另一方面,校长要规范阳光体育运动,除了正常开展"两操一课"外,还应经常组织一些体育竞技活动,以培养学生的意志品质。

(4)评价机制树正气。制度建设是校园文化建设的一个重要组成部分。

学校的评价制度只有科学、合理、公平、公正,取得广大师生的认同,师生才会自觉地去遵守和维护,学校才能形成"行有章可循,为有标可遵"的良好局面,校园文化才能发挥制度成人、制度育人的功效。

(5)教学管理聚人气。教师和学生是校园文化的建设者,也是校园文化的受益者。要积淀校园文化的底蕴,就必须在教学管理中聚人气,发挥师生的集体力量,促进校园文化的建设。在教学管理中聚人气,实质就是抓好学校的"三风",即校风、教风、学风。良好的教风直接带动良好的学风的形成,良好的教风和学风一经形成,就会呈现出良好的校风,而良好的校风又能促进良好的教风和学风的提升。

96 留住并优化学校记忆

> 学校记忆价值无边,机制独特,一定要用心优化,精心呵护。学校记忆有六种功能:一是育人,二是维系,三是传承,四是激发,五是辐射,六是创造。留住学校记忆主要有十种方法:一是"立",二是"留",三是"融",四是"标",五是"编",六是"理",七是"藏",八是"复",九是"展",十是"创"。

【诠释】

学校记忆是指凝聚在典型物证之上的文化记忆,是学校特色在人们心灵上留下的难以磨灭的物质文化、行为文化、制度文化和精神文化的烙印。学者刘云生认为:"广义上讲,它指的是某个时代的人关于学校的普遍记忆;狭义上讲,它指的是某一具体学校全体成员共享往事的过程和结果。"

校长要对学校记忆引起重视,其原因如下:一是学校记忆有育人的功能,能够润物细无声地教育师生;二是学校记忆有维系的功能,能将有着广泛认同感的历届师生的人心凝聚起来;三是学校记忆有传承的功能,能将学校的办学风格与优良传统代代相传;四是学校记忆有激发的功能,它秉持情感性原则,能激发起广泛的爱校热情,促进学校发展;五是学校记忆有辐射的功能,能将学校精神和办学业绩向外传播并产生吸引力与影响力;六是学校记忆有创造的功能,能通过选择、改造、移植等作用,生成新的教育模式、教育情境和教育资源,从而进一步形成新的美好的学校记忆。

留住学校记忆需要高度的智慧,其基本思路是:要赋予学校的典型物证以更加丰富而深刻的文化内涵,同时将所有的典型物证组织成一条清晰的文脉,并使布局更加自然有序,体现学校历史的纵深感与厚重感。

要留住学校记忆,其主要方法如下:一是"立"。对于特别值得纪念的人和事应树碑立传。二是"留"。要及时留下典型物证(包括音频、视频、文本等)和极力保留典型物证。三是"融"。在不得不拆的情况下,可将部分典型物证融入新的建筑中。四是"标"。在典型物证无法存留的情况下,可在原址上竖立标志牌加以提示。五是"编"。就是把学校的特色品牌项目进行提炼编码,使之一目了然。六是"理"。学校记忆需要经常整理,使之愈益深化。七是"藏"。要及时地将可移动的典型物证分门别类地收藏起来,包括实物、音频、视频等。八是"复"。对于已经消失的典型物证,可在原地按原样复原。九是"展"。通过展示与展览放大学校记忆。十是"创"。以敬畏之心加以创造,这是留住学校记忆的最高境界。

教育理念篇

教育的本质,就是要把学生潜在的真善美,通过不同的教育形式引导释放出来,快乐学习,快乐生活,快乐生存。科学教育观的第一要义是提高教育教学质量,核心立场是以生为本,基本要求是全面创新高效率,根本方法是因材施教。教育的根本目的是创造幸福美好的生活。

"幸福教育"的核心是以人为本,特征是多样,取向是公平,属性是优质。"民主教育"的核心是尊重,尊重学生的个性,尊重学生的人权;尊重学生的人格,尊重学生的情感;尊重学生的思想,尊重学生的心愿;尊重学生的爱好,尊重学生的期盼。"美好教育"是一种生命关怀,是一种生活审美再造,是一种生趣表达。

教育不是灌满一桶水,而是点燃一把火;不是教师带着学生看问题,而是教师提出问题让学生自己去思考;被教育者学习不只是为了更好地谋生,而是为了更好地享受生活。教育不是付出,而是享受;教育不是灌输,而是唤醒;教育不是重复,而是创造;教育不是为了考试,而是让人更有头脑。

教育要开拓学生潜能,开化学生心灵,开发学生智慧,开动学生头脑,开阔学生视野,开辟学生航程。教育要引领学生攀登人格的高山,攀登智慧的高山,攀登健体的高山,攀登崇美的高山,攀登情感的高山。

97 教育本质面面观

> 教育的本质,就是要把学生潜在的内质东西——真善美,通过不同的教育形式引导释放出来,快乐学习,快乐生活,快乐生存。

【诠释】

"教"和"育"这两个字,最早出现在中国的甲骨文中。"教",象形字,是指有人拿着鞭子在教育,旁边有个小孩在跟着学习。"育",象形字,是指妇女养育孩子之形,意指教育就像产妇分娩孩子一样,痛苦、艰难。

查阅先秦古籍,"教"与"育"连用的很少,大都只用一个"教"字来论述教育的事情。最早将"教""育"二字连在一起用的是孟子,见《孟子·尽心上》:"得天下英才而教育之,三乐也。"但这两个字在当时没有确指含义。在20世纪之前,关于教育问题,人们往往使用"教学"这个词,而很少使用"教育"。如《大学》《学记》《劝学篇》等。中国古代教育,对"教"和"育"的使用是单字限定使用,没有连字使用。如《荀子·修身》:"以善先人者谓之教。"《中庸》:"天命之谓性,率性之谓道,修道之谓教。"《礼记·学记》:"教也者,长善而救其失者也。"东汉许慎的《说文解字》将"教"和"育"二字连在一起:"教者,上所施,下所效也;育者,养子使作善也。"意思是施教者通过示范、限制、规范等形式,而使受教育者得到一定影响的学习过程。

其实,"教育"是一个外来词。20世纪初,西学东移,在"明治维新"的影响下,从日文转译过来的"教育"一词逐步取代传统的"教学",进入中国教育领域,最后被确定为中国教育理念最核心的一个基本概念。蔡元培说:"要有良好的社会,必先有良好的个人;要有良好的个人,必先有良好的教育。"陶行知说:"教师的职务是'千教万教,教人求真';学生的职务是'千学万学,学做真人'。"

在西方,"教育"一词源于拉丁文"Educare",前缀"e"有"出"的意思,词根"ducare"有"引出或导出"之意,意思是教育通过一定的手段,把本来就潜藏于人身上的东西引导出来,从一种潜质转变为现实。从词根来说,西方的"教育"一词,更接近于教育的本质含义,有内发之意,在自然状态下,把人固有的或潜在的内质,自内而外导引出来,以实现发展和创造。因此,西方许多教育家、思想家阐发了对教育本质独特而又深刻的理解。如古希腊柏拉图说:"教育决定一个人未来生活的方向。"德国第斯多惠说:"教育的最高目标就是激发学生的主动性,培养学生的独立性。从广义上讲,这就是一切教育的最终目的。"德国卡尔·雅斯贝斯说:教育是"一棵树摇动另一棵树,一朵云推动另一朵云,一个灵魂唤醒另一个灵魂"。爱尔兰威廉·叶芝说:"教育不是注满一桶水,而是点燃一把火。"英国赫伯特·斯宾塞说:"教育的目的是培养人的个性。"

98　校长的教育理念

校长要树立以德为先、育人为本、引领发展、能力为重和终身学习的教育理念。

【诠释】

校长应具备以下几条教育理念。

(1)以德为先。校长要贯彻党和国家的教育方针,坚持社会主义办学方向,将社会主义核心价值体系融入学校教育全过程,依法履行法律赋予的权利和义务;热爱教育事业和学校管理工作,具有服务国家、服务人民的社会责任感和使命感;履行职业道德规范,立德树人,为人师表,公正廉洁,关爱师生,尊重师生人格。

(2)育人为本。校长要坚持育人为本的办学宗旨,把促进每个学生健康成长作为学校一切工作的出发点和落脚点,扶持困难群体,推动平等接受教育;遵循教育规律,注重教育内涵发展,始终把全面提高义务教育质量放在重要位置,使每个学生都能接受有质量的义务教育;树立正确的人才观和科学的质量观,全面实施素质教育,为每个学生提供适合的教育,促进学生生动活泼地发展。

(3)引领发展。校长作为学校改革发展的带头人,担负着引领学校和教师发展,促进学生全面发展与个性发展的重任;将发展作为学校工作的第一要务,秉承先进教育理念和管理理念,建立健全学校各项规章制度,完善学校目标管理和绩效管理机制,实施科学管理、民主管理,推动学校可持续发展。

(4)能力为重。校长要坚持教育管理理论与学校管理实践相结合,突出学校管理的实践能力和创新能力;不断提高与完善规划学校发展、营造育人文化、领导课程教学、引领教师成长、优化内部管理和调适外部环境等方面的能力;坚持实践、反思、再实践、再反思,强化专业能力提升。

(5)终身学习。校长要牢固树立终身学习的观念,将学习作为改进工作的不竭动力;优化知识结构,提高自身科学文化素养;与时俱进,及时把握国内外教育改革与发展的趋势;注重学习型组织建设,使学校成为师生共同学习的家园。

99 教育观念的五个转变

校长要转变教育观念,由培养单一型人才转向培养复合型人才;由单纯向学生传授知识转向提高综合素质;由教师传授式教学转向对学生启发式教学;由给学生"浇水"转向教给学生"找水";由"圈养"转向"以圈养为主、散养为辅"。

【诠释】

(1)由培养单一型人才转向培养复合型人才。我们培养的人才,不能只知道一些狭窄的知识和简单的技能,而是要有宽广的视野,具备多种能力,是复合型人才。这就要求改革人才培养模式,改革人才的知识结构。传统的人才知识结构是"T"型的,一横表示基础知识要宽一些,一竖表示专业技能要尖一些。而现代人才知识结构则是厚基础、宽专业,具有综合素质。

(2)由单纯向学生传授知识转向提高综合素质。美国教育心理学家加德纳提出多元智能理论,认为人的智能可归为八个方面,即语言、逻辑、空间、肢体运作、音乐、人际、内省、自然探索,说明不能以一种智能来评价所有人。教育在培养人方面也不能局限于一两种智能。故中小学教学要从只重视学科知识传授,转向提高学生的综合素质。

(3)由教师传授式教学转向对学生启发式教学。英国教育家威廉·亚瑟说:"平庸的教师只是叙述,较好的教师是讲解,优秀的教师是示范,伟大的教师是启发。"伟大的教师启发学生的思维、探索和创新。"启"与"发"是辩证统一的,教师的"启"是前提和基础,学生的"发"是目的和结果,是由教师的"启"而达到学生的"发"。当今信息时代、知识经济时代要求培养综合素质较高的创新型人才,单纯的传授式教学已不适应时代发展的需要,而是要更多地采用启发式教学。

(4)由给学生"浇水"转向教给学生"找水"。曾经有一种说法:"教师的知识是一桶水才能给学生一碗水。"后来发展为:"教师不但是一桶水,还要成为自来水、长流水。"其实教师成为长流水还是不够的,需要逐步教学生会找水,让学生自我成长、自我提高、自我完善。浇水是被动的、一次性的、短暂的,找水是主动的、长久起作用的,有助于学生终身发展。

(5)由"圈养"转向"以圈养为主、散养为辅"。"圈养"是指统一要求,"散养"是指个性发展。中小学教学要逐步由"圈养"转向"以圈养为主、散养为辅",即既要有统一要求,又要有个性发展。要留出一定的空间,开设选修课和校本课程,开展丰富多彩的课外活动、兴趣小组活动等,充分发展学生的聪明才智。

100 怎样全面贯彻党和国家的教育方针

全面贯彻党和国家的教育方针,需要准确把握新时代党和国家的中心工作的新任务,需要准确把握新时代以人民为中心发展教育的新理念,需要准确把握立德树人总体目标的新规定,需要准确把握人的全面发展理念的新内涵。

【诠释】

新时代党和国家的教育方针是:坚持教育为社会主义现代化建设服务,为人民服务,把立德树人作为教育的根本任务,全面实施素质教育,培养德智体美劳全面发展的社会主义建设者和接班人。党和国家的教育方针,是党和国家在一定历史时期内提出的有关教育工作的总的方向和总指针,是教育基本政策的总概括。全面贯彻党和国家的教育方针,要准确把握"四个新"。

(1)全面贯彻党和国家的教育方针,需要准确把握新时代党和国家的中心工作的新任务。教育方针要服务于党和国家的中心任务。全面贯彻党和国家的教育方针需要从实现"两个一百年"奋斗目标和实现中华民族伟大复兴中国梦的高度出发,紧扣立德树人根本任务,培养德智体美劳全面发展的社会主义建设者和接班人。

(2)全面贯彻党和国家的教育方针,需要准确把握新时代以人民为中心发展教育的新理念。为人民服务、以人民为中心是党和国家在不同历史时期教育方针中一以贯之的基本理念。

(3)全面贯彻党和国家的教育方针,需要准确把握立德树人总体目标的新规定。教育方针需要解决"为谁培养人"的教育性质问题、"培养什么人"的人才规格问题以及"怎样培养人"的教育方法问题。全面贯彻党和国家的教育方针,就需要把培养社会主义建设者和接班人作为根本任务,培养一代又一代拥护中国共产党领导和社会主义制度、立志为中国特色社会主义事业奋斗终身的有用人才。

(4)全面贯彻党和国家的教育方针,需要准确把握人的全面发展理念的新内涵。教育方针要体现贯彻马克思主义关于"人的全面而自由的发展"的理论思想,习近平总书记将原来"四育并举"(德、智、体、美)的提法上升为"五育并举"(德、智、体、美、劳),赋予了全面发展新的内涵。各级各类学校必须把劳动教育纳入培养目标之中。

101 学校教育要坚持"三个服务"

> 学校教育必须坚持"为人民服务",坚持"为巩固和发展中国特色社会主义服务",坚持"为改革开放和社会主义现代化建设服务"。

【诠释】

学校教育要坚持以下三个服务。

(1)为人民服务。学校教育必须坚持为人民服务。教育为谁服务是一个根本性的问题,这个问题不解决,其他一切问题都不可能解决好。中国特色社会主义教育,其性质是社会主义,社会主义的本质属性就是人民当家做主。

（2）为巩固和发展中国特色社会主义服务。学校教育必须坚持为巩固和发展中国特色社会主义服务。中国特色社会主义造就和发展了当代中国教育,正因为中国特色社会主义事业的快速发展,才使我国的教育事业也发生了翻天覆地的大变化。

（3）为改革开放和社会主义现代化建设服务。学校教育必须坚持为改革开放和社会主义现代化建设服务。改革开放是当代中国的鲜明特征,社会主义现代化建设是当代中国的主旋律。我们正在推进的中国特色社会主义伟大事业,从很大程度上说就是通过改革开放和社会主义现代化建设来实现的。

"三个服务"是一个有机的统一体,它们内在统一于中国特色社会主义伟大实践,统一于中国特色社会主义教育发展全过程。

102 坚持科学教育观

> 科学教育观的第一要义是提高教育教学质量,核心立场是以生为本,基本要求是全面创新高效率,根本方法是因材施教。

【诠释】

科学教育观是科学发展观在教育领域的体现,主要包括以下四个基本内涵。

（1）科学教育观的第一要义是提高教育教学质量。教育教学质量包括三个方面:一是学生掌握了所学的知识;二是学生学会了怎样学习;三是学生有了旺盛的求知欲。教育教学质量是学校的生命线,提高教育教学质量,是教育永恒的主题。

（2）科学教育观的核心立场是以生为本。以生为本是科学教育观的本质,学生是教育的主体,一切教育都必须以学生为中心,这是现代教育的基本价值与根本要求。

（3）科学教育观的基本要求是全面创新高效率。所谓全面,即学校教育要面向全体学生,全面完成教学任务,全面培养人才;所谓创新,包括创新教育理念,创新教学方法,创新教学过程等;所谓高效率,是指在教育教学中,通过教师的引领和学生积极主动的学习过程,在单位时间内高效率、高质量地完成教学任务,促进学生获得高效发展。

(4)科学教育观的根本方法是因材施教。要求教师根据教材的不同内容,从学生的实际出发,针对学生的特点,有的放矢地采用不同的教学方法,进行科学的教学,使每个学生都能扬长避短,都能获得最佳发展。

103　教育的境界

> 实用教育:教育的初始境界。
>
> 全人教育:教育的应然境界。
>
> 幸福教育:教育的理想境界。
>
> 信仰教育:教育的至高境界。

【诠释】

境界是主体人在改造自然、改造社会以及改造人自身时所达到的精神高度,它充分体现了人的生命意义和生存价值。教育活动不仅要追求境界,更应追求至高境界。从"实用教育"的初始境界向"全人教育"的应然境界、"幸福教育"的理想境界提升,乃至最终实现"信仰教育"的至高境界,应是校长的追求。

(1)实用教育:教育的初始境界。在当代社会,人只有接受教育才能更好地创造物质财富和精神财富,教育是满足现代人生存需要和生活需要的必要条件。一方面,教育需要一定的物质基础;另一方面,教育在一定程度上也满足了受教育者的物质追求。人们往往为了升学、就业进而得到较高的社会地位等接受教育。在这样的受教育目的的驱使下,教育常常被考试分数所控制,充满了实用主义色彩。可以说,当今社会一部分人受教育的最主要最根本的目的在于求利,即求得财富和地位。我们称这样的教育为"实用教育",该教育处于教育的最低层次,是教育的初始境界。

(2)全人教育:教育的应然境界。教育是人的一种有目的的活动,人虽然不是客观物质世界的本原,却是意义与价值的本原。就教育价值的本质而言,是为了人的发展,人的发展也是教育价值目标的实质。因此,从教育的本体价值而言,教育目的是追求真善美,以学会认知、学会做事、学会生存、学会共同生活为支柱,培养全面发展的人。人不只是为了财富地位而接受教育,更应该为了人的道德、理智、人格等方面品质的优秀和完善,为了自己身心的全面和谐发展而接受教育。我们称这样的教育为"全人教育",即教育的应然境界。随着社会的发展,人们对教育认识的加深,教育会逐渐从"实用教育"的最低境界向"全人教育"的较高境界提升。

(3)幸福教育:教育的理想境界。教育不仅要教人去取得成就,更要教人去获得幸福,我们称之为"幸福教育"。"幸福教育"是一种将幸福视为最人性、最终极的价值理念,并真正将幸福贯穿于教育实践过程之中的教育。首先,该教育以幸福为终极目的。其次,该教育在教育过程中关注人的幸福,关注人性和生命,从而更加人性化,真正做到以人为本。最后,该教育作为一种特殊的生活方式,能为人未来的幸福生活做准备,同时使生活于其中的人感受到幸福,也会使人获得一种生活得更好的能力。因此,"幸福教育"是对"实用教育"和"全人教育"的超越,是教育的一种理想境界。

(4)信仰教育:教育的至高境界。信仰即为真诚和敬仰之义。"信仰教育"是对教育的信服、尊崇,是对教育所要培养的理想之人及对教育在人和社会发展中应然价值的极度信服和尊崇。"信仰教育"能使教育返璞归真,能使教育更和谐,是教育的纯化。它比"实用教育"更自由,是"全人教育"发展的根本动力,是对"幸福教育"的超越。因此,"信仰教育"是教育的最完满、最终极的至高境界。

104 顺教育自然之道

> 教育如水——对教育自然之道的认识与理解。
>
> 成真梦想——对教育自然之道的遵循与追求。
>
> 崇尚真善美——对教育自然之道的实践与创新。

【诠释】

（1）教育如水——对教育自然之道的认识与理解。水乃自然之物,教育如水,顺其自然方成道,法其本质乃见真。因为教育是服务人的事业,是塑造人的工程,构建人的品性,丰富人的灵魂。教育的品质如水一样,具有八德:进取、柔韧、奉献、公正、创新、谦虚、清廉、包容。教育首先要遵循每个生命个体生长的需求,如水一般去泼洒与滋润。教育,绝不是"工业化生产",不需要统一的产品,要像大自然所形成的规律一般,不仅有春夏秋冬,还要有疾风骤雨、和风细雨。教育要做应该做的事,不急功近利,不拔苗助长,不随波逐流,不厚此薄彼。

（2）成真梦想——对教育自然之道的遵循与追求。什么是教育? 教育就是让做梦的人梦想成真,其自然之道就是发现每个学生的强势智能并引导和发展,使其实现梦想。遵循教育的自然之道就是尊重和认可学生的梦,引导和发现学生的梦,实现和发展学生的梦。自然的教育应做到:第一,在学生强势智能基础上,帮助其树立正确的思想;第二,培养实现理想的坚韧精神;第三,养成良好的习惯;第四,培养符合时代发展的情感;第五,教其具备扎实的文化科学知识基础。这里的关键是在理想、精神、习惯、情感和知识中,不可只重其一,更不可只重知识。

（3）崇尚真善美——对教育自然之道的实践与创新。教育是一项从人性出发,崇尚真善美的事业。从事这项事业的人唯有以爱心、宽容、博学、睿智为出发点,站得高,看得远,才能看到其事业的本质;唯有以宁静平和之心态,才能得到其自然的真谛。大爱是教育的本源,教育只有充满了爱,才能进入学生的内心深处。所以,构建和谐自然的学校文化,让学校成为智慧的汇集之地,成为学习场、文化场、发展场,成为教育的理想之场。为了实现这个目标,一是确立适合学校的发展策略,即"文化立校,创新育人":丰富和发展学校精神,创新思想文化;构建学生的校本课程体系,创新课程文化;建设数字化校园,创新网络文化;以关爱他人为核心主题,创新育人文化;优化整合环境资源,创新环境文化;构建现代学校制度,创新制度文化;以人的全面发展为出发点,创新艺体文化。二是开创一套适合学校自身发展的模式,即:学校建设生态化,设施设备现代化,教学手段信息化,内部管理精细化,师资培训校本化,教育科研系列化,养成教育课程化,艺体教育多元化。三是提出一套全面实施素质教育教学的新举措,即:更新教育理念,注重教育公平;改进教学方法,构建高效课堂;突出养成教育,培养学生人格;拓展艺体平台,关注个性发展;创新校本教研,倡导课题研究;加大师训力度,强调专业发展;探索"五育"途径,促进全面发展。

105 做更好的教育

> 构造"一方池塘",服务学生"自然成长"。
> 点燃"一束火焰",启迪学生"自己成长"。
> 敲打"一块燧石",引领学生"自由成长"。
> 推开"一扇大门",促进学生"自觉成长"。

【诠释】

(1)更好的教育就是构造"一方池塘",服务学生"自然成长"的教育。构建服务学生"自然成长"的"一方池塘",应从以下三个层面切入:首先,构建荡漾着"自由"之波的"一方池塘"。更好的教育就是通过把时间和空间还给学生,把兴趣和爱好还给学生,把健康和快乐还给学生,进而促进其"自然成长"的个性得到充分自由发展的教育。其次,构建涌动着"创新"之泉的"一方池塘"。更好的教育一定是重视美育的教育,既呈人之美,又成人之美,让美的力量蓬勃生长,引导学生与自然和谐共处,珍爱永恒的自然美;通过感知求索,创造动人的艺术美;不断追昔抚今,体察幸福的生活美,进而提升以形象思维为核心的创新思维水平,为创新之泉注入不竭的源头活水。最后,构建游弋着"快乐"之鱼的"一方池塘"。更好的教育一定让学生诗意地栖居在大地上,通过打造充满着爱、洋溢着情、体现着乐的课堂,营造出"名师出高徒、兴趣出高分、激励出高兴"的良好氛围。

(2)更好的教育就是点燃"一束火焰",启迪学生"自己成长"的教育。首先,是点燃培养学生"社会责任感"的火焰。更好的教育就是要善于把核心价值观内化为师生的价值观,自觉按照核心价值观的要求行动,以核心价值观作为检验师生言行的价值标准,引导师生肩负起对自己和他人、家庭和社会、国家和人类、当代和后代等的责任,自觉为实现"国家富强,民族振兴,人民幸福"的中国梦和"有教无类,因材施教,终身学习,人人成才"的教育梦而努力奋斗,在"大爱无言,大德无痕,大责无疆,大智无价"

的氛围中,让学生成为"自己的自己、更高大的自己、对人类有更大贡献的自己"。其次,是点燃培养学生"创新精神"的火焰。更好的教育就是通过更新教育观念、改变教学方式、合理设置课程、加快建立以课程标准和学生全面发展标准为主的评价体系等举措,推动教育由注重传承的教育向注重创新的教育、由注重选拔的教育向注重选择的教育、由注重文本的教育向注重实践的教育、由注重灌输的教育向注重启发的教育转变,让学生真正地具有时代发展所需要的创新精神。最后,是点燃培养学生"实践能力"的火焰。一是让实践满足学生对真理的渴望,二是让实践满足学生的好奇心,三是让实践使学生体验到运用的乐趣。只有在实践中,学生才能提高运用所学知识解决实际问题的能力,从而获得"一览众山小"的豪迈情怀。

(3)更好的教育就是敲打"一块燧石",引领学生"自由成长"的教育。第一,更好的教育善于敲打"公平"的燧石。更好的教育须以有教无类促进起点公平,突出"为了一切学生发展",提供面向全体的公平教育;以因材施教促进过程公平,突出"一切为了学生发展",提供适合多样的优质教育;以人尽其才促进结果公平,突出"为了学生一切发展",提供相互衔接的全面教育。第二,更好的教育善于敲打"质量"的燧石。第三,更好的教育善于敲打"可持续发展"的燧石。更好的教育就是可持续发展的教育。可持续发展的教育,一是优先发展的教育,二是信息化支撑的教育,三是科学管理的教育。

(4)更好的教育就是推开"一扇大门",促进学生"自觉成长"的教育。推开更好的教育的"一扇大门",一仰于名师,二依于校长,三基于文化。

106 什么是科学的教育

教育不是灌满一桶水,而是点燃一把火;不是教师带着学生看问题,而是教师提出问题让学生自己去思考;被教育者学习不只是为了更好地谋生,而是为了更好地享受生活。

【诠释】

传统的教育,大多是灌满一桶水,一贯的填鸭式教学,从而使学生丧失了独立思考的能力。科学的教育,大多会点燃一把火,激发学生学习的欲望,慢慢培养学生的独立思考能力。

传统的教育,大多采取打压式或批评式的教育,抓住学生的短处一直不放,在批评中学生开始讨厌学习。科学的教育,大多采取扬长式或鼓励式的教育,善于发现学生的优点,在鼓励中学生迅速成长。

传统的教育,大多带着强烈的目的教育学生,比如改变命运,除了学习其他一概不管。科学的教育,大多鼓励学生发展各自的兴趣爱好,让学生有更多的可能性,能更自信地融入社会。

传统的教育,学习最终的结果只是为了更好地工作和谋生。科学的教育,即使为了工作,但知道最终是为了更好地享受生活。出发点和侧重点不同,结果导向和产生的行为也会不同。

传统的教育,教师们大多让学生只关注脚下的每一步,目光局限在眼前和当下。科学的教育,教师们大多会引导学生关注明天,目光放眼于未来。人生要有规划,只有提前关注未来,才知道当下该怎么走。

传统的教育,由于过多填鸭式的方式,擅长照本宣科,导致学的知识不一定有用。科学的教育,擅长培养终身受益的能力,即使出了学校进入社会,也能自信地应付各种情况。

传统的教育,由于不同体制的问题,大多培养的是记忆能力。科学的教育,大多培养的是信息处理的能力,人脑总归有限,尤其是在信息爆炸的时代,搜索资料的能力,远远重要于记忆力。

传统的教育,教师大多起到的是传道授业解惑的作用,看似没有问题,但与学生没有太多的互动并且只给标准答案。科学的教育,教师大多会根据每个学生的不同性格,因材施教,激发他们独立的思考能力。

传统的教育,教师通常会布置大量的作业,反反复复地做题,好像永远都做不完题。科学的教育,作业量不一定多,但一定要深刻领悟解题的思路,并鼓励学生学会团队合作。

传统的教育,只有标准答案,长期这样教育,容易让人产生固定的思维模式。科学的教育,没有绝对的标准答案,也许是同一个问题,但有不同的解题思路。

传统的教育,通常都是教师带着学生看问题,所收获的只是一个总结或观点。科学的教育,教师基本不给答案,通常提出问题让学生自己去思考,所以能收获更多的启发。

传统的教育,为的是确保体能测试能够达标,应付完有关规定就行。科学的教育,旨在培养学生的运动习惯。健康的身体是未来工作的基本条件,越是精英人士,越会花时间锻炼身体。

107 教育的根本目的是创造幸福美好的生活

> 教育的根本目的是创造幸福美好的生活。幸福教育的核心是以人为本,特征是多样,取向是公平,属性是优质。

【诠释】

所谓幸福教育,就是以"人民幸福"为宗旨的教育。教育的根本目的是创造幸福美好的生活。教育是幸福生活的重要内容,教育是学生们体验幸福成长、奠基一生幸福的过程。有幸福的教育,才有幸福的人生。只有以幸福为指向的教育,才是有意义的教育;只有以幸福为依归的人生,才是有意义的人生。

(1)幸福教育的核心是以人为本。以人为本,就是要以学生的发展为本。首先,应坚持促进学生的全面发展。其次,应尊重学生的学习主体地位,让每个学生都能主动地学习、快乐地生活、生动活泼地发展。

(2)幸福教育的特征是多样。社会生活丰富多彩,人与人之间千差万别,对教育的需求也是多种多样。因此,幸福教育应是多样、开放、灵活的教育。首先,应让教育服务人的一生;其次,应搭建终身教育的"立交桥";再次,应提供适合的教育,满足多样化、个性化的学习发展需求。

(3)幸福教育的取向是公平。促进教育公平,主要包括实现机会公平、权利公平、规则公平,也包括促进过程公平、结果公平。每个学生天赋、成长背景和家庭条件各不相同,校长、教师应该平等对待每个学生,坚持因材施教,有针对性地满足不同学生的学习需求,为每一个学生奠定一生幸福和发展的基础,让每一个学生都能成才,都能共享尊严和幸福。

（4）幸福教育的属性是优质。人民群众对教育的需求已从"有学上"转为"上好学"，对优质教育的强烈需求与优质教育资源短缺的矛盾日益突出。只有解决这一主要矛盾，才能真正办好幸福教育。因此，校长要把立德树人作为学校的中心任务，摆在更加突出的位置。幸福教育不仅仅指学生的幸福，还有教师的幸福。只有教师幸福地教，才能有学生幸福地学。要把教师队伍建设作为幸福教育的最基础性工作来抓，不断提高教师教书育人的荣誉感、责任感和幸福感。

108 做简单的教育，为学生的幸福人生奠基

中小学要坚持"为幸福人生奠基"的理念，做到：幸福人生从健康起航，幸福人生让道德引航，幸福人生用习惯护航，幸福人生乘能力远航。

【诠释】

作为一名校长，要认识到做教育要去除教育复杂、华丽的外衣，做简单的教育。做简单的教育，就是要抓住教育的本质：健康、道德、习惯、能力。

（1）练出强健体魄。"健康"是人类进行一切社会活动的基础，同样的在教育中，学生们的健康也是最需要重视的问题。不管是身体上还是心灵上，健康都是最重要的。所以，我们的教育从最开始，就要将健康的理念深深地植入学生的心中。要告诉学生：美好的生命，是我们追求幸福的根本；健康的身体，是我们快乐生活的基础。身体发肤，都是我们人生重要的基石。要练出强健的体魄，更要好好珍惜和爱护。

（2）塑造美好品德。国无德不兴，人无德不立。"立德树人"是教育的根本任务，良好的品德，是人在社会上立足的根本要求。立德树人应融入思想道德教育、文化知识教育、社会实践教育各环节，德育要贯穿在教育的始终。塑造学生的美好品德，是学校教育和家庭教育所应该做到的事，也是教育最本质的、最核心的任务。

（3）养成良好习惯。良好的学习习惯和行为习惯是决定一个学生未来成功的基础和保障。学生在学校时，应有良好的学习习惯；在家时，要有健康的生活习惯；在与人交流时，也要有懂礼貌、讲文明的社交习惯。学校和

家庭要把良好习惯的养成渗透到学生学习和生活的方方面面,一个人良好的行为习惯一旦养成,将受益终身。

（4）获取幸福能力。提高学生的能力,包括学习能力、合作能力、自主探究能力、克服困难能力……这些能力总的来说,就是一个能力——获取幸福的能力。获取幸福的能力,虽然听着很宏大,但是我们可以把它具体到一点一滴的小事中。我们要让学生们知道,幸福就在生活的点点滴滴中,要大胆地去尝试,去追求它、拥有它,慢慢地,学生们就拥有了获取幸福的能力。

109 教育的美丽

> 开拓学生潜能,开化学生心灵,开发学生智慧,开动学生头脑,开阔学生视野,开辟学生航程。

【诠释】

教育的美丽在于开拓学生潜能,开化学生心灵,开发学生智慧,开动学生头脑,开阔学生视野,开辟学生航程。

（1）开拓学生潜能。人的潜能主要表现在体能和智能两个方面,并以智能为主。脑科学的研究证实,人的潜能是无穷尽的。从大脑神经细胞数量上说,在140亿个脑细胞中,人们开发运用的只占8%左右,90%以上的脑细胞则处于"休眠"状态。因此,人是有潜能的人,学生是有潜能的学生,校长应树立全体学生都具有巨大潜能的教育理念,帮助开拓每个学生的潜能,促进他们尽可能充分自由地发展。

（2）开化学生心灵。苏霍姆林斯基说:"培养人,首先就要了解他的心灵,看到并感觉到他的个人世界。"走进学生的心灵,净化一片蓝天,绿化一片沃土,这是校长神圣不可推卸的职责。学校要努力做到:如阳光,洒向学生心灵的每一个角落;如春风,拂去学生心灵的每一粒尘埃;如细雨,滋润学生心灵的每一寸土地。

（3）开发学生智慧。学校要用教学智慧开启学生的智慧。校长要引导教师在教学中,激活学生的新思维,开拓学生的新视角,集合学生的新视点,拓宽学生的新视野。校长要注重引导教师开启学生的智慧,在整体把握中重点突破,在凸显精讲中关注细节,在引导质疑中重视生成,在课内外的结合中丰富积累。

(4)开动学生头脑。聪颖即聪慧、聪明。校长要用自己的教育智慧,培养聪颖、智慧、灵动的学生。头脑越练越聪明,头脑越用越聪明。因此,校长要培养学生多动脑、勤动脑、多思考的学习习惯。

(5)开阔学生视野。在抓教学中,校长不能把目光仅仅局限于课本之中和狭小的课堂之中,更要开阔学生的视野,把目光转向更广阔的社会和更美好的大自然,应鼓励学生用自己的学识去解决现实生产、生活中的问题,提高其理论联系实际的能力。

(6)开辟学生航程。俄国作家列夫·托尔斯泰说:"理想是指路明星,没有理想,就没有坚定的方向,没有方向,就没有真正的生活。"人生有了崇高的理想和坚定的信念,就会在黑暗中看到光明,在平凡中看到伟大,在困难挫折中充满信心。校长要教育学生树立远大的理想和崇高的信念,帮助有为青年扬起生命的风帆,开辟和探索人生新的航程。

110 教育的目的

教育的目的,既要让学生满分,更要使学生经纶满腹;既要让学生满意,更要使学生壮志满怀;既要让学生满足,更要使学生踌躇满志。

【诠释】

教育的目的,不仅仅是追求学生考试得最高分,更要扩大知识面,培养学生的才干和智谋;教育的目的,不仅仅是追求学生、家长和社会的满意,更要培养学生满怀豪情的壮志,做一个有理想、有志气、有抱负的人;教育的目的,不仅仅是追求学生精神上的满足,更要培养学生在未来的事业中,为社会做出贡献,取得更大的成就。

这也告诫我们校长,不能只重视应试教育,而忽视素质教育;不能片面追求升学率,而要注重学生德智体美劳全面发展。

111 教育无小事

教育无小事,事事皆育人。

教师无小节,节节皆楷模。

教学无小处,处处皆学问。

【诠释】

(1)教育无小事,事事皆育人。任何教育活动都是由一个个小事构成的,小事虽小,却能透射出教育的大理念、大智慧。要把教育工作的大事做到实处,校长必须从大处着眼,小处着手,关注细节。教育无小事表现在:每一个教案,每一节课堂,每一次作业,都需要去认真对待;学生上学、放学,课间活动、午间休息,都需要去密切关注;思想、心理、学习、身体、个性的发展,都需要去全面关心。

(2)教师无小节,节节皆楷模。学校对学生的教育更多的是通过细小的言行举止来体现,青少年儿童往往把教师的一言一行、一举一动都作为自己学习的榜样。因此,校长务必要求教师为人师表,从言行到举止,处处带好头,时时做表率,以利于潜移默化地感染、教育学生。

(3)教学无小处,处处皆学问。学校的本职工作就是教育教学,校长要抓好教学的各个环节,要求教师认真备好每一节课,认真上好每一节课,认真辅导好每一个学生,认真批改好每一份作业。无论是上新授课还是复习课、讲评课,都要从小处做好。教学的每个环节都有学问,校长要求教师做好自己岗位该做的事,做好自己能做的事。

112 教育要引领学生不断攀登

> 教育要引领学生攀登高山。攀登人格的高山,攀登智慧的高山,攀登健体的高山,攀登崇美的高山,攀登情感的高山。

【诠释】

新时期党和国家的教育方针是坚持教育为社会主义现代化建设服务、为人民服务,把立德树人作为教育的根本任务,全面实施素质教育,培养德智体美劳全面发展的社会主义建设者和接班人,努力办好人民满意的教育。要全面贯彻落实党和国家的教育方针,就要引领学生攀登五座高山。

(1)从德育的角度,要引领学生攀登人格的高山。人格是指人的性格、气质、能力等特征的总和,也指个人的道德品质和人的作为权利、义务的主体的资格。校长要构建促进学生人格全面发展的教育价值体系,形成促进和引领学生人格健康发展的教育教学模式,追求人格发展的最高境界——培养学生高尚强健的人格。

(2)从智育的角度,要引领学生攀登智慧的高山。青少年在中小学时期的重要任务就是学习科学文化知识,也就是学知识、学本领。科学文化是一个非常丰富而广泛的概念,有自然科学、社会科学,有哲学思想、文化艺术等。科学文化是一个取之不尽、用之不竭的宝库,是人类千百年来的优秀思想的结晶。青少年应当尽可能多地广泛涉猎,尽可能多地接触各个科学文化领域,尽量多地汲取科学文化营养,开阔眼界,净化灵魂,使观察更敏锐,记忆更持久,思维更深刻,想象更丰富。

(3)从体育的角度,要引领学生攀登健体的高山。蔡元培先生曾经说过,"完全人格,首为体育"。校长必须高度重视学校体育工作,重视学生健康,重视学生身体素质,重视学生身体成长。

(4)从美育的角度,要引领学生攀登崇美的高山。美育能丰富审美的感情,发展审美的能力,能给人带来活泼舒畅的情绪和乐观主义的精神。美育也是培养学生认识美、爱好美和创造美的能力,充分感受健康的、进步的事物的美的能力教育。因此,校长要重视美育,渗透美育,发挥美育的作用。

（5）从心理健康教育的角度,要引领学生攀登情感的高山。情感是人对客观事物是否符合需要、愿望和观点而产生的体验,是教育活动的非智力因素,对学生的智力活动、道德品质、心理健康等有着密切的联系。校长应充分认识和发挥情感教育的积极作用,要求教师根据学生的心理发展规律和特点,把情感因素引入教育教学当中,通过关注教育教学过程中学生的态度、情绪、情感以及信念,对学生给予恰当的尊重、平等、理解、关心、信任和期待,充分体现学生的主体地位,提高他们接受教育的积极性和主动性,以促进学生的健康发展。

113 呼唤教育的回归

教育要呼唤"三个回归":回归恒常,坚守原点;回归正常,遵循自然;回归日常,朴实无华。

【诠释】

校长要呼唤教育回归恒常、回归正常、回归日常,实际上就是不忘教育的初心。

（1）回归恒常。教育之所以成为教育,教育之所以区别于其他社会活动,就在于它有一个恒久如常、亘古不变的原点,这个原点就是育人。而当下我国中小学教育存在一个相当突出、相当普遍的根本性问题,就是常常有意无意忘记教育应当基于的这个原点,忘记教育应当拥有的这种恒常。具体育人目标,就是育共生之人 ——与自然共生,与社会共生,与自我共生。新时代我们所需要的人,是能与自然共生,与社会共生,与自我共生的人。不与自然共生,终将受自然惩罚;不与社会共生,终将被社会淘汰;不与自我共生,终将一事无成。

（2）回归正常。所谓回归正常,就是敬畏自然,尊重学生成长的自然节律,循序渐进地引导、帮助他们成长和发展。因为,只有这样,学生的成长和发展才有可能是顺畅的、高效的、快乐的。而当下我国中小学教育存在一个相当突出、相当普遍的问题,就是有意无意不顾学生成长的自身节律,硬要他们去学习、接受教育者按照自己的意志和偏好强行安排的学习内容与学习进程,结果导致育人过程常常成为反常、缺常的过程,学生的成长和发展过程常常成为非常别扭的过程、经常受挫的过程、缺少尊严的过程甚至痛苦不堪的过程。因此,回归正常、敬畏自然,根据学生成长节律把握教育的节律,引导、帮助学生顺畅、高效、快乐地发展,便成为对当今中小学教育的又一个急切呼唤。

(3)回归日常。日常就是每天都在发生、都在呈现的常态。这种常态是我们对于生活、对于实践进行判断与评价的依据。当今我们的中小学教育教学改革,热切却有些浮躁,热闹却有些喧嚣,表演的成分较大,夸张的色彩较浓。很显然,对于日常来说,最重要的是淡定专心、有条不紊、朴实无华地去想、去说、去做,最忌讳哗众取宠、炒作包装。炒作包装出来的东西代表不了日常,也是长久不了的。

114 合乎道德的教育

> 合乎道德的教育,应当基于所有教育当事人特别是学生与教师的幸福之上。校长,既应当为学生幸福的学习生活服务,也应当为教师创造幸福的职业生活。

【诠释】

幸福是人的目的性自由实现的主体生活状态。真正的幸福,首先取决于两个基本要素:一是人的目的性,二是自由实现。合乎道德的教育,应当基于所有教育当事人特别是学生与教师的幸福之上。

(1)校长应当为学生幸福的学习生活服务,应当致力于帮助青少年发现自己的人生梦想。在学校管理过程中,校长最主要的工作之一,应当是发现真正属于青少年自己的内在的学习动机,一旦学生发现了真正属于自己的内在的学习动机,学习、作业就不再是"课业负担",反而是幸福生活的源泉。校长的另一项重要工作,就是赋予学生实现梦想的实践能力——学习能力与学科素养。一所好学校,不仅要帮助学生发现自己的梦想,而且有能力帮助学生实现自己当下学习生活的梦想。

(2)校长应当为教师创造幸福的职业生活。依据幸福的定义,师德修养其实是教师幸福生活的必需。换言之,爱岗敬业其实是教师的幸福之路,而不应仅仅是某种简单的道德诉求。同理,修养教学能力当然也是教师追求自己教育幸福的内在要求,而并非只是为了在职业竞争中得以幸存的被动应对。因此,校长一方面要引导教师努力建构、培育自己的事业心(教育之梦);另一方面,校长要帮助教师不断修炼自己的教育伦理与专业技能。

115 教育的目标

> 第一层次:国家的教育目标。第二层次:学校的培养目标。第三层次:学科的课程目标。第四层次:教师的教学目标。

【诠释】

教育的目标分为四个层次。

(1)国家的教育目标。国家的教育目标是国家培养人的总要求,它规定着各级各类教育培养人的总的质量规格和标准要求。换句话说,国家的教育目标是由国家提出来的,居于第一个层次,其决策要经过一定的组织程序,一般体现在国家有关教育法律、法规中。比如说我国的教育目标是培养德、智、体、美、劳全面发展的社会主义事业的建设者和接班人,所以无论是幼儿园、小学,还是中学、大学,国家都希望这些学校培养出社会主义建设者和接班人,所以国家的教育目标是国家对于各级各类学校培养学生的总要求。

(2)学校的培养目标。各级各类学校的培养目标是国家教育目标的具体化,是结合教育目标、社会要求和受教育者的特点制定的各级各类教育的培养要求,居于教育目标的第二个层次。它是根据国家的教育目标制定的某一级或某一类学校、某一专业对人才培养的具体要求,是国家教育目标在不同教育阶段、不同级别的学校、不同专业方向的具体化。比如说,各类中小学的培养目标主要是要为人的一生奠定基础素质,高等师范类院校培养目标主要是培养合格的人民教师等。

(3)学科的课程目标。课程目标是对特定教育阶段的课程进行的价值和任务界定,是特定教育阶段的学校课程所要达到的预期结果,这是教育目标的第三个层次。换句话说,是课程本身所要实现的具体目标和意图,比如说小学语文主要是培养学生听、说、读、写等语文素养,是为其他学科学习奠定基础。

(4)教师的教学目标。教学目标是教师在教育教学过程中,在完成某一阶段工作时,希望受教育者达到的要求或产生的预期变化,教师的教学目标居于第四个层次。它是指教学活动结束后学生所能达到的预期标准,比如说在学期初或者是一节课之前,教师预设的学生需要达到的学习目标。

116 建设高质量教育体系

> 建设高质量教育体系,要在五个"强化"上下功夫:一是坚持标准,强化基础;二是五育并举,强化素质;三是办学多样,强化特色;四是培养模式,强化创新;五是校园建设,强化安全。

【诠释】

基础教育要紧紧围绕"建设高质量教育体系"这一目标,聚焦立德树人根本任务,为建设教育强国奠基固本,着力在五个"强化"上下功夫。

(1)坚持标准,强化基础。基础教育是打基础的阶段,要求为每个学生的终身发展打好基础,这是基础教育的性质,也是最重要的功能。国家颁布的课程标准,经过几十年的研究和实践,具有很强的科学性、系统性和适宜性,符合学生认知规律和成长规律,必须认真地执行。既要为学生打牢思想方法基础,培养社会主义共同理想,塑造正确的世界观、人生观、价值观;又要打牢知识技能基础,为学生成长成才做好支撑;还要打牢生存生活基础,为学生的幸福人生奠基。

(2)五育并举,强化素质。素质教育是个永恒的主题,这一点不能动摇,更不能偏离。发展素质教育的核心是五育并举、全面培养。要坚持德育为先,强化思想政治素质,培根铸魂;要补齐短板,特别要强化劳动素质,培育奋斗精神。

(3)办学多样,强化特色。有特色才能有品牌,基础教育发展的新格局、新特色应该是多样、开放、融通的,用多样应对复杂性、差异性,用开放促进交流共享、共同提高,用融通实现普通教育与职业教育互补,学校与家庭、社会共育。实现特色发展,要重在激发学校办学活力,重在调动校长和教师的积极性,重在构建动力机制。

(4)培养模式,强化创新。重视创新人才的培养,是高质量教育的重要标志。基础教育要聚焦培养学生的创新意识、创新精神,把创新的种子早一点埋在学生的心中,随着知识的积累而发芽、开花、结果。要改革培养模式,增加课程的丰富性和选择性,为培养兴趣、发掘潜能提供更多的机会和支撑。

(5)校园建设,强化安全。学生生命安全、身心健康是高质量教育的前提,健康第一、生命至上的理念要贯穿教育的全过程。要常态防护,把校园日常安全防护网织起来,织得更紧、更密;要严明纪律,整治校园欺凌,压实主体责任,严肃处罚措施,把系统的防范机制建起来;要净化环境,坚决治理网上有毒有害信息,为学生们营造一个安全成长的内外环境。

117 办有灵魂的教育

> 要办有灵魂的教育。无论是课程还是教学,实际上是搭建一个平台,让学生在学到知识和能力的同时,又体验到学习的内在快乐和生命的价值,进而做到有理想、有知识、有本领、有担当。

【诠释】

人是唯一有价值观的动物。以下四个价值判断,值得校长们深思。

(1)生命有缝,阳光才能照进来。此为第一个价值判断。每个学生在老师面前都是可以改变的,看到学生的缺点,是我们教育者的机会。进入小学的时候,如果一个学生一字不识,是零起点的。当教师看到一个啥都不会的学生,应该充满欢喜,觉得这是教育的机会来了,这就是教育情怀。

(2)立德树人,呼唤有灵魂的教育。此为第二个价值判断。有一个学生因为语文考了59分,很难受。所以教师打59分之前,必须做一件事,要找这个学生谈话。比如和他谈:这道题会做吗?那道题好像也应该会做。你应该可以考到70几分,怎么只考到59分?下次要努力。老师也可以对学生说,我给你60分,是老师给你多加1分,下次考试还我2分,同意不同意? 这叫教育。直接给学生59分,教师也没有错,但教师的心里有学生吗? 这不是真正的教育。

（3）课程是势能,它讲究高度、结构和系统。此为第三个价值判断。对学校来说,课程面临的就是要把教师、学生、教材和教学的内容组织起来,不同的组织方式体现了不同的课程价值。

（4）教学是动能,它讲究宽度、程序和方法。此为第四个价值判断。教学的宽度非常重要,因为教师不知道哪一句话会改变学生的未来。而现在我们的教师上课的时候经常有一句话:"不考的不要问。"这已经变成我们不少教师的口头禅。

由此可见,无论是课程还是教学,它实际上是搭建了一个平台,让学生在学到知识和能力的同时,又体验到学习的内在快乐和生命的价值,进而做到有理想、有知识、有本领、有担当。

118 科学教育的价值追求

科学教育的价值意蕴:求真、扬善和达美。求真是科学教育的根本旨趣和自在尺度,扬善是科学教育的重要目标和自为基准,达美是科学教育自在自为的最高境界和理想追求。

【诠释】

科学教育是学校对学生实施的以学科知识教学、探究教学以及科技创新活动等为教育形式的,旨在使学生科技知识和科技创新能力得到充分拓展、科学素养和科学精神得到全面培养的一种教育活动。科学教育进行的不仅是一种知识和能力的教育,而且是一种旨在精神教化的道德教育和一种具有特殊美学价值的审美教育。

科学教育蕴含着求真、扬善和达美的价值意蕴,是求真、扬善、达美的有机统一。"求真"意味着科学教育通过传授科学知识和技术,引导学生辨别客观事实,探索客观规律,从而发展其改造客观世界的能力。"扬善"意味着科学教育具有十分重要的精神价值和伦理价值,能使学生获得一种具有普遍社会意义和人类意义的精神财富。"达美"意味着学生在科学学习、科学研究过程中可获得美的熏陶与体验,进而提升其审美感知力和表现力。其中,求真是科学教育的根本旨趣和自在尺度,扬善是科学教育的重要目标和自为基准,达美是科学教育自在自为的最高境界和理想追求。

坚持科学人文主义,是科学教育的必然选择。坚持科学人文主义,反映到科学教育的实践,就是构建科学教育与人文教育的深度融合和良性互动机制,在科学教育过程中亦同时进行人文教育,寻求科学教育人文化。科学教育实践需要学校有所作为:一是着眼于大力提升学生的科学素养,二是注重丰富科学教育内容,三是积极优化科学教育实施方式,四是完善科学教育评价体系,五是积极打造科学思想、科学理论及科学规律的学习和熏陶的平台。

119 "民主教育"的核心是尊重

尊重学生的个性,尊重学生的人权,尊重学生的人格,尊重学生的情感,尊重学生的思想,尊重学生的心愿,尊重学生的爱好,尊重学生的期盼。

【诠释】

"民主教育"的核心是尊重,校长在实际工作当中要做到对学生的八个尊重。

(1)尊重学生的个性。素质教育承认学生的个性差异和潜能差异,反对用同一目标培养人,用同一模式教育人,用同一标准评价人。从本质上讲,这是对学生个性的尊重。校长要正确认识学生的个性化差异,促进学生的个性化发展。

(2)尊重学生的人权。尊重学生的人权是学校遵循教育发展规律的需要。校长尊重学生人权的行为必然给学生的思想打上深深的烙印,侵害学生的人权则会使学生的身心健康受到伤害。因此,在整个教育教学过程中,都必须体现对学生人权的尊重,将尊重人权的理念潜移默化地传输给学生。

(3)尊重学生的人格。人格是一个人的脊梁,每个人都有权捍卫自己的人格。尊重学生的独立人格,就是尊重学生的价值和人的品质,不仅包括尊重学生的优点,而且包括宽容学生的缺点。教师与学生虽然处在教育教学过程中的不同地位,但在人格上是平等的,这就要求教师不能对学生盛气凌人,更不能利用教师的地位和权利污辱学生。

(4)尊重学生的情感。教育没有情感没有爱,就如同池塘里没有水一样。没有水就不能成为池塘,没有情感没有爱也就没有教育。情感是教学的催化剂,校长要注重引导教师用各种方式与学生联络感情,通过情感的满足拉近教师与学生的心理距离,在和谐的情感交流中传授知识,让学生在愉悦和快乐中获取知识。

(5)尊重学生的思想。作为教师,应该多尊重学生独立的思想,倾听他们真诚的思想表达,充分理解他们表达出来的思想。

(6)尊重学生的心愿。学生的心愿是他们的心声,作为教师,要倾听学生的声音,尊重学生的心愿,了解学生的心理感受,不要轻易否定学生的想法和思考。

(7)尊重学生的爱好。正确的爱好是东升的旭日,让心灵温馨;正确的爱好是绚丽的鲜花,让前程灿烂。教师只有尊重学生的兴趣和爱好,才有利于学生的健康成长。

(8)尊重学生的期盼。期盼是指人们对未来一段时间要发生的事情的美好预期和愿望。教师要尊重学生的期盼,引导学生的期盼,帮助学生实现他们的合理期盼。

120 践行"童真教育"

> 把儿童当作儿童,把儿童看作不同,让儿童成为儿童,让儿童成就儿童。

【诠释】

践行"童真教育",要做到以下四点。

(1)把儿童当作儿童。就是要尊重儿童自然的生命状态,顺应儿童的天性,呵护儿童的纯真,从儿童的视角创设适合儿童的教育。面向小学生的教育,必须顺应儿童的天性与特点,把儿童当作儿童,而不能用成人的眼光束缚儿童的手脚,更不能用成人的观念绑架儿童的思维。为此要做到:从儿童的视角拓宽途径——变"成人化"为"儿童化";从教师的视角变革教育方式——变"灌输式"为"浸润式"。

(2)把儿童看作不同。就是要研究儿童真实的发展需求,正视并善待儿童之间的差异,从儿童的个性特点出发,为每一个学生提供适宜的教育。为此,校长要形成稳定、一贯的促进学生个性成长的文化氛围,让办学思想与课程建设有机融合,构建满足学生全面且个性发展的课程体系,为学生提供自主选择、自主参与、自主研究、自主实践的空间。

(3)让儿童成为儿童。就是要遵循儿童的成长规律,面向儿童完整的生活世界,用丰富多彩的教育内容激发儿童的学习兴趣,用灵活多样的教育形式引导儿童的实践探索,用开放多元的教育空间满足儿童的成长需要,让儿童享受完整充实的七彩童年。为此,校长要把自己变成儿童,感知儿童的感知,体验儿童的体验,喜欢儿童的喜欢;要对课堂进行变革,把课堂还给学生;要关注儿童的现实生活,多创造条件让儿童走出教室、亲近自然,在社会这个"活教材"中促使儿童获得真实的成长。

(4)让儿童成就儿童。就是要相信儿童能够成为主动的学习者,同时要依靠儿童成为自己的教育者;就是要激发儿童自主成长的潜能,培育儿童自主成长的能力,着眼儿童终生的幸福生活,让童年时期的教育成为一眼甘泉,持久地滋润每一个学生一生的成长,让童年成为每一个学生一生的精神故乡。为此,校长要注重培养学生的集体意识和团队精神,通过发挥同伴的相互作用,让儿童影响儿童,让儿童唤醒儿童,让儿童成就儿童;要努力营造凸显儿童特点、富有儿童情趣的文化氛围;要努力做到让每个学生都能找到自己的足迹,看见自己的成长,实现自我的成就。

121 现代学校制度的基本特征

现代学校制度具有人本性、民主性、科学性、开放性、发展性和生态性等基本特征。

【诠释】

现代学校制度有以下六个基本特征。

(1)人本性。现代学校制度,应把"以人为本"作为首要的而且是最根本的原则。这里所说的"人",应包括全部的有教育需要且与学校利益相关的人群,主要是学生、教师、校长和家长以及其他与学校工作直接或间接相关的人。从人本性的角度看,现代学校制度的设计和实施,首先要保证学生和教师的生命权,应把尊重生命和确保生命安全放在最重要的位置;其次要满足人的多元需求,如情感、兴趣、意志、欲望、价值选择等;再次要充分反映个体的差异性;最后要促进人的全面发展。

(2)民主性。现代学校制度的民主性,首先体现在全体学校成员所具有的理念方面。学校民主应是民主观念在学校实践中的具体体现,它包括三层内涵:一是学校民主是一种有效的学校管理方式;二是学校民主是学校成员的一种生活方式;三是学校民主具有特殊的道德意义,体现个人尊严与价值的道德问题。学校民主体现在课堂教学中,体现在师生交往中,体现在学校管理决策的过程中,体现在有组织的学校活动中,体现在学校与社区、家长的沟通与合作中。现代学校制度要把实现学校民主作为其重要的使命,设计和制定一整套学校民主管理制度,确保所有学校成员的基本民主权利。此外,学校还要预防过度民主和民主缺失两种倾向。

(3)科学性。现代教育制度的科学性,首先体现在制度要素的合理性。从成员维度看,应涉及学生、教师、校长、家长等,需要制定相关制度;从工作维度看,现代学校制度可分为内核性制度与外辅性制度两大类,前者主要是教学管理制度,后者主要是为了辅助和促进教学工作的制度;从权力维度看,要按照决策、执行、监督三权分立来构建学校权力结构。其次,科学性体现在具体制度之间的完善性上。学校规章制度的内容,要注意与其他制度的相互关系,避免冲突和遗漏。同时要注意规章制度在批准和发布程序上与其他规章制度的统一性,防止规章制度的审议、批准、发布程序发生错误和政出多门。最后,科学性还体现在制度文本的规范性上。每项规章制度的落实都要有执行部门、配合执行部门和监督部门。

(4)开放性。现代学校制度的开放性首先应按照开放系统的组织结构来设计。学校开放系统涉及校外关系和校内关系两个方面。就外部关系而言,要着重处理好学校与政府、社区、家长之间的关系;就内部关系而言,要充分考虑学校组织内部各种关系的交流、沟通与合作。其次,开放性还体现在教育资源获取和共享方面,要加强有限资源的合理配置、交流共享。最后,开放性还应体现在学校评估机制上,可以尝试引入各种因素来评估学校。

(5)发展性。学校的发展包括个体和组织两个层面的发展。就个体层面来说,除了要促进学生的发展之外,还要促进教师的专业发展、领导层的成长与发展。在组织层面,要促成学校的发展,表现为学生的全面发展、教师的专业发展和学校声誉的提高等。

(6)生态性。现代学校制度最终要构筑学校的生态环境,从学校的必备功能来说,现代学校应该是学园、家园、乐园、花园。根据学校所持的办学理念,实施现代学校制度的学校应该有多种表现形态,如人本型学校、学习型学校、发展型学校等。

122 一所好学校的标准

　　一所学校好不好,一看能不能让所有学生获得成功,二看能不能成为社会大家庭中富有建设性的成员,三看能不能让所有教师体验到作为生活者的幸福和职业的内在尊严。

【诠释】

什么样的学校才是一所好学校?其评价指标体系应包括以下三个一级指标。

(1)看能不能让所有学生获得成功。什么叫成功?能够充分发挥个人的潜能就是成功。比如说,一个学生以前考试成绩只能够得到60分,但经过其努力能够得70多分了,对这个学生来说,他的学习就是成功了。因为每一个人的起点都不一样,所以衡量一所学校好不好的一个重要标准,就是看学生的成长度,即学生是不是充分发挥了他的个人潜能。在能不能让所有学生获得成功这个一级指标下面我们可以设若干二级指标。成功包括学业的成功,重视学生的学业成绩,这应该是一所好学校的重要特征;也应该包括学生的人格健康的发展,学生学会了怎样获得他人的尊重、信任和支持,学会与他人建立起友善的、积极的、建设性的关系;还应该包括学生体质、体魄的发展等。这些都是一个学生是不是获得成功的二级指标。

（2）看能不能成为社会大家庭中富有建设性的成员。一所学校好不好，非常重要的一个标准，就是要看这所学校是不是在这个社会中发挥着建设性的、积极的作用。比如说，一所学校是不是能够模范地遵守国家和地方的法律法规，能不能够在制度建设方面成为社会的一个典范，成为民主社会的雏形。再比如说，学校的人际关系是不是能够成为社会的典范，学校能不能够服务社会，引领社区文明水准的提升等。一所学校，不仅要对学生的成长负责，要为学生的幸福人生奠基，还应承担一定的社会责任，要自觉地服务于一个自由、开放、民主、文明的社会的建设。

（3）看能不能让所有教师体验到作为生活者的幸福和职业的内在尊严。学校是教师工作的地方，是教师的生命活动得以展开的地方。关注教师的校园生活质量，关注教师生活的幸福指数，是"以人为本"精神的最重要的体现。在任何社会中，教师都是一个重要的、人数众多的职业群体。这个群体的人们生活的幸福指数如何，会影响着整个社会的福祉与和谐。一所学校，如果其教师感到很苦、很累，不能够感受到生活的幸福和美好，不能够感受到职业的内在尊严，即使其他方面都很好，那也不能够算一所好学校。更何况如果我们的教师不能够感受到生活的美好，没有体验到作为生活者的幸福和感受到作为教师的内在的尊严，那么学生要想取得成功也是不大可能的。

123 办学，无须"翻牌"

> 办学、办教育要"淡定"，在"淡定"中有对规律遵循的"坚定"。其实，学校的发展是要传承的，任何一任校长只是一个"台阶"而已，千万不要随意"翻牌"。

【诠释】

办学中的"翻牌"现象屡见不鲜。一种是对办学拿不定主意，今天看到人家学校这个特色有意思，明天瞧见那所学校那个项目有亮点，弄得自己办学没方向，不知道究竟该学什么，该做什么。这种由于心中没谱而陷入经常

"翻牌"境地的校长,不可谓不辛苦,也不可谓不努力,但就在勤于"翻牌"中将自我迷失了。另一种是喜欢另起炉灶,当一任校长换位时,继任者为了显示自己的与众不同,热衷于改头换面,学校原有的制度要"翻牌",原有的常规要"翻牌"。

办学,真的需要频繁地"翻牌"吗?回答是否定的。任何事物的发展都有规律,总有轨迹可循。教育是人类文明的传承,是社会开化的结晶。人类发展的历史和文明演绎的递进以及积淀起来的智慧,带有普遍性、共同性和长效性,是无须过度"翻牌"的。因此,办学、办教育要"淡定",在"淡定"中有对规律遵循的"坚定"。既然办学的根本目的是教化的普惠,办教育的根本目的是文明的演绎,那么紧紧抓住育人这条主线,是不会错的。办学也好,办教育也罢,都从这个根本性的全局审视,心里就有谱,脑中就有术,手中就有活。其实,办学就要有"咬定青山不放松"的执着和"十年磨一剑"的韧劲,这种执着和韧劲就是对教育的忠诚和对办学的清醒。

另外,办学、办教育要有"分寸",即有所为有所不为,在"不作为"中保持正确的选择。办学、办教育不是要做一切事,对学校、教育的功能要有一个科学的认识。教育不是万能的,学校不是全包的。把不需要做的事做了,就是过度,过度会适得其反;把不是本分的事做了,就是越位,越位会惹来麻烦;把不是能够做得了的事硬做了,就是过劳,过劳会损伤身子。一言以蔽之,学校要做正确的事,做合理的事,做适度的事。

124 和谐校园的构建

和谐校园的构建,需要好学校、好校长、好教师、好学生。

【诠释】

构建和谐校园,需要具备以下四个因素。

(1)好学校。好学校是能够让学生快乐成长,让教师幸福生活和发展的学校。它应该是学生探求知识的学园,快乐成长的乐园,放飞理想的田园,师生生命绽放的花园,处处充满亲情的家园。建设一所好学校,一要有先进的办学理念。办学理念应该体现三个面向:面向人性,面向生命,面向发展。

二要有科学的办学模式。教育教学模式要体现三个为本:以生为本,以学为本,以素养为本。三要有学校的核心文化。学校文化要体现三个主旋律:博爱、创新、向上。四要有先进的管理模式。学校管理要体现依法管理,以德管理,民主管理,科学管理。

(2)好校长。第一,好校长必须心中有爱。心中是否有爱是判断校长是否合格的第一标准,也是校长是否有人格魅力的第一把尺子。第二,好校长必须有教育信仰。其教育信仰是:为了学生和教师的健康快乐成长贡献自己的全部力量,让每个学生都成为最好的自我,让每个教师都成为幸福的教师,让自己的学校成为让人真正成为人的地方。第三,好校长必须与时俱进。校长要随着实践的发展而不断与时俱进,不断分析新形势,提出新问题,研究新理念,让自己的思想跟上时代的脚步。第四,好校长必须开拓创新。好校长不断用自己的新思想指导自己的工作创新,做到观念上要创新,思路上要创新,管理上要创新,文化上要创新,行动上要创新。第五,好校长必须敢于担当。好校长要敢于直言,敢于开辟出一条素质教育之路。

(3)好教师。好教师的"好"主要体现在一个"情"字上。第一,好教师要有激情。始终保持一种昂扬向上的精神状态,始终保持一种孜孜不倦的学习探索精神,始终保持一种改革创新的工作状态,始终保持一种挑战现实挑战自我的超越精神。第二,好教师要有真情。好教师要有母亲的情怀,体现在对每个学生的爱是无私的;要有木匠的情怀,体现在对每个学生的发现和尊重;要有农夫的情怀,体现在对每个学生的真正了解;要有教练的情怀,体现在对学生的放手。第三,好教师要有才情。好教师要有科学的教育思想,要有丰厚的文化底蕴,要有系统的学科知识,要有高超的教学艺术。

(4)好学生。第一,好学生抱负要远大,即好学生一定是有远大抱负的学生。第二,好学生成绩要优良,即好学生要有好成绩。第三,好学生品质要优秀,即好学生喜欢求真,善于合作,心中有爱,喜欢创新。第四,好学生身心要健康,即好学生要有好体魄,心灵阳光,积极向上,有强烈的自信心。

125 德育的本质

德育的本质是自律,而非他律。学生思想品德的提升是一个内化的过程,而非外铄的过程;是一个不断觉悟的过程,而非外在灌输的过程。

【诠释】

自律,是指自我约束,即个人行为由自己的要求或内在的规则支配,主动、自觉约束自己;他律,是指接受他人约束,即个人行为由他人的要求或外在的规则支配,是被动或被迫接受的。德育的本质不是他律,而是自律。道德是发自个人良心的、自觉自愿的,正如马克思所说:"道德的基础是人类精神的自律。"

学生思想品德的提升就其本质而言,是一个"内化"的过程,而非"外铄"的过程。心理学告诉我们:人们从外部获得道德、知识、智力等素养的关键是内化,而形成、获得和发展道德、知识、智力等素养的过程就是内化的过程。青少年思想道德的形成,不是自发的意识,也不是客观世界在个体身上的消极反映,而是青少年与外部世界、外部教育力量相互作用的结果。所以,我们的教育活动必须引导学生积极深入地思考,内化形成良好的认识。因为只有内化的才是固有的,才是自然的,才能最终做到内外和谐,内化是思想品德教育的最关键环节。

学生思想品德的提升也是一个不断觉悟的过程,而非外在灌输的过程。如果一个人不能从主观方面理解、接纳和赞同某一道德规范,即使他能按照道德规范所要求的去做,其行为也很难称得上是道德行为。因为此时的道德行为不是基于一种道德自觉,更多的是做给他人看的,而没有把此举融入个人的情感,没有内化为个人的道德需要。因此,任何强制性的德育"灌输",都难以培养出真正的道德人格,都会在道德人格生成的知、情、意、行诸环节,尤其在道德情感和道德意志方面发生阻隔。

126 理想的智育

> 理想的智育,应该让每个学生体验学习的成功,享受学习的快乐,让课堂充满活力、情趣与智慧。

【诠释】

(1)理想的智育,应该超越知识,走向智慧,激发创造,健全人格,为学生将来拥有终生幸福的精神生活打下坚实的知识能力基础。也就是说,理想的智育是把知识化为智慧,只有在智慧引导下,才可能有真正意义上的心智活动。

(2)理想的智育,应该充满民主精神,真正"以人为本",把"以学生为主体"的理念体现在教育教学的全过程。充满民主精神的课堂,应该把教师的"教"和学生的"学"结合起来,教师要从"独奏者"的角色过渡到"领奏者"的角色。

(3)理想的智育,应该面对个性,没有失败,真正做到"因材施教",让学生快乐地学习,让每个学生体验学习的成功,享受学习的快乐。教育不能用一个标准去要求所有的学生,而只有针对每个学生的实际实施教育,让每一个学生都能在自己的基础上不断提高,这才是教育的真正成功,也是每一个学生的成功。

(4)理想的智育,应该注重协调和谐,融德智体美劳五育于一体,着眼于学生的全面发展,着力于"合格+特长"的个性养成。智育并不是单纯的传授知识,在智育的过程中有着对学生正确人生观的教育、求真信念的塑造、审美情感的熏陶、坚强毅力的培养、实践能力的训练等。学校的德育、体育、美育、劳动教育,都必须渗透智育因素。

(5)理想的智育,应该使教学活动走出分数的误区,培养学生的科学精神和人文情怀,使学生成为人类文明之火的传薪者。智育要追求高质量,其中包括理想的考试成绩,但智育的成果绝不仅仅是分数,而是学生思维的升华、智慧的提高、求知欲的增强和创造力的发展等。

(6)理想的智育,应该具有开放性,注重实践与生活相联系,与社会相沟通,使学生关注窗外的世界,关注校外的天空。只有当学生在社会生活的实践中获取知识、巩固知识、运用知识时,他们才能把知识化为修养,注入信念,铸造人格,同时也才能真正逐步形成改造社会和生活的能力。

(7)理想的智育,应该让课堂充满活力、情趣与智慧,让课程具有丰富性、回归性、关联性和严密性,使学生真正成为教学活动的主人。

(8)理想的智育,应该充分利用现代信息技术,更新学习工具,拓宽智育途径,让学生在网络世界的时空中纵横驰骋。现代信息技术的发展给智育注入了富有时代气息的内容,同时更新了我们的教育手段,也拓宽了学生求知和实践的途径。智育必须培养学生对信息技术的兴趣和意识,让学生了解或掌握信息技术基本知识和技能,使学生具有获取、判断、应用信息技术手段的能力。

127 什么是"雅教育" ///

> "雅教育"以"守正、尚勤、崇礼、求活"为核心价值,重在体现教育主体的"雅"、教育过程的"雅"和教育结果的"雅"。

【诠释】

什么是"雅教育"? 我们可以从以下四个方面来理解"雅教育"。

(1)"雅教育"是教育思想。"雅教育"是用"以雅育雅"的核心理念和方法,对师生进行雅的熏陶和培养,使师生在"雅"境中共同经历与成长,最终发展成为内涵修养丰富、外在气质优雅的雅士,从而开启师生的幸福人生。

(2)"雅教育"是教育方法。"雅教育"主张"以雅育雅",即儒雅的教师在和谐的氛围中,与学生平等对话,共同分享对知识、对人生的领悟,最终培养出知书达礼、和谐发展的文雅学生。"雅教育"是一种基于教化而超越教化的教育方法。

(3)"雅教育"是教育过程。它既注重学生的自主学习,也注重教师的言传身教。教师通过营造优雅的教育学习氛围,展现独特的个人修养和人格魅力,对学生进行智能的启迪、感情的渗透和人格的熏陶,最终实现"雅"的浸润。它强调教育是师生终身学习、沟通学习的一个过程。

（4）"雅教育"是教育目标。"立人立己，达人达己"是教师的发展目标。教师通过教育学生成人成才，也让自己成人成才。成就学生，也成就自己。"文质彬彬，然后君子"是学生的成长目标。"文"即气质文雅，"质"即内涵丰富，"彬彬"即文质和谐，相得益彰。内在修养与外在行为完美配合，就是君子。"小学校，大雅堂"是学校的办学目标。学校就是要成为一个师生优雅学习生活的高雅之地。

128　美好教育是怎样的

> 美好教育是一种生命关怀，给予人向善的情愫。
> 美好教育是一种生活审美再造，让人嗅到美的真谛。
> 美好教育是一种生趣表达，让人永葆"真"的初心。

【诠释】

（1）美好教育是一种生命关怀。教育的对象是"人"，是"生命"。教育即生长，教育的目的是不断促进人的生命成长，提升生命价值，实现生命意义。从本质上看，美好教育是一种深切的生命关怀，是向人类传递生命的气息。这份生命关怀，首先应当建立在敬畏生命、珍视生命的基础上。对于教育而言，敬畏生命就是敬畏生命的本真状态，敬畏生命与生俱来的权利，欣赏生命的成长变化，做到因材施教、人人成才、静待花开。其次，生命关怀不仅是对学生自然生命的关怀，更是对学生精神生命的关怀：促进学生心智成长，人格健全，情感丰富，人性美好。最后，生命关怀是帮助学生发现自我，发展个性。把这种生命关怀放在时间和空间的维度，关注生命成长的过程，优化成长的环境，发现生命的独特价值，扬长而育，让生命从外在的关怀走向觉醒的自觉。

（2）美好教育是一种生活审美再造。最好的教育是"从生活中学习""从经验中学习"。一方面，从生活中获取教育资源。教育不仅仅只发生在学校、发生在课堂，生活中处处有教育。散落在生活里的教育资源以另一种面貌呈现在学生面前，就不再是孤零零的生活资源，而是一种审美再创造。另一方面，从生活中获取教育方法启迪。实践出真知，生活是天生的导师。苏娜丹戴克说:"告诉我,我会忘记;做给我看,我会记住;让我参加,我就会完全理解。"因而在学生们生命成长过程中,要回归生活,把外在世界的一切转换成鲜活的教育内容,扩大教育的外延,让教育建构起与世界、与社会、与现实活泼而真切的联系,这样学生们接受教育的过程,就不会只是空洞的说教和强硬的灌输,而是一种发现之旅、唤醒之旅、熏陶之旅,是一种接受美好生活的洗礼,教育因此变得美好。

(3)美好教育是一种生趣表达。如何让教育生活充满生趣,让学生接受教育的过程成为享受美好生活的过程? 一是教育内容生趣。为学生们提供丰富多元、个性化的选择,除了文化学科,特别不可忽略体育和艺术,正如英国教育家斯宾塞说:"没有油画、雕塑、音乐、诗歌以及自然美所引起的情感,人生乐趣就会失去一半。"二是教育方式生趣。以唤醒、启发、引导、激励为主,倡导自主、探究、真实、深度的学习。三是教育氛围生趣。构建一种民主、平等、信任、包容的师生关系。以教师的"有趣"带动教学的"有趣"和学生的"有趣"。

生命关怀是美好教育的道德制高点,给予人向善的情愫;生活审美再造是美好教育接地气的"人间烟火",嗅到美的真谛;生趣表达则赋予美好教育有活力有创意的实现方式,永葆"真"的初心。

校长要有团结艺术:严于律己做表率,统一思想求共识,照章办事讲合作,勤于沟通抓协调。培养中层干部时,要设台阶,磨基础素养;出难题,炼心性能力;常引导,指方向方法;多鼓励,树典型形象。

校长要做到"四管":敢管,彰显有责任;敢理,彰显有思路;敢领,彰显有理念;敢导,彰显有思想。校长要扮演好"五种角色":本职角色,精通管理,独当一面;示范角色,率先垂范,带头遵守;助手角色,当好参谋,共谋进步;协调角色,协调关系,和谐发展;引领角色,专业发展,共同提高。校长要有"六个特质":敢于"独当一面",勇于"维上护下",乐于"排忧解难",善于"穿针引线",甘于"端茶倒水",勤于"查漏补缺"。

学校中层干部要做到"执行者"与"创造者"的统一,"维护者"与"独立者"的统一,"管理者"与"示范者"的统一,"指挥员"与"战斗员"的统一,"竞争者"与"合作者"的统一。要有甘当绿叶的心态,务实创新的精神,纵观全局的观念,汇报请示的习惯。要有气度、有高度、有力度、有深度、有速度。要处理好责任与权力、领导与同事、接受与研究、请示与汇报、会上与会下、局部与全局、贯彻与创新、工作与学习、行政与教学的关系。要树立大局意识、责任意识、人本意识、效率意识、合作意识、表率意识、廉洁意识、创新意识、学习意识、反思意识。要做到参不越位、听不盲从、勤不争功、专不恃才、和不结派、平不俗气。

129 校长的团结艺术

严于律己做表率,统一思想求共识,照章办事讲合作,勤于沟通抓协调。

【诠释】

中小学的领导班子是学校工作的中枢。校长全面主持学校工作,不仅要采取行政手段,而且要讲究领导艺术来增强学校领导班子成员之间的团结。

(1)严于律己做表率。校长是学校领导班子运行的启动者、合力的创造者、故障的排除者和团结的维护者,故校长要时时处处严于律己,做出表率。一要发扬民主。校长要摆正自己在班子中的位置,变"一言堂"为"群言堂",变"一把抓"为"分头抓",既总揽全局,又分头管理。二要团结合作。团结才有力量,合作才能成功。班子成员之间只有讲团结,才能促合作。三要廉洁公正。校长要坐得正、站得直,在办事时秉公办事,在决策时谋公而断,在用人时任人唯贤,在处理班子成员之间矛盾时要疏导调解。

(2)统一思想求共识。思想认识上的一致性是班子集体的灵魂,校长要善于在重大原则问题上使大家统一认识。在作出决策之前,应同领导班子的其他成员交换意见,让他们心里有底。如班子会上意见基本一致,或大同小异,就遵守少数服从多数的原则拍板定案。如意见难以统一,只要不是紧急情况,应暂时放一放,等下次会议再讨论,但不能议而不决或久拖不决。要学会归纳提炼,善于从各种意见中归纳提炼其合理可行的部分,形成班子集体智慧的决策方案。一经决定就要贯彻执行,绝不可朝令夕改。如果根据实际情况进行调整,也要召集大家认真研究。

(3)照章办事讲合作。学校领导班子成员之间既要照章办事,又要讲求合作。首先明确岗位职责。校长要合理界定各班子成员的岗位职责,要求各成员找准自己的坐标位,准确就位,严格按规定办事,各司其职,各尽其责。同时要分工不分家。做到思想上合,岗位上分;目标上合,任务上分;大事上合,小事上分;整体上合,具体工作分。大家忧乐与共,同舟共济。

（4）勤于沟通抓协调。沟通、协调的目的在于求同存异,融洽感情,化解矛盾,形成团结和谐高效的工作机制。一要感情沟通。成员之间要理解与和谐、尊重与友爱、支持与帮助。二要情报沟通。互通情报是领导成员理解配合的桥梁。三要会议沟通。有些工作需要提交行政会上民主协商,校长要做到既分清是非,又统一意见,形成大家的共识。

130 提高学校行政例会的时效性

> "备会"——通畅行政例会的源头。
> "议会"——通畅行政例会的河床。

【诠释】

一般而言,学校行政例会是指由校长主持、校级领导及中层干部参加的,对学校重大问题进行讨论和决策的会议,也是学校各分管副校长和各处室主任发挥个体职能,凝聚集体智慧,对学校实施科学领导与管理的重要载体。

（1）"备会"——通畅行政例会的源头。备会即备课的仿词,就是为开会时建言献策、传情达意做准备。备会不仅仅是为了在会上有话可说,更重要的是有事可做。只有在日常管理中做了工作、做好了工作,与会时才有有话可说的素材。当然,做好了工作之后,还得准备在会上把话说好,整理好"备会稿",同时要做好与处室、年级等部门的信息沟通,以便减少冗余,避免所述事项的冲突。此外,日常工作适时做好工作总结,也是备好会的重要手段。

（2）"议会"——通畅行政例会的河床。一方面,校长应做议会河床的开凿者。校长原则上要营造民主式、参与式的会议模式,把中层干部视作议事的主体,让中层干部平等地行使影响力,拾中层之"柴",燃自身之"焰",自己只当协调员、引导员、裁判员。另一方面,中层干部应做议会河床里的浪花。中层干部在议会时,应在两大方面活跃思维:一是提醒议题。即在会上要适时提交需要研究的事项,将其提进议事程序,否则可能耽误工作。二是介入"风暴"。即在校长决策前的讨论中,要积极参与讨论,且观点明确,论据充足,说理充分,辩证客观,为校长"集中"意见或大家表决提供选择和取舍的可信依据。为此,中层干部议会时要有四个意识:一是重点相关意识。会议的某个程序正与自身职能相关,就要自觉成为中心发言人。二是谦恭得体意识。在讨论中要做到谦恭得体,既不当好好先生,也不搞唯唯诺诺。三是善听明辨意识。善听可以及时捕捉有用信息,强化个人会场提议的问题质量。要细心听,要耐心听,要用心听。四是高效表达意识。在传情达理时做到冷静的头脑、敏捷的思维、超人的智慧,且言简意赅。

131 学校管理的层级定位

> 基层干部做"法家",中层干部做"儒家",高层领导做"道家"。

【诠释】

　　法家主张法治,强调他律,主张制度管人,照章办事,行事讲究效率。基层干部把关的是学校教育教学最基本的流程和细节,他们深入基层,了解最真实的情况,教师备课是否充分,作业批改是否认真,各种规章制度落实是否到位,一目了然。他们能否严格执法和敢于顶真碰硬,是衡量一所学校执行力高低最重要的指标。学校基层干部只有贯彻"法家"的管理思想,严格执法,制度第一,才能做到令行禁止,实现组织的高效运作。

　　儒家主张德治,强调自律,坚持以人为本;提倡"德治"和"仁政",主张以理服人,以德感人,以情动人;恪守中庸,防止"过"和"不及";追求和谐,以"和"为贵;严于律己,宽以待人。中层干部负责学校一个块面或者一个条线的工作,是校长和基层干部及一线教师之间的桥梁,要将校长宏观办学理念和学校发展战略具体化、制度化,需要协调上下左右的关系,建立团队,化解矛盾,培训员工,开展活动,同心协力完成学校目标。学校中层干部只有贯彻"儒家"的管理思想,才能以人为本地制订政策,出台制度;才能有效地化解基层执法过程中的各种矛盾,凝聚团队,纠偏守中,保障组织的正常运转;才能让校长摆脱烦琐的管理事务束缚,腾出时间和精力做更重要的事情。

　　道家主张无为而治,强调尊重规律,道法自然;强调政简刑轻,放手放权;强调以正治国,抓重点,抓关键,重"内治",辨方向,谋大略。校长是一校之魂,需要超前的理念、正确的决策、准确的识人和科学的行事,这一切均离不开校长自身素质的提高。校长如果整天被杂事包围,拘泥于琐碎事务,无暇充电,缺乏思考,就很容易故步自封,抓小遗大,坐失良机,甚至会不辨方向,盲目指挥。校长应该做"道家",掌握规律,辨识方向,深谋远虑,高瞻远瞩。对于校长,指挥团队"做正确的事"比教育部下"正确地做事"更重要,"想事"比"管事"更重要,"管事"比"做事"更重要。校长就是要"出好主意用好人",而不是事无巨细,事必躬亲。"不放手""不放心"最后必然会导致既无"可用之人",又无"可信之人",走向更多的亲力亲为,形成恶性循环。

在学校组织内部,管理是需要分层的,不同层级的管理有不同的侧重点和要求。自上而下,战略管理依次淡化,过程管理依次增强;对人的管理依次淡化,对事的管理依次增强。越是基层的管理,越是需要更大程度的"法家"的管理思路与方法;层级越高,则越是需要更大程度的"道家"的管理思路与方法。分层管理,学校可以根据自身的特点优化配置人力资源,形成科学合理的管理层面,各有侧重,各司其职。上级对下级下达工作目标,下级对上级承担工作责任;中层管理人员享有一定独立的权利,更能发挥其主观能动性和创造性,把上级交给的事情办得更好;上级特别是高层管理者避免了事务主义,就能腾出更多的时间和精力对学校发展战略性问题做深入细致的思考,从而提高管理的深度和水平。

校长做"道家"不是坐而论道,无为而治并不是无所作为。校长的工作只抓两件事——最大的事和最小的事。"最大的事",就是做"道家","最小的事",就是关注"细节"。

132 教学副校长的角色定位

中小学主抓教学的副校长,是教学管理的指挥官,是质量提升的责任人,是教学研究的先行者,是专业发展的排头兵。

【诠释】

教学副校长有以下四种角色定位。

(1)教学管理的指挥官。一要宏观运筹,做好顶层设计。宏观运筹就是要做好学校教学管理的顶层设计,顶层设计应基于学校传统文化、办学理念、教情和学情,在校长支持和专家指导下,着眼于管理的科学性、有效性和创新性,系统架构课程设计方案,完善教学管理制度,确立质量提升目标,确定教学研究主题,制订教学工作计划,推动教学工作规范有序、优质高效开展。二要立体式协调,争取多方配合。教学副校长需要全面思考,统筹安排,制订细致方案,协调多方力量,形成强大合力,力求四个到位,即:考虑布置到位,指导督促到位,检查落实到位,总结反馈到位。三要精细化管理,规范教学环节。教学管理精细化应聚焦备课、上课、作业、测试、辅导、教研等教学环节,每一个环节的管理都要有文本化的要求,这些要求通过组织学习、考核评比、榜样激励内化为教师的自觉行为。精细化管理应追求实在有效,管理的制度、内容要具体而有意义,切忌空泛和形式主义。

(2)质量提升的责任人。一是心中要有科学的质量观。教学副校长要着眼于学生的全面发展,树立科学的教学质量观。不能唯考试分数,不可只用分数评价教学、评价教师、评价学生,要探索并建立包含学生身心健康、兴趣爱好、个性特长、品德修养和学业成绩的科学评价体系,并以此引领教师全程育人,全员育人,全方位育人。二是把质量提升作为核心要务。教学质量提升是学校工作的核心元素,是教学工作的基点、起点、终点,也是评价一所学校的重要标志。学校的一切教学活动都要围绕质量提升开展,研究质量提升的影响因素,找准质量提升的现实空间,实施质量提升的科学路径,建立质量提升的评价体系等,都是教学副校长的分内之事。三是抓准质量提升的科学路径。质量提升的决定因素是教师,关键因素是管理,潜在因素是研究。提升教学质量不能靠比拼教学时间、增加学生作业量,不能靠简单机械的重复训练。教学副校长应该在引领教师关注课堂教学改革、学科教学研究以及精细到位的教学管理中追求质量提升。

(3)教学研究的先行者。学校教学研究需要关注五个要素:一是领导带头。带头营造氛围,带头参加研究,带头展示成果。二是找准问题。教学环节管理中存在什么问题,校长、分管副校长要有敏锐的专业眼光,要把握清晰的思路。三是掌握方法。研究教学是全面开花,还是学科试点;是规定模式,还是自由摸索;是专家引领,还是自主进行。四是持之以恒。教研没有短期效应,是长期积淀,要常抓不懈,要有布置、有检查、有总结、有成果。五是展示宣传。借助相关处室展示宣传研究过程、研究故事、研究成果。

(4)专业发展的排头兵。分管教学副校长要提升专业威信,才能提升管理威信。要争当专业发展的排头兵,做教师专业的伙伴,做同行的首席,做学科的专家,是学校教师的标杆和榜样。还要有"老师们,跟我来"的担当和勇气,要主动开设专题讲座、上公开课、发表论文等,以显示自己专业的实力。

133 副校长要当好"三士"

> 在校长拍板决策时,当好"谋士"。
> 在教师专业成长上,当好"学士"。
> 在教师身心健康上,当好"护士"。

【诠释】

副校长在实际工作当中,首先要给自己以准确的角色定位,即当好"三士"。

(1)在校长拍板决策时,当好"谋士"。作为一所学校的灵魂,校长是办好学校的关键人物。校长常常要对学校的发展方向、学校定位、办学思想、办学目标、改革举措等进行周密思考和科学分析,并最终做出科学决策。校长的正确决策,除了依赖于自己已有的认识和实践并秉持正确的思想方法外,还应广泛听取意见。在这一过程中,副校长应当成为校长决策的"谋士"。副校长的"谋士"角色主要体现有二:一是在学校的管理和发展方面,为校长出谋划策,提出合理化建议,供校长参考;二是在自己分管的工作上,应有主见和具体的实施方案,让校长决策。

(2)在教师专业成长上,当好"学士"。副校长作为学校领导层的一员,应该成为本校教师专业发展的引领者。分管教学副校长的第一要义是审视学校教师专业发展状态,为教师专业发展设计愿景,并且通过校本研修等途径,引领教师走上专业发展之路。可见,分管教学的副校长在教师专业成长中应扮演设计者、发动者、助推者的角色。

(3)在教师身心健康上,当好"护士"。作为副校长,要当好教师身心健康的"护士",要读懂教师,洞察教师的心理世界,视其所以,观其所由。为此,副校长一要多掌握社会心理学和行为心理学等知识;二要以平等的身份走进教师群体,走近教师心灵,多为教师说鼓励的话,多向教师说提醒的话,以开启教师的心扉;三要采取切实有效的办法护理好教师的心灵,保护好教师的身心健康。

134 当好副校长"三要"

当好副校长要做到"三要",即心态要正,站位要准,素质要高。

【诠释】

当好副校长要做到"三要"。

(1)心态要正。副校长要有积极平和的心态。一般来说,一所学校在整体工作中取得好的成绩,得奖的是校长,校长是"红花",副校长是"绿叶"。此时的副校长要有绿叶精神,切不可和校长抢镜头。在学校管理工作中,副校长要淡化个人权力,增强责任意识;淡化个人荣誉,增强大局意识;淡化个人利益,增强奉献意识。

(2)站位要准。副校长要时刻不忘自己是副职,思想上应具有"三种意识",即维护核心的配角意识,有限权力的差别意识,鼎力相助的诚挚意识;行动上要遵循"三项准则",即尽职不越位,帮忙不添乱,实干不表现;工作上要找准"三个定位",即找准自己在领导班子中的位置,找准自己分管工作在全局中的位置,找准自己在学校大局中的位置。

(3)素质要高。当好副校长,素质是关键。一个好的副校长,应学有所长、品行端正、用心从政、廉洁奉公、团结有方。同时要牢牢把握三种关系,即处理好与一把手的关系,懂得尊重,学会沟通,真情相助,诚信为本;处理好与其他副校长的关系,相互尊重,相互沟通,相互提携,相互支持;处理好与下属的关系,做出表率,承担责任,鼓励进步,关心疾苦。

135 副校长要做好"四敢"

副校长要做好"四敢",即敢管、敢理、敢领、敢导。

【诠释】

副校长要做好"四敢"。

(1)敢管——彰显有责任。副校长要有责任意识,对自己分管的工作要敢抓敢管。在坚持原则的前提下,在自己职责的范围内大胆工作,积极地、创造性地落实校长和班子的决策。对校长决策中考虑欠周全或者没有涉及的地方,要结合本分管范围的实际,充分发挥主观能动性和创造性,做好拾遗补阙和加以完善的工作。只有敢抓敢管,才能彰显副校长的责任意识。

(2)敢理——彰显有思路。俗话说:"三分管,七分理。"可见,理比管更为重要。理,即理清自己的思路,理顺下属的心气。如果副校长能理清自己的工作思路,就能给自己所管辖的处室一个清晰的工作思路,下属工作起来就会有条不紊。为此,副校长必须有自己的教育思想,唯有如此,才能让自己开心,工作顺心,校长放心,下属舒心。

(3)敢领——彰显有理念。领,即引领,重在理念引领。校长的引领,主要是教育思想的引领。作为副校长,更重要的是业务上的引领。可以想象,一个副校长如果不懂业务,其领导能力在教师心中就会大打折扣。因此,作为副校长必须是业务上的带头人、教学上的行家里手。如果做不到这一点,就必须认真学习业务,钻研业务知识,深入一线参加教学教研活动,敢当教师的小学生,尽快由外行变内行,真正成为业务上的领导。这样,既彰显了副校长的教育理念,又凸显了其管理水平。

(4)敢导——彰显有思想。导,即引导,重在舆论引导。校园舆论是师生对于学校内各种现象、问题所表达的信念、态度、意见和情绪的总称,对学校发展及有关事态的进程可能产生某种程度的影响。作为副校长,要抢占分管工作的舆论制高点,促使师生的行为向正确的方向前行。而这需要副校长具有高度的责任心和敏锐的捕捉力,能够针对问题及时拿出应对策略。只有这样,才能让分管处室心往一处想,劲往一处使。

136 副校长要扮演好"五种角色"

> 本职角色:精通管理,独当一面。
> 示范角色:率先垂范,带头遵守。
> 助手角色:当好参谋,共谋进步。
> 协调角色:协调关系,和谐发展。
> 引领角色:专业发展,共同提高。

【诠释】

副校长要扮演好以下五种角色。

(1)本职角色:精通管理,独当一面。一般来说,副校长有自己具体负责的分管工作,应将其视为校长交给自己的"责任田"。副校长应满怀赤诚地扎根"土地",尽自己的能力,精耕细作,种好"责任田"。首先要熟悉这片"土地",即通晓分管工作的业务,这是做好工作的基础。其次要选好"种子",即创造性地开展分管工作,这是做好工作的关键。再次要精心"栽培""耕耘",即在分管工作中要德能兼备,这是做好工作的保证。

(2)示范角色:率先垂范,带头遵守。副校长要以学校整体利益为重,做好全校教职工的示范者。首先,要做模范执行校长决策的表率,以保证政令一出,全校上下步调一致,行动统一。在校长决策出台之前,副校长应站在全局角度思考决策是否合理,在实施过程中可能会出现什么问题,应该如何解决,并及时与校长沟通。一旦决策形成,则要做到坚决服从。其次,凡是要求教师做到的,副校长一定要率先做到,而且要做得更好;凡是要求教师不能做的,副校长一定要坚决不做。再次,在分管的"责任田"中,应成为管理的能手。既有管理思想,又有管理办法。除了"以德服人"外,还要"以能服人"。

(3)助手角色:当好参谋,共谋进步。副校长应审时度势,准确把握校长和自己以及自己和全体教职工之间的上情下达、下情反馈的分寸,成为校长决策的参谋者。对于校长的决策,副校长应当认真学习,积极支持,坚决执行;对自己了解到的有关师生一些反映和建议,副校长应正确对待,并及时传递给校长,以利于校长合理决策。

(4)协调角色:协调关系,和谐发展。副校长要想创造性开展工作,必须打通学校纵横关节。这里的"纵"关节,主要是指上同校长、下同处室主任及相关教师的沟通。办事的思路为:首先必须征得校长的同意,然后征得分管处室主任、教师的理解和支持,按照先上后下、再从下到上的顺序征求意见,求得认同,从而变成集体的意见与行动。"横"关节主要是指与其他校级领导的及时沟通与交流,求得理解与支持,会把工作做得更好。当校长遇到难于解决的问题或难事时,副校长要伸出热情双手去真心帮助,与校长一起分担责任,勇挑重担。当教职工或其他同事遇到困难需要帮助时,有多大力就出多大力,以赢得校长的信任和同事们的厚爱。

(5)引领角色:专业发展,共同提高。副校长一要做教师专业发展的设计者、发动者,二要成为教师专业发展的领跑者、陪跑者,三要成为教师专业发展的帮助者、欣赏者。这就要求副校长要勤于学习,不断充实提升自己;要和教师实现心灵沟通与共鸣,要善意理解教师,愉悦接受教师,倾听教师的呼声,成为教师的引路人。

137 副校长的"六个特质"

敢于"独当一面",勇于"维上护下",乐于"排忧解难",善于"穿针引线",甘于"端茶倒水",勤于"查漏补缺"。

【诠释】

副校长有以下六个特质。

(1)敢于"独当一面"。副校长最硬核的"特质"就在于能够独当一面、各把一摊,能够为校长真正把好关、守好门,能够种好自家的"责任田",管好自己的"一亩三分地",让校长放心放手。正副校长好比大小"当家"的,都是当家的,只不过当的家大小不同而已。工作是群策群力干出来的,副校长作为班子成员,对分管的工作抓得起、拿得下。

(2)勇于"维上护下"。维护,就是要维护好班子团结,特别是维护好校长的权威、形象和政令,保证校长的意志得以实现,意图得以落实,添彩不添乱,抬轿不抬杠。副校长还要敢于关心爱护部下,让他们吃苦不吃亏、受累不受气、流汗不流泪、埋头不埋没。"维上护下"是有原则的,可以"维上"但不要"唯上",对下爱护但不要袒护。

(3)乐于"排忧解难"。副校长是配角,既分配工作任务,又分担责任压力。当工作任务切一块给自己时,就意味着分担权力和责任,意味着分享成功和失败。副校长是前行路上的"排雷兵",得注意把一个个"引线"给拆了、矛盾"导火线"给爆了,这是一种能力,更是一种品质。

(4)善于"穿针引线"。副校长是"桥梁"和"纽带",一边对着"上头",一边连着"下头",对上头的精神理解掌握得最直接、最深刻,对下头的实情了解掌握得最清楚、最全面,如何把它们无缝对接好、无线连接好,是副校长的独特"区位"优势。副校长是抓落实的关键,如果说校长更多是"挥手"的,副校长则更多是"动手"的。

(5)甘于"端茶倒水"。领导就是服务,这种服务在副校长身上体现得更加具体和充分。人们对一个学校、一个班子及至校长满意不满意,往往先是从副校长的服务态度、服务水平好不好开始的。副校长的门好不好进、话好不好说、脸好不好看、事好不好办,影响甚至决定了班子和校长的形象。"端茶倒水"需要很强的服务意识、很好的服务态度和很高的服务水平,展示的是心态和情怀。

(6)勤于"查漏补缺"。副校长好比"维修工"和"补漏者"。百密一疏,校长考虑问题再周密、再周全,也难免偶尔会出现疏漏甚至差错。校长落下的我帮你捡起,校长忘掉的我来提醒,管理制度上的一些漏洞我来堵上,措施办法上的欠缺我来补上,出主意、想办法去健全完善,这是称职副校长的过人之处。如果说,校长的时间和精力更多的是敲开场锣鼓,那么副校长则更多是打扫战场,默默无闻地"收拾残局"。

副校长姓"副",是"兵头将尾",既不能越位、错位和抢位,又不能缺位、空位和不到位,要学会不出风头、不争名头、不抢镜头。校长和副校长只有各负其责、各司其职,才能唱好"大合唱",赢得"大合作"。

138 校长培养中层干部的策略

> 设台阶,磨基础素养。
>
> 出难题,炼心性能力。
>
> 常引导,指方向方法。
>
> 多鼓励,树典型形象。

【诠释】

校长培养中层干部有以下四条策略。

(1)设台阶,磨基础素养。学校中层干部的试用要从基层做起,从教研组长、部门副职做起。所有中层干部必须任课,亲临一线抓教学、抓纪律、抓卫生、抓安全。在历练过程中,让他们接地气、显正气、长灵气。

(2)出难题,炼心性能力。要有意识地给中层履职者加载加压。如到最差的班级去做班主任,接最难管的学生进班级,处理学生矛盾纠纷,接待对学校工作有意见的家长来访等。

(3)常引导,指方向方法。校长要定期了解履职中层干部的思想动态和工作情况,经常找他们谈心谈话,及时提醒和帮助他们克服一些认识上的误区,为他们指明努力的方向,并给予他们一些工作方法的指导。

(4)多鼓励,树典型形象。校长要对新履职的中层干部的工作多一些包容和鼓励,对出现的某些失误,要帮助他们分析原因,总结提高。对表现优秀的中层干部要给予表彰肯定,为大家树立学习的典型。以便让中层群体工作有奔头,事业有干头。

139 学校中层干部的角色定位

学校中层干部要做到五个统一："执行者"与"创造者"的统一，"维护者"与"独立者"的统一，"管理者"与"示范者"的统一，"指挥员"与"战斗员"的统一，"竞争者"与"合作者"的统一。

【诠释】

学校中层干部要做到以下五个"统一"。

(1)"执行者"与"创造者"的统一。作为学校中层干部，做校长办学思想的积极执行者，责无旁贷。同时，要在自己所在的处室积极发挥"创造者"的作用，校长的部署如有不到位的地方，要主动发挥自身业务精通的优势弥补之，对校长偶尔疏忽部署而又确属必做的工作，要征得其同意后迅速地完成。只有这样，才能既雷厉风行地执行任务，又使部门工作永葆活力。

(2)"维护者"与"独立者"的统一。中层干部要自觉地做校长权威的维护者，对校长布置的工作要保质保量地认真完成。但尊重决不是依附，维护决不是逢迎。智者千虑也常有一失，校长在工作中偶有不当之处也是难免的。中层干部理应在校长"当局者迷"的情况下，给予及时的提醒。

(3)"管理者"与"示范者"的统一。中层干部要不断地提高管理艺术。若只能坐而论道有"唱功"，而不能身体力行无"做功"，工作必然受阻。只有做到"唱""做"结合，既善于管理，又勇于示范，才能使主管领导放心，让广大教师舒心。

(4)"指挥员"与"战斗员"的统一。学校中层干部既是教育教学工作的指挥员，又是教育教学一线的战斗员。要使两重角色和谐统一，需要增强四种"意识"：一要增强全局意识，二要增强奉献意识，三要增强效率意识，四要增强人本意识。

(5)"竞争者"与"合作者"的统一。中层干部在各自的工作岗位上比干劲、赛成绩，这种竞争对促进学校的发展是有益的。但是竞争必须与合作携手，要坚决摒弃狭隘的部门利益观念。

140 学校中层干部"三力"

> 对学校正副校长——执行力要强。
> 对同级科室同事——合作力要好。
> 对教学一线教师——引领力要实。

【诠释】

学校中层干部每天面对三类人,对上是学校领导,居中是同级科室同事,对下是一线教师。

(1)对学校正副校长——执行力要强。一是"三观"一致,不跑偏;二是及时沟通,重执行;三是做出成效,给结果。

(2)对同级科室同事——合作力要好。一要相互尊重,相互支持;二要相互配合,相互补位;三要敢于担当,正视问题。

(3)对教学一线教师——引领力要实。一要建团队,二要巧计划,三要重服务,四要会授权,五要创品牌。

141 学校中层干部"四有"

> 学校中层干部一要有甘当绿叶的心态,二要有务实创新的精神,三要有纵观全局的观念,四要有汇报请示的习惯。

【诠释】

学校中层干部要做到以下"四有"。

(1)有甘当绿叶的心态。中层干部主要职责不是决策,而是执行,即把校长的决策化为具体的行动。为此,在工作中要保持谦虚谨慎的态度,在尊重、理解并服从校长的同时,充分发挥承上启下的作用,努力做好本部门工作。要有一种成绩是校长的,责任是自己的胸怀,切不可有了成绩邀功显能,出现失误推脱责任。

(2)有务实创新的精神。中层干部既是指挥员又是战斗员。作为指挥员就要开拓创新,充分发挥自己的能力和水平,越是面对棘手难缠的问题,越要沉着冷静,不能把矛盾上交或推给别人;作为战斗员就要求真务实,能做事、会做事,并对所做工作敢于负责和善于负责。

(3)有纵观全局的观念。在涉及自身利益的时候,作为中层干部要有吃苦在前、享受在后、服从全局利益的境界。当分管工作和学校整体工作发生矛盾和冲突时,必须无条件地服从学校大局利益。

(4)有汇报请示的习惯。中层干部做工作必须事前请示,事后汇报。对重大事项或超出工作权限和职责范围的事项,要逐级请示报告,不得擅自答复和处理,遇到紧急、特殊情况可越级请示报告,但事后要及时报告分管领导。有关中层领导间的工作交叉和协调不易解决的事项,要及时向上一级领导请示报告。参加各种会议或公务活动结束后,要认真整理汇报材料,如实向领导汇报,不要延误、拖拉。在工作中发现问题首先要有自己的解决方案,然后再向分管领导请示汇报。

142 学校中层干部"五度"

学校中层干部一要有气度,二要有高度,三要有力度,四要有深度,五要有速度。

【诠释】

学校中层干部起着承上启下的作用,要有以下"五度"。

(1)气度。即敬业重德,真诚相待,努力提高修身、定位的能力。

(2)高度。即胸有韬略,工作到位,努力提高计划、执行的能力。

(3)力度。即表率带头,团结合作,努力提高控制、判断的能力。

(4)深度。即总结反思,真抓实干,努力提高洞察、创新的能力。

(5)速度。即主动积极,雷厉风行,努力提高指挥、协调的能力。

143 当好学校中层干部"六不"

> 作为学校中层干部，要做到"六不"，即：参不越位、听不盲从、勤不争功、专不恃才、和不结派、平不俗气。

【诠释】

学校的中层干部是学校具体管理事务的实施者，上对校长负责，下对分管部门担责。为此，要做到以下"六不"。

（1）参不越位。中层干部要有一个正确的定位，自己既是学校某个部门的负责人，又是校长的参谋。要求在办公会上尽可能表达自己的建议，争取得到校长的认可和支持。对校长的管理理念、工作构思等要理解到位，在贯彻执行校长已经形成的决定时，不能超越权限或另起炉灶，更不能抱怨和诋毁。

（2）听不盲从。中层干部是学校管理的践行者，必须听从校级领导的安排调遣，遇事多请示，过程多汇报，与校级领导风雨同舟。但人无完人，校长、副校长也难免有工作安排欠妥之处，遇到这种情况要适时适当提醒，以免影响学校工作。

（3）勤不争功。中层干部要吃苦在前、享受在后，淡泊名利，甘做人梯。当所担工作取得一些成绩时，对上不邀功，对下不争利。

（4）专不恃才。中层干部大多是教学一线的优秀人才，在管理岗位上要放平心态，志存高远，踏踏实实做好管理工作，切不可心高气傲，目中无人。

（5）和不结派。中层干部要一身正气，不拘小节，大事讲原则，小事讲策略，不做墙头草，不小肚鸡肠，不拉帮结派，和教职工打造互信、互让、互助的工作关系。

（6）平不俗气。"平"就是保持心态的平和，"不俗气"是指不沾染官僚习气，对上不奴颜婢膝，对下不专横跋扈，要做到严于律己，宽以待人。

144 学校中层干部要处理好九个关系

学校中层干部要处理好责任与权力的关系、领导与同事的关系、接受与研究的关系、请示与汇报的关系、会上与会下的关系、局部与全局的关系、贯彻与创新的关系、工作与学习的关系、行政与教学的关系。

【诠释】

作为学校中层干部,要处理好以下九个关系。

(1)责任与权力的关系。有没有责任心,责任心强不强,是能不能当好学校中层干部的前提和基础。中层干部对所担任的工作应该主动负责、敢于负责和善于负责,即"在其位谋其政",既要有解决具体矛盾的勇气和能力,又要有处理棘手问题的方法和魄力。

(2)领导与同事的关系。当好中层干部,在工作上坚持下级服从上级的组织原则,同时要保持自己独立的人格与尊严,与上级领导以同事相处,取长补短,相互促进。

(3)接受与研究的关系。接受领导部署的工作任务时,作为下级,在行动上必须服从。但如有自己的想法,也可以提出来同领导一同研究或商量。

(4)请示与汇报的关系。请示工作,一要讲程序,先向直接分管的领导请示,不能越级;二不能搞多头请示;三不能只讲问题,不拿解决问题的办法。中层副职如需请示工作,应先同正职商量。汇报工作也应讲程序,但不那么严格,除向分管领导汇报外,特殊情况下也可直接向校长汇报。

(5)会上与会下的关系。中层干部要做到会上与会下、当面与背后表里一致。有的中层干部在行政会上说得很好,回到自己所领导的处室流露甚至公开散布这样或那样的不满情绪,必须当戒。

(6)局部与全局的关系。中层干部必须树立全局观念,立足本职,胸有全局。有些工作在全局看来是可办的,在局部看来是不可办的,也得办;有的工作在全局看来不可办,在局部看来可办的同样不能办。

(7)贯彻与创新的关系。作为中层干部,必须认真贯彻校级领导的决定。但原原本本地贯彻校长、副校长的决定并不一定是最佳的工作状态,最佳的工作状态应该是富有创造性地开展工作,要开创工作的新局面。

(8)工作与学习的关系。当好中层干部,既要努力工作,又要善于学习。要善于向书本学习,向实践学习,向群众学习。

(9)行政与教学的关系。作为中层干部,既要把自己负责的处室的工作做好,又要把自己所担任的教学工作教好,力争做到管理与教学两不误。

145 学校中层干部的十种意识

> 学校中层干部要树立大局意识、责任意识、人本意识、效率意识、合作意识、表率意识、廉洁意识、创新意识、学习意识、反思意识。

【诠释】

学校中层干部要树立以下十种意识。

(1)大局意识。作为学校中层干部,必须有学校大局意识、整体意识,各处室在工作中要加强联系,积极协作,不能各自为政。

(2)责任意识。中层干部要有强烈的责任意识和主人翁精神,认真履行自己的岗位职责,既要敢抓、敢管,又要善抓、善管。

(3)人本意识。中层干部要牢固树立以教师为本和以学生为本的意识,注重人文关怀和心理疏导,做到既教育人、引导人、鼓舞人,又尊重人、理解人和关心人。

(4)效率意识。中层干部办事要积极主动,讲究效率,增强时效观念,树立效率高、节奏快的工作作风。

(5)合作意识。中层干部在工作中要讲团结、讲协作,想方设法凝聚人心,化解矛盾,努力营造团结合作、奋发向上的氛围。

(6)表率意识。中层干部要时时处处起表率作用,既要当学习的表率、廉政的表率,更要做工作的表率。要求教职工做到的,自己必须首先做到;要求教职工不能做到,自己坚决不做。

(7)廉洁意识。在廉洁自律方面,中层干部要高标准、严要求,牢固树立正确的价值观、权力观、利益观,不断增强廉洁观念,注重自身修养。

(8)创新意识。中层干部要有改革意识、创新精神,围绕学校中心工作,不断创新工作方式方法。在管理中,研究工作有新见解,布置工作有新思路,解决问题有新办法。

(9)学习意识。中层干部要树立学习意识,通过学习提高自己的思想政治素质和管理能力。不仅要向书本学习,而且要向他人学习,向实践学习,不断汲取智慧和力量。

(10)反思意识。中层干部要把反思作为自己的工作习惯,通过自我反思、相互反思、集体反思,总结经验教训,不断提升工作水平。

146 学校中层干部的执行力

学校中层干部的执行力:"精""明""强""干"。

【诠释】

学校中层干部的执行力,可以概括为精、明、强、干四个字。

(1)精。即学校中层干部必须精通本部门的业务,对工作精益求精。

(2)明。即学校中层干部必须明白本处室的主要职责和功能,对本部门的职能心知肚明。

(3)强。即学校中层干部既是本部门的业务骨干,又是学科教学的带头人,或是某一个方面的专家,是校长眼里的精兵强将。

(4)干。这是学校中层干部执行力中最关键的一个字,校长及主管领导一旦决策,坚决执行,立即干起来,绝不拖延,并想方设法"干"到位。

147 教务主任要有六种意识

学校教务主任要配合校长开展好教育教学工作,要有管理意识、服务意识、协调意识、法规意识、教研意识和榜样意识。

【诠释】

学校教务主任要有以下六种意识。

（1）管理意识。教务主任要落实教育教学的常规管理，要有切实可行的制度及与之相应的执行机制、督促机制、检查机制和奖惩机制予以保证。教务主任必须站在学校教学工作的高度，实行教学过程的全程调控，使教育教学工作纳入健康稳步运行的轨道。

（2）服务意识。教学管理的最大忌讳，就是把教师和领导对立起来。一方面，教务主任要实实在在地管；另一方面，又绝不能以"主任"自居，凌驾于教师之上，指手画脚，发号施令，而应确立服务意识，尽可能地想教师之所想、急教师之所急。

（3）协调意识。一个称职的教务主任，必须有较强的协调能力，安排教学要树立"全校一盘棋"的全局观念。要重视协调好领导与教师、教师与教师之间的关系，保证教师全身心地投入教学中去。

（4）法规意识。教务主任必须强化法规意识，一切教育教学上的措施都应以不违反国家法律法规为前提。

（5）教研意识。教学质量是学校的生命，而教改、教研水平对教学质量有着重要的制约作用。作为教务主任，一定要重视教研，通过完善教研制度，培养教学骨干，真正实现全校教学质量的不断提高。

（6）榜样意识。在教师心目当中，教务主任是学校教学工作的带头人，教师的工作热情、工作态度、探索精神，在很大程度上受教务主任的影响。因此，教务主任要十分注意加强自身的政治、业务修养，时时处处做教师的榜样和表率。

148 实施年级长负责制的七个要素

实施年级长负责制，校长要选好对象、敢于授权、勇于负责、做好服务、撑腰保护、考核评估、给予激励。

【诠释】

年级组是学校管理的基层单位,是学校教育、教学、管理、效益四位一体的工作实体。"年级长负责制"是校长任命一优秀教师代理其管理一个年级组的教育教学事务的学校内部管理制度。要实施好年级长负责制,校长应做到以下七个方面。

(1)选好对象。年级长素质的高低关系到年级工作的效率,因此选好年级长至关重要。校长要根据工作实际,对年级长候选人的德、能、勤、绩进行全方位考核,并征询多方意见确定候选人,经学校行政会议通过任命。

(2)敢于授权。校长任命年级长后,应尽量地放手让年级长自主地管理年级工作。当然,敢于授权不是无节制的放权,而是尽量避免过多干涉。否则,会增加年级长对校长的依赖性,挫伤其工作的积极性、主动性、创造性,也会影响年级长在群众中的威信,减弱应有的感召力和凝聚力。

(3)勇于负责。当年级长由于经验不足或方法不当而造成工作失误时,校长要明辨是非,勇于承担责任,针对不同情况采取补救措施。并力排众议,给予客观评价,帮助年级长吸取教训,鼓励其振作精神,消除顾虑,再创工作佳绩。

(4)做好服务。校长要树立为年级长做好服务的意识,要多深入年级,尽力为年级长排忧解难,给予关心、指导、协调,而不要坐着等汇报,更不能发难、指责。

(5)撑腰保护。年级长不仅要具体执行学校的各项决策,而且要直接面对教师、家长、学生,工作繁杂辛苦,容易得罪人。当年级长遭到非议时,校长要为其撑腰壮胆,理直气壮地扶正压邪,以保护年级长的地位和尊严。

(6)考核评估。校长要应用竞争机制,对年级长的各项工作进行考核,并在适当场合公开公示,做到"能者上,平者让,庸者下",对年级长形成压力,使其产生危机感,进而激发工作动力。

(7)给予激励。校长除了给年级长一定的经济补贴外,更多的是给予非物质奖励,以激励其潜力的有效发挥。如让年级长参加学校的行政会,参与学校的决策工作;给年级长提供更多的培训、晋升的机会;在评优评先方面给予优先等。

关爱师生篇

　　校长要办学生喜欢的学校:培养教师童心,让学生们喜欢老师;改革竞争机制,让学生们喜欢同学;建立质量标准,让学生们喜欢学习;搭建广阔平台,让学生们喜欢活动;回归儿童视角,让学生们喜欢环境。校长要培植学生的生命情怀:捍卫学生生命的尊严,激发学生生命的潜能,提升学生生命的品质,实现学生生命的价值。

　　学校是学生生命中的一缕阳光,是学生成长中的一个支点,是学生通向未来的一扇窗户。学校教育要做到:一切为了学生的发展,为了一切学生的发展,为了学生的一切发展。学校管理离不开必要的规章制度,好的校规要发挥其价值,必须做到:约束但不捆绑,引领但不替代,激励但不放纵,规范但不教条。

　　校长的第一使命是促进教师的专业发展。校长激励教师的工作热情,需要具备四层境界,即:授人以渔、授人以欲、授人以愚、授人以娱。校长应以提升教师的职业幸福感为己任:引领师德师风建设,增强教师为人师表的神圣感;营造和谐人文氛围,增强教师敬业乐教的愉悦感;创建动力推引机制,增强教师专业发展的成就感;推进民主治校进程,增强教师校园主人翁自豪感;开展丰富多彩活动,增强教师职业生涯的充实感;努力改善生活条件,增强教师共享成果的满足感。校长要重视教师的减负问题,把为教师减负作为一件大事来抓。

149 学校是师生共同的"家园"

> 学校是师生共同的"家园",这个家园是安全的、自由的、温暖的、和睦的、互助的。

【诠释】

学校不仅是读书和学习的场所,不仅是知识积累和能力成长的地方,更是师生共同生活、共度生命时光的地方,是师生共同的"家园"。

(1)这个家园是安全的。学校里的装修和摆设更多地为学生着想,即使学生跌倒、摔倒都不至于受伤;在学校里学习、锻炼、生活、娱乐都会很放心、很安全。

(2)这个家园是自由的。学生们在自己的家园可以自由奔跑,自由跳跃,自由玩耍,没有太多的禁锢,由肉体到心灵是一种纯粹的自由。尤其是心灵的自由,没有顾虑,没有恐惧,完全是"真我的存在"。当然,在家园里也可以犯错,学校是可以犯错的地方,可以试错,可以容错,也可以纠错。

(3)这个家园是温暖的。环境布置充满着温暖的色彩,校园就像一个超大的客厅,而每间教室就像一个温暖的房间。在这个温暖的空间里,有书声琅琅,有歌声朗朗,更有笑声朗朗。

(4)这个家园是和睦的。教师视学生如自己的孩子或弟弟妹妹,学生视同学如自己的兄弟姐妹。教师和学生、同学和同学之间有欢笑,也会有争吵,但这种争吵是善意的争吵,是家园里的一种情趣,是生活里的一份佐料,只有温馨与美好,绝对没有欺凌。

(5)这个家园是互助的。在教师的眼里,自己的学生是最漂亮、最聪明的。在同学的眼里,自己的同学是最亲的亲人。在这个家园里,伤心时有人宽慰,无力时有人伸手,快乐时有人分享。

150 办学生们喜欢的学校

> 培养教师童心——让学生们喜欢老师。
>
> 改革竞争机制——让学生们喜欢同学。
>
> 建立质量标准——让学生们喜欢学习。
>
> 搭建广阔平台——让学生们喜欢活动。
>
> 回归儿童视角——让学生们喜欢环境。

【诠释】

（1）培养教师童心——让学生们喜欢老师。学生们只有喜欢上老师，他们才会喜欢上学校。学生们喜欢的老师一般具有以下五个特征：第一，和学生们平等相处，态度谦和，给学生们一种朋友的感觉；第二，态度积极乐观，人很阳光；第三，能懂学生的心，能说学生的话，安排的活动很贴近学生，并愿意和学生一起参加活动；第四，能关心每个学生，处事公平公正；第五，知识丰富，多才多艺，讲课风趣。概括起来就是"平等、乐观、童心、公正、多才"，其中以"童心"最为重要。要让教师们有童心，校长首先得有一颗童心；其次要努力培养教师们的童心。

（2）改革竞争机制——让学生们喜欢同学。如何让学生们喜欢同学？需要学校改变一种竞争机制，具体地说，就是要尽量鼓励学生相互合作，淡化竞争。尤其是要变那种"你上我下"的恶性竞争为"你上我也上"的良性竞争。所以，学校对于各项评比竞赛，尽可能采用"达标"的方式，即设立条件和标准，学生只要能达到这个标准，就能获得奖项，不受名额限制。

（3）建立质量标准——让学生们喜欢学习。学生们在学校的主要生活都是在学习中度过。学习的过程是否快乐，决定着学生们的学校生活是否快乐。而要让学生们真正享受到学习的快乐，喜欢上学习，学校就要在培养学生们的好奇心上下功夫。小学阶段，要淡化功利性的诉求，淡化对分数的追逐，强化知识本身对儿童的吸引，让他们明白学习的动力，不是来自迎合考试的"好胜"，而是来自对问题探索的"好奇"。要做到这一点，关键是教师要把学习的主动权还给学生。教师不能仅仅满足于教了学生什么，而是充分运用儿童的好奇心、想象力和创造性,用问题去吸引学生主动地学习。学校要让学生的学习效果是以标准为比照,而非以他人的成绩为比照。只有这样,我们才能帮助更多的学生树立学习的信心,享受学习的快乐,真正喜欢上学习。

(4)搭建广阔平台——让学生们喜欢活动。中小学教育是"打底色"的教育,丰富性应成为中小学教育的主要特征。我们需要创设各种机会和平台,如兴趣小组的建立、学生社团活动的开展、学校各种主题教育的活动,让每个学生的爱好都能得到培养、交流、展示和发展。中小学教育,不是专业教育或职业教育,不能过分地彰显一个方面的特色。中小学教育最大的特色应该是和谐,最大的亮点应该是学生的发展。学校需要给每个学生提供发展不同爱好的机会与平台,而不能强迫他们去发展同一种爱好。追求特色,就是追求不同,学校不能用"集体内部都相同"的方式来追求"集体与外部的不同"。

(5)回归儿童视角——让学生们喜欢环境。学生们喜欢什么样的校园环境?他们喜欢有自己的东西,喜欢自己布置的东西,喜欢不断更新的东西。为此,学校在校园文化的布置上,要以"校园处处是舞台"为主题,设置更多空白的版面,全部交给教师和学生,让他们自己去布置,并建立不断更新的机制。学生们自己布置的东西,也许会很粗糙,会很凌乱,没有多少文化内涵与文化解读,也并不美观,但那毕竟是学生自己的东西,他们喜欢就够了。校园中最美丽的应该是什么?是学生们那张张笑脸,那稚嫩的图画。校园中最深刻的文化是什么?是学生的文化,是学生自我生成的文化。

151 做学生生命中的"三个一"

> 学校是学生生命中的一缕阳光,是学生成长中的一个支点,是学生通向未来的一扇窗户。

【诠释】

学校,不仅仅是学习的场所,人们的很多生命时光都在学校度过,我们必须提升这段生命时光的质量,特别是生活的丰富性和精神的愉悦性。为此,校长要努力打造学生生命中的"三个一"。

（1）学校是学生生命中的一缕阳光。一缕阳光,就是一份美好,就是校长要尽己所能,为学生提供良好的环境,尤其是良好的精神环境。让同学们能够感受到人与人之间相处的乐趣,相信人性的美好,体验集体的力量,始终有一颗舒展的心和一份阳光的心态。

（2）学校是学生成长中的一个支点。一个支点,就是一个发展的平台。校长的一个重要责任,就是要运用各种资源与途径,让学生都能有所发展和提升。让同学们在离开学校时,都能带着一份收获、一份成功和一份向往与留恋。这就要求校长一要让学生找到成长的动力,二要为不同个性的学生寻找到不同的发展平台。

（3）学校是学生通向未来的一扇窗户。一扇窗户,就是一片崭新的世界,就是校长要努力让学生从局限走向开阔,让视野更为高远与宽广。这就要求校长一要引导学生爱读书、读好书;二要积极提升同学们的境界;三要不断引入多元文化,让同学们看得更远、更深、更好。

152 树立"三个一切"的办学理念

　　学校教育要做到:一切为了学生的发展,为了一切学生的发展,为了学生的一切发展。

【诠释】

近年来,不少学校坚持"以人为本",提出了"三个一切"的办学理念,即"一切为了学生,为了一切学生,为了学生一切"。"一切为了学生"是倡导宗旨,是指教育者所做的所有事情都是为了学生;"为了一切学生"是面向全体,是指为了所有的学生;"为了学生一切"是立足发展,是指为了学生的全面发展,不能只重智轻德、重智轻体、重智轻美、重智轻劳。

诚然,这种办学理念对学校贯彻落实党和国家的教育方针起到了重要作用,应该加以肯定。但笔者总认为"三个一切"口号的提出似乎有点把话说过了头,其原因有三:第一,"一切为了学生"的口号太片面。学校是由教师和学生组成的社会组织,学校也不能忽视教师的权益。第二,"为了一切学生"的口号太绝对。学校对于极少数违法乱纪的学生,不但不能"为了",而且不能姑息迁就。第三,"为了学生一切"的口号太满口。学生的利益有正当和非正当之分,学校只能为了学生的正当利益,不能也不应该为了学生的非正当利益。因此,"三个一切"的办学理念应该加上"发展"二字,即:一切为了学生的发展,为了一切学生的发展,为了学生的一切发展。

笔者非常欣赏中国人民大学附属中学原校长刘彭芝为人大附中确立的"三个一切"办学理念,即:一切为了学生的发展,一切为了祖国的腾飞,一切为了人类的进步。

153 学校教育要做到"四个全"

> 学校教育要面向全体学生,促进学生全面发展,全面提高教学质量,全心全意为学生服务。

【诠释】

学校教育要做到"四个全"。

(1)面向全体学生。学校教育不能只面向少数学生,也不能只面向多数学生,而要面向每一个学生。这就需要校长引导教师做到:给道理,使优秀生明辨是非曲直;给信心,使中间生增强进取的勇气;给情感,使后进生感受到爱的温暖。

(2)促进学生全面发展。学校要关注每一个学生的全面发展,要为每一位学生的全面发展创造公平的发展机会,让每一个学生都能够健康快乐地成长。这就需要校长采取更加有效的措施,要求教师用更多的时间和精力去了解和发现每一位学生的特点和潜能,善于分析和把握每一位学生的思想、学习、心理的发展状况,科学、综合地看待学生的全面发展,以真挚的爱心和科学的方法去教育、引导、帮助学生成长进步。

(3)全面提高教学质量。教育教学质量是学校生存和发展的前提,也是学校一切工作的中心。校长要以"质量立校,质量兴校"为办学宗旨,营造一个良好的"人人重视质量,人人关心质量,人人提高质量"的教育教学氛围,全面贯彻党和国家的教育方针,全力推进素质教育。

（4）全心全意为学生服务。学生是学校的基石,是学校发展的动力和源泉。因此,校长要投入全部精力,始终把学生放在第一位,全心全意为学生服务。

154 培植学生的生命情怀

生命教育的重要使命是培植学生的生命情怀,其宗旨在于捍卫生命的尊严,激发生命的潜能,提升生命的品质,实现生命的价值。

【诠释】

生命教育的宗旨在于捍卫生命的尊严,激发生命的潜能,提升生命的品质,实现生命的价值。"关注生命,尊重生命,珍爱生命,欣赏生命,成全生命,敬畏生命"构成了生命教育的目标。生命教育的重要使命是培植学生的生命情怀。生命情怀是个体对自我生命的确认、接纳和喜爱,是对生命意义的肯定、欣赏和沉浸,是对他人生命乃至整个世界生命的同情、关怀与珍惜。因此,中小学校长要重视生命教育。

当今生命教育作为素质教育的切入点和着力点,其含义主要有以下三个层次。

（1）生命教育作为教育的价值追求在于,我们的教育应是真正人道的教育,不仅要对学生的升学考试负责,更要对学生一生的生命质量负责,要为学生的幸福人生奠基。生命教育旨在帮助学生能更好地理解生命的意义,确立其生命质量与生命尊严的意识,使学生拥有一个美好的人生。为此,教育必须实现对人的尊重,必须落实对个体生命的尊重以及对个体生命的独特性、唯一性的尊重。

（2）生命教育作为教育的存在形态,是为了生命主体的自由和幸福所进行的生命化的教育。生命教育应该是真正充满活力的人的教育,是引导人生走向美好和完善的教育。让课堂充满关注生命的气息,让生命的活力充分涌流,让智慧之花尽情绽放,应该成为所有教育的自觉追求。生命教育强调用生命去温暖生命,用生命去呵护生命,用生命去撞击生命,用生命去滋润生命,用生命去灿烂生命。在生命的根基上确立起人的内在的不可让渡的尊严,树立起生命神圣的观念。生命教育的实现途径在于:给学生一些权利,让他自己去选择;给学生一些机会,让他自己去把握;给学生一些困难,让他自己去面对;给学生一些问题,让他自己去解决;给学生一些条件,让他自己去创造。

(3)生命教育作为教育的实践领域,有着明确的价值追求而又涵盖多重主题,因而是地方课程与校本课程开发与建设的重要主题。在实践层次上,生命教育可以包括:让青少年远离意外伤害的教育;了解个体生命的成长历程的青春期教育;艾滋病和毒品预防教育;珍爱生命与预防自杀的教育;生命情怀的养育;终极关怀与死亡教育;人权教育;以保护生物多样性为目的的生态环境教育;等等。

155 送给学生三件成长的礼物

> 校长要呼唤学校、教师、家长送给学生三件礼物:第一件礼物是健康,第二件礼物是快乐,第三件礼物是阳光。

【诠释】

学校教育的一切努力最终都要为学生的终身发展服务,让学生拥有健康的人格力量。为此,校长要呼唤学校、教师、家长送给学生三件礼物。

(1)健康。正在发育、成长中的中小学生,需要足够的时间在操场上运动,在体育活动中锻炼,从而让他们拥有强健的体魄。校长要让同学们从内心里意识到,运动、锻炼才是学业成长进步的基础。

(2)快乐。对中小学生来说,快乐的前提是让他们体验到学习的乐趣,并给他们自由发展兴趣爱好的时空。所以,校长要为学生提供多种多样的复合课程、丰富多彩的课余活动和社会实践,让他们在玩中学、在做中学,乐在其中。学校的目标不是让学生在新的一天里多做几道题,多背几首诗,多学几个概念,考试多得几分,而是让学生们在新的一天里多一份对这个世界的好奇,多一份对未知的发现,多一份自己的思考和理解,多一份继续学习的动力,多一份学习的成功体验。

(3)阳光。学生们不仅需要健康的体魄、聪慧的头脑,更要有阳光的心理。在每天的校园生活中,要让学生们感受到尊重、理解和支持,让他们在学校这个大家庭里体验到爱,吸收到正能量,并且要学会如何与他人相处,如何处理矛盾,如何面对挫折,如何迎接挑战。在学校教育中,校长尤其要关注如何教会学生懂得沟通、懂得分享、懂得合作,这是学校所追求的健康人格的重要目标之一。

当学校自觉践行、家长自我修复、学生自身完善,其健康、快乐、阳光重回校园的每个角落时,人格的力量将把迈进学校的懵懂孩童,锻造成自信乐观的社会栋梁。

156 别把学生当"孩子"

教育是爱的事业,但这是大爱,而不是简单的"母爱",绝不能完全用对待自己孩子的做法去无教育视角地对待学生。

【诠释】

在一些校长及教师眼里,把学生当孩子似乎是倾注了所有的感情和心血,体现了高尚的师德。依笔者所见,校长及教师不能简单地把学生当成孩子,更不可能把学生当成自己的孩子。其原因有三。

(1)"学生"与"孩子"在概念上有着明显区别。学生是一个教育学意义上的概念,而孩子是在社会中成年人对未成年人的统称。校长及教师与学生,既是教育者与被教育者的关系,也是被教育者受到尊重与教育者形成的师生关系。校长及教师不能把对自己孩子的看法、做法统统用到自己的学生身上。

(2)校长及教师对学生的爱不同于"母爱"。"母爱"是源自于血缘关系而自然产生的一种感情,这种感情既有亲缘、疼爱甚至怜爱的先天优势,也带有狭隘、偏执甚至错爱的后天劣势。其先天优势往往可能成为正能量,而其后天劣势又容易带来负面效应。"母爱"对学生的泛用滥施,不但不会产生正能量,相反是负效应的发散而变成教育的扭曲。把学生当成"孩子",会让校长及教师在过度消费"母爱"的同时,失去了为师者的教育责任和应有风范。

(3)把学生当成"孩子",容易将神圣的教育看作狭隘的"私塾"领地。当代校长及教师不能用作坊意识、圈子概念来对待所教的学生。不把学生当成自己的"孩子",消除的是原始、简单的概念,获得的将是对教育的真正认知、对教育的科学驾驭和对教育的客观预期。

157 校规的价值在于促进学生成长

> 学校管理离不开必要的规章制度。好的校规要发挥其价值,必须做到:约束但不捆绑,引领但不替代,激励但不放纵,规范但不教条。

【诠释】

学校的规章制度,应服务于学生的生命成长需要和社会发展需要。除此之外,别无其他价值。要做到这一点,需要处理好以下四个关系。

(1)约束但不捆绑。从本质上看,一切规章制度都是契约,都必须具有公平公正性,能够真实体现规章制度制定方和接受制度约束方的共同心愿。学校的规章制度,应该是一种合理的约束,在学生的成长中,只是一条不可逾越的操行底线。底线之外,有无限广阔的时空,供学生们自在驰骋。

(2)引领但不替代。在契约精神之外,学校的各项规章制度还应该具有多倡导、少制约的属性。一项规章制度形成后,便应该成为全校学生的思想与行为的引领者,能够让全体学生知晓自身应该拥有的各种追求,同时知晓自身应该警惕避免触犯的各种错误。真正的教育,以培养独立的健全的人格为己任。这样的教育目标,无法用僵化的规章制度替代,只能来自合理的引领和必要的包容。

(3)激励但不放纵。学校中的各项规章制度,可以区分为奖励性制度和惩戒性制度两大类别。从学生身心健康成长的需要而言,惩戒性制度应与奖励性制度具有同样重要的地位。一所学校,倘若缺乏必要的惩戒性制度,必然会形成管理上的漏洞。

(4)规范但不教条。学校的规章制度,固然需要一定的刚性惩戒措施,却又需要注意这些惩戒的尺度。这个尺度在刚性之外,还需预留一定的弹性空间,能够让违反制度的学生在此弹性空间中,有适量的缓冲余地。这样的余地,本身就是教育。教育者应该牢记:制度客观存在,但并非必须使用。不要让制度成为学生成长的束缚和阻滞,更不要将制度当作对付学生的杀威棒。

158 校长的第一使命

　　校长的第一使命是促进教师的专业发展。促进教师专业发展,才是校长更重要、更基础、更持久的工作。

【诠释】

　　校长的第一使命,有人说是明确办学方向,制订学校发展规划;有人说是建章立制,建立良好的人事制度和管理制度;有人说是争取资源;有人说是领导课程改革,提高课程领导力;有人说在于策划,激发热情,形成思想,明确任务,操作到位;等等。

　　笔者认为,校长的第一使命是促进教师的专业发展。促进教师的专业发展,才是校长更重要、更基础、更持久的工作。于漪老师说,校长的使命是:发展教师第一,发展学生第二。要想使学生得到好的发展,首先要使教师有好的发展。没有教师的发展,就没有学生的发展。校长不可能面对每位学生,每天直接面对学生的是教师,校长直接面对的也是教师。所以促进教师的专业发展是校长的第一使命。

　　校长要把做好促进教师专业发展的工作放在最重要的位置,坚持不懈。第一,激发教师的热情和对教学的敬畏之心。第二,帮助教师制订专业发展规划。第三,促使教师形成终身学习观念:一要拓展教师知识,二要深化教师知识,三要更新教师知识。

159 校长激励教师的"四层境界"

校长激发教师的工作热情,需要具备四层境界,即:授人以渔、授人以欲、授人以愚、授人以娱。

【诠释】

智慧的校长,总是把教师的利益放在重要位置,并以此来激发教师的工作热情,提高学校的教育教学质量。

(1)授人以渔。古人云:"授人以鱼,不如授人以渔。"作为校长,在"授人以鱼"的同时,更应该"授人以渔"。一味地给教师更多的"鱼",不仅不现实,也不应该。因为大锅饭的弊端自不待言,而且"鱼"也会有吃完的时候,只有"渔"才能长久。所以,校长要让教师懂得:你所得到的不仅仅是学校给你的"鱼",更多的是你自己学会了"渔"以后带来的回报。校长所要做的,不是仅仅向教师发钱发物,单纯提高教师福利,而是要创造条件对教师进行培训,组织教师再学习,以提高教师的教育教学水平和工作能力,让他们一个个都能成为工作中的强者,在竞争中获得回报,这就是"授人以渔"。

(2)授人以欲。对校长来说,如果仅仅局限于"授人以渔",还只是管理的第一层境界。因为即使教师掌握了"渔"的技巧,却不愿意去"捕鱼",也是不会有"鱼"入网的。所以校长必须学会"授人以欲",达到管理的第二层境界。"授人以欲"就是通过竞争、奖惩等措施,想方设法把教师的欲望调动起来,让他们在教学岗位上满怀激情地工作。当然,人的欲望是多方面的,有物质的、有精神的、有名誉的、有地位的等,校长要根据每个人的不同情况,设置相应的目标,从多个方面激励教师的工作热情。

(3)授人以愚。如果大家都有了自己的"欲望"(或者说是理想),学校就能形成你追我赶、争先恐后的工作局面。但为了"欲望"而奋斗,问题往往也会接踵而至。这时候,校长就要做到"授人以愚",达到管理的第三层境界。"授人以愚",就是要告诉教师"君子爱财,取之有道",利益虽然重要,但不能成为它的俘虏,更不能为了个人的私利而损害自己的形象。在利益面前,不妨学学郑板桥,适度地保持糊涂,该放下的就得放下。"授人以愚"

的本质,就是要求教师保持一个良好的心态,做到胸怀坦荡。

(4)授人以娱。如果教师们都一味地变得"愚"了,那学校也就失去了生机和活力。这就需要校长"授人以娱",达到学校管理的第四层境界。"授人以娱",就是引导教师把快乐带到工作中去,把幸福带到生活中去,在教育教学中获得最大满足。"授人以娱"是一种快乐的学校文化,是一个优秀校长应该引领的最高境界。

160 校长应以提升教师的职业幸福感为己任

> 引领师德师风建设,增强教师为人师表的神圣感。
> 营造和谐人文氛围,增强教师敬业乐教的愉悦感。
> 创建动力推引机制,增强教师专业发展的成就感。
> 推进民主治校进程,增强教师校园主人翁的自豪感。
> 开展丰富多彩活动,增强教师职业生涯的充实感。
> 努力改善生活条件,增强教师共享发展成果的满足感。

【诠释】

校长应树立人本意识,积极创造条件,努力提高教师的幸福指数。

(1)引领师德师风建设,增强教师为人师表的神圣感。作为校长,要唤醒教师的职业神圣感,自觉修师德、树师风、铸师魂,享受教师职业内在的尊严与快乐,在对教育事业的热爱与忠诚中获得幸福感,在学生的成长和师生融洽的情感中体验教师的幸福感。

(2)营造和谐人文氛围,增强教师敬业乐教的愉悦感。校长要努力创建一个充满人文关怀的温馨的工作环境,营造出一种团结协作、轻松愉悦的工作氛围,致力于情感浸染的追求,做教师的知心朋友,让人人感受到集体的温馨,让人人感觉到工作环境带来的幸福。

(3)创建动力推引机制,增强教师专业发展的成就感。作为校长,要为教师的专业成长找准支点,搭建平台,让教师体验到专业成长的快意。一要让教师品尝学习的快乐;二要让教师享受成功的喜悦;三要让教师回味创新的甘甜。

（4）推进民主治校进程,增强教师校园主人翁的自豪感。教师的职业幸福感,很大程度上取决于自己在工作上的话语权得到尊重。作为校长,不仅要给教师说话的机会,还要充分重视和尊重教师对学校的建议与批评。让教师深切感受到校长对其话语权、知情权和参与权的尊重,进而产生主人翁的自豪感。

（5）开展丰富多彩活动,增强教师职业生涯的充实感。学校应开展多种形式的业务竞赛、文体活动和联谊活动等,丰富教师的业余文化生活,让教师在忙碌中有充实感,在充实中产生幸福感。

（6）努力改善生活条件,增强教师共享发展成果的满足感。作为校长,要为教师创造一个良好的工作和生活环境。既要努力改善教师的工作条件,让他们有一个清爽舒适的工作环境,更要提高教师的福利待遇,以满足教师生活条件的基本需要。

161 提高教师幸福指数的人文途径

尊重满足教师需要,促进教师专业成长,减轻教师工作负担,营造校园和谐氛围,丰富教师精神生活。

【诠释】

提高教师幸福指数的人文途径主要有以下五条。

（1）尊重满足教师需要。被校长尊重是教师的第一需要,校长要维护教师的人格尊严,尊重教师的岗位选择,落实教师的民主管理。特别是校长要保障教师参议校务的权利,凡涉及教职工切身利益的决策,如聘任、晋级、处罚等均需经过严格的程序。

（2）促进教师专业成长。校长要实现教师享受专业成长和事业发展的幸福,一要加强教师专业培训,培训是教师专业成长最好的"福利";二要拓展教师培训领域,不仅举行与教学直接相关的培训,也要开发一些调整教师心态、人际沟通等方面的培训项目。

（3）减轻教师工作负担。"给教师加压,给学生减负。"这是当今教育界普遍流行的观点。笔者认为,教师减负是学生减负的前提条件,校长不仅要给学生减负,教师同样需要减负。校长只有减去教师的额外负担,变压力为动力,才能解放教师,从而解放学生。

(4)营造校园和谐氛围。校长要努力让教师置身于宽松的工作氛围和和谐的人际关系之中,从而使教师觉得在自己的工作单位工作是愉快的、幸福的。首先,学校领导班子成员之间要精诚团结,以诚相待,做出表率。其次,要适当淡化教职工之间的竞争。最后,将教研组、处室内是否团结作为文明组室评选的首要标准。

(5)丰富教师精神生活。校长要保障教师的文体活动,在力所能及的条件下为教师的健身和娱乐提供保障。一要保证时间,二要提供设施,三要举行培训,四要组织活动,五要服务健康,六要提供展示平台。同时要注重对教师家属的人文关怀,以解除教师的后顾之忧,这也是提高教师幸福指数的明智之举。

162 校长要尊重教师

> 管理教师是校长最为重要的职责。要管好教师,首先要尊重教师,其次要理解教师,并帮教师排忧解难。

【诠释】

管理学校是校长的重要职责。管理学校包括管人、管事、管财、管物以及管教育科研、管教育信息等。其中管人包括管教师和管学生,而管理教师最为重要。从词源的角度考察,"管"在古汉语中有"钥匙"的意思。是钥匙,就要开锁。用在管理学的层面,就是要通过尊重人、理解人,打开教师的心扉,激发教师从事教育工作的热情。如果校长不懂得尊重教师,仅仅把教师看作被管束、被看管的对象,并用这样那样的"绳子""尺子"去管理教师,其管理效果如何也就可想而知了。

首先,要尊重教师,平等对待教师,尊重教师的人格。平等对待教师是尊重教师的基础与前提。校长与教师具有职务和分工的不同,而无高低贵贱之分。只有在坚持人格平等的基础上处理与教师的关系,校长才能真正赢得教师的尊重,从而有效地实施管理。

其次,尊重常常与理解相伴而生。人们常说"士为知己者死",这说明理解人是对人的最大尊重。在工作中,校长要善于换位思考,努力做到用人所长,而不强人所难,不求全责备。多看教师的长处,多想教师的难处,在教师取得成绩时给予充分肯定和赞美,在教师工作和生活中遇到困难时,要给予及时帮助和鼓励。这样,才能最大程度地增加理解、增进感情,最大程度地调动教师立德树人的积极性。

163 要重视教师的减负问题

> 校长要重视教师的减负问题,把为教师减负作为一件大事来抓。努力做到:保持定力、敢于担当、发挥情智、自我超越。

【诠释】

只有把教师的过重负担减下来,才能让教师集中精力做好教育教学这一中心工作。因此,校长要重视教师的减负问题,把为教师减负作为一件大事来抓。

(1)保持定力。校长要静下心来,沉下身去,一笔一画书写好立德树人、教书育人的大文章。这就需要校长保持定力,不左右摇摆,不盲目跟风,不追求时髦,不好大喜功。如何坚持正确的办学方向,如何着眼学生的终身发展,如何遵循教育教学规律,如何精细学校教育教学管理,这才是校长应有的每日自省。如此,就是为教师减负。

(2)敢于担当。为教师减负,关键在校长。在日常工作中,校长要用好手中的"权"。首先要敢于放权,要减少管理层级,减少重复指挥。其次要敢于减负,对不合理的规章制度,对教师的过重负担,要敢于革故鼎新,删繁就简。最后要善于整合,对各种名目的"进校园"工作,要分清主次,有机整合,保证教师的主要精力用在教育教学上。

(3)发挥情智。校长以情育情,才能点燃教师工作的热情。一要融入教师,关心教师。校长要增加人文关怀,改善教师的办公条件,丰富教师的业余生活,关心教师的身心健康。二要相信教师,支持教师。校长要多传导正能量,支持教师的合理需求,乐于为教师的专业成长"搭台子""扛梯子"。为教师营造舒心的工作环境,充分认可教师的辛勤付出,其实也是在为教师减负。

（4）自我超越。首先,校长要把自己当校长看,用自身的言行助力校长的号召力和影响力。其次,校长又不要把自己当校长看,要换位思考,教师、学生、家长需要一位怎样的校长,他们需要一所什么样的学校? 这样校长眼界才会更高,减负决策才会更深入人心。最后,校长还要把自己当校长看,要做好传承,要聚焦学校教育教学的短板——教师过重负担的根源,求得减负提质的校本解决方案,实现学校轻负高质、内涵发展的华丽转身。

164 校长转达学生对任课教师意见策略

要选择:宜少忌多、宜实忌虚、宜易忌难。

要加工:重话轻说、死话活说、直话弯说。

要鼓励:肯定主流、树立榜样、指明方向。

【诠释】

学校定期召开学生座谈会,听取学生对任课教师教学工作的评价和意见,是校长了解教师情况、提高教育教学质量的一项常规工作。评价教师教育教学工作最有权威性的是学生,他们的意见最有价值,但听取容易转达难。那么,如何传达才能收到预期的效果呢?

（1）要选择。在学校举行的学生座谈会上,学生代表对有的任课教师提出批评意见在所难免。如果校长在教师面前和盘托出,难免事与愿违。所以,校长要对学生的批评意见进行分析整理,去粗取精。其"粗"是指无关紧要的意见、不切实际的要求、言过其实的批评等;其"精"是指有利于教学的意见、实事求是的批评、合情合理的要求等。具体说来,必须遵循三项原则:一是宜少忌多。校长对学生的意见要及时转达,每次转达的意见应少而精,切忌多而杂。二是宜实忌虚。要选择具体明确的意见,舍弃笼统甚至模糊不明的批评。三是宜易忌难。对于教师一时很难改正的不足之处,校长最好暂免转达为宜;而对于教师较易改正或经过一定努力就能改正的缺点,校长应及时转达。

（2）要加工。选择意见只是解决了转达什么的问题，而要让转达的意见使教师乐于接受，还必须解决怎样转达的问题。学生提出的批评意见往往直言不讳，带有一股辣味，校长要对学生的批评意见进行艺术加工，化辣为甘，以求收到最好转达之效果。以下三种转达方法通常能收到奇效：一是重话轻说。学生提的意见往往很尖锐，话说得很重，校长转达时要尽量把重话轻说，把尖锐的意见说得平和些。二是死话活说。所谓"死话"，是指向特定对象、有特定内容、含义十分明确的意见。校长转达时如能把一些"死话"说活，即把对某一教师的严厉批评变为对某一种普遍现象的批评，受批评者就不会感到太逆耳。三是直话弯说。校长在转达学生直率的批评时，应尽量把话说得婉转些，使忠言顺耳，良药适口。

（3）要鼓励。要将学生的意见和领导的期望变为被批评教师的自觉行动，校长在转达学生批评意见之后还必须对该教师予以鼓励。一般来说，有效的鼓励内容主要有三：一是肯定主流。或肯定其业务能力，或肯定其工作责任心，或肯定其虚心好学的态度等。二是树立榜样。介绍一两位跟转达对象年龄相仿、学历相当、条件相近而卓有成绩的身边教师的好的做法，以鼓励他找出差距，迎头赶上。三是指明方向。针对学生的批评意见，校长要进行具体实在的指导，建议该教师读哪几篇文章，做哪几件事情，注意哪几个问题等，从而更有效地开展工作。

165 做一名幸福的校长

　　校长的幸福，源于教师能幸福工作，学生能幸福成长，学校受社会尊重。

【诠释】

幸福是一种心境，是源自内心深处的体验。校长的幸福，源于教师能幸福工作，学生能幸福成长，学校受社会尊重。教育是缔造幸福的事业，校长感到幸福了，才能带领教师和学生去追求幸福。

（1）追求简单，校长就幸福。一是个人追求简单，要发自内心把教育当作事业，把建好学校、教好学生当作义不容辞的责任。二是目标简单，要把让教师幸福工作、让学生幸福成长作为根本的工作目标。三是心态简单，要真心实意对待每一位教师、每一名学生，为教师排忧解难，为学生创造良好的学习环境。四是人际关系简单，校长要与全体教职工坦诚相待，阳光做人，大气做事。

（2）学生幸福，校长就幸福。教育的目的是使人幸福。作为校长，要站在让学生幸福的高起点上谋划学校发展。通过学校的教育，让学生学会做人、学会做事、学会生活、学会学习，提高其生存发展的能力，提高其生命的质量。让学生拥有幸福快乐的童年，要比学习更多的知识和技能更重要。因此，校长一要创设学生喜欢的环境，二要构建学生喜欢的课堂，三要开发学生喜欢的课程，四要开展学生喜欢的活动。

（3）教师幸福，校长就幸福。只有幸福的教师，才能教出幸福的学生。作为校长，要为教师提供学习成长的机会，搭建专业成长的平台，让教师在自身成长中感受更高层次的幸福。

166 校长的人事处理决定应具有合法性

校长做出对教师人事处理决定的依据、程序、形式应具有合法性，制订教职工管理方面的规章制度也应具有合法性。

【诠释】

（1）做出处理决定依据的合法性。校长对教职工做出的任何处理决定，必须有明确的依据，包括法律法规、相关政策、学校的规章制度和学校与教职工签订的用工合同等。校长应该以这些规定或文件作为行使管理权的依据，而不能超出这些范围任意做出处理决定。

（2）做出处理决定程序的合法性。当法律、法规、政策性文件、学校的规章制度或合同中对教职工的处理有明确的程序性要求时，校长一定要严格按照规定或约定的程序履行，否则程序的违法可能导致整个处理结果的无效。

（3）做出处理决定形式的合法性。校长对教职工的处理决定必须以书面的形式通知被处理本人，仅仅将处理决定以口头形式通知受处理方，其处理形式是不完整的,也是不严肃的。

(4)制订教职工管理方面规章制度的合法性。校长依据法律、法规及上级文件的规定,可以在权限范围内行使对本校教职工的管理权、聘任权、考核权、奖惩权等。校长在制订教职工管理方面的规章制度时要做到:第一,注意程序的合法性。首先,涉及处分教职工的规章制度,应经过民主程序制订,即要经教职工大会讨论通过才能发布实施,不能仅通过学校行政会议研究发布。其次,校内制订的规章制度还需经过充分公示后才能生效。第二,注意内容的合法性。首先,校长在制订某一项规章制度时,要看自己是否具备制订该项制度的主体资格,即是否有权制订的问题。其次,校长制订的规章制度不得与法律、法规和上级的规范性文件的基本精神及具体条文相抵触。

所谓好课,应是实惠的课、鲜活的课、本色的课、高效的课、唯真的课。校长听评课:一要站位高,二要研读明,三要寻根准,四要方法清。做到全面性听课,摸清全校教师教学现状;指导性听课,帮助青年教师学会教学;跟踪性听课,激励教学骨干成为名师;专题性听课,促使教学改革向前发展;检查性听课,严格执行教学课程规划。

教师备课要做到"十要":内容选择要合理,目标制订要准确,重点难点要把握,学生水平要了解,学习方法要科学,教学方法要精选,问题设计要精当,细节问题要考虑,课件制作要精彩,练习布置要恰当。集体备课"四部曲":初备,即群组备课,计划早安排;交流,即集体讨论,磨课全参与;复备,即个人再备,教学巧生成;反思,即教后总结,智慧再升华。教师说课要说:教材分析准不准,学情定位当不当,目标阐释清不清,教学流程简不简,教学设计新不新。

课堂学生活动的第一种境界:形动,即"启发动";第二种境界:心动,即"思维动";第三种境界:神动,即"思想动"。教师布置作业要做到"四精",即精心选择、精准布置、精细反馈、精确校正。

校长要秉承"学生成才、教师成名、学校成功"的办学理念,提升教师科研能力和教学水平,让教科研撑起教师发展的一片天。中小学一线教师,别忙着去研究"教育学",而应该多去研究"教育"。

167 要反对标准化教学

教师的专业发展要规范化,但要反对标准化教学,校长要鼓励教师富有创造性地开展工作。

【诠释】

校长要反对标准化教学,鼓励教师富有创造性地开展工作。其主要原因有三。

(1)教学内容是人类的精神产品,是充满了内在张力的,科学真理、人文情怀、历史真相、伦理主张等,从来就不是只有一种解释,课标、教材、答案,都只能是参考,只是样例,不可能是唯一。

(2)教师是具有不同风格的个人,他们的文化背景、成长经历、知识结构、个性特征各有不同,其教学方式和情感表达方式也各不相同,如果把教师的行为都规范成一种模式,那就成为机器人教学了。

(3)教育的对象是人,而不是流水线上的产品。教学过程是师生互动的过程,教师如果不能因材施教,采取填鸭式,那就成为目中无人的知识灌输而非教育了。千百年来,教育学家们和教师为了提高教育教学的有效性,总结了诸多行之有效的经验和方法,形成了许多规范和步骤,这些宝贵的文化遗产,是提高教育教学效果的有价值的经验,非常值得继承和发扬。但是如果生吞活剥、照抄照搬这些经验和做法,不加以具体问题具体分析地"一刀切",那就"尽信书不如无书"了,就会误人匪浅。

168 校长听课"五法"

> 全面性听课:摸清全校教师教学现状。
> 指导性听课:帮助青年教师学会教学。
> 跟踪性听课:激励教学骨干成为名师。
> 专题性听课:促使教学改革向前发展。
> 检查性听课:严格执行教学课程规划。

【诠释】

校长听课有以下五种方法。

(1)全面性听课:摸清全校教师教学现状。每逢学年开学,要求学校全体校级、中层领导在两周内把全校教师的课普遍听一遍,第三周校长召集听课领导对全校听课情况进行认真分析。这样做,既做到纵观全局,把握全校教师课堂教学现状,又了解到每一位教师的教学水平,从而在推进新学期教学改革或制订具体教学措施时,才能有的放矢。

(2)指导性听课:帮助青年教师学会教学。作为校长,应通过指导性听课,引导青年教师尽快掌握备课、上课、批改作业等教学环节,特别是指导新入职教师做到心中既要有"本",又要有"人",不断提高他们的教学能力。

(3)跟踪性听课:激励教学骨干成为名师。每个教师都有其独特的教学个性,都积累了丰富的教学实践经验。校长要通过对骨干教师跟踪性听课,挖掘其教学潜力,指导他们学习有关教育教学理论,鼓励把零散的教学经验上升到理论高度,并通过实践不断使其完善,扶持他们尽快成为教学名师。

(4)专题性听课:促使教学改革向前发展。为了提高学校教育教学质量,必须强调"科研进课堂"。校长带领主抓教学副校长以及教务主任、学科组长开展专题性听课,是提高教育教学质量的有效途径之一。

(5)检查性听课:严格执行教学课程规划。校长要把检查性听课摆在重要位置,明确规定教师要严格执行"三表"即课程表、活动表、时间表的安排和要求,确保各门学科开足、开齐、开好。要不定期采取不打招呼、推门听课的方式进行检查,保证全校教育教学工作的顺利开展。

169 校长听评课的策略

校长听评课,一要站位高,二要研读明,三要寻根准,四要方法清。

【诠释】

(1)校长听评课的站位。首先,价值取向要着眼于学校的发展。校长听评课的着眼点应该是学校的发展,包括师资队伍建设和教学管理制度建设等。其次,观察视野,要超越学科边界。校长应超越学科边界,以更宽的视觉去观察课堂,坚持对教师整体理解的立场,坚持教学论的观察视角。再次,角色定位,是调研者、欣赏者、学习者、示范者。是调研者,通过听课,找出课堂问题背后的管理因素;是欣赏者,要发现教师的潜质,欣赏教师的创造性劳动;是学习者,通过听评课不断研究、领悟新课程下的课堂教学技能;是示范者,校长要率先用新课程理念指导课堂教学改革实践。

(2)校长听评课前的"六研""三读"。"六研"即一研选择谁作为听课对象,二研观课的参照标准,三研目前校本研修的真实状态,四研学校组织体系中各个岗位应有的职责,五研学校已经为教师上好课创设了哪些支持性条件,六研学校已有的教学管理制度与机制。通过"六研",校长的听评课将更有针对性,同时能对课堂存在的问题进行迅速归因。"三读"即一读教师,结合教师在课堂中的表现,对其发展水平、职业态度、个性特点有个初步了解;二读教学内容,可预先熟悉这节课的教学内容,如果是教改实验课,还要事先了解教改的相关理论与设计思想;三读课堂教学评价表,看是否根据听课目的和对象的特点对评价表进行调整。

(3)校长在听课时要对课堂问题进行敏锐地"寻根"。一是联系谁的职责没有到位。如教学设计方案不规范,主要责任在教务主任;教学设计方案缺乏学科特征,主要责任在教研组长。二是联系还存在哪些条件缺失。三是联系哪些制度还有待进一步完善。

(4)校长听评课的方法。一是比较式听评课。校长对同一个教研组或同一个备课组的教师,或同一发展层次的教师进行比较式听评课,这是诊断日常教研活动有效性的好方法。二是专题式听评课。针对学校教改龙头课题进行专题式听评课,把握教改实验的进展程度,及时发现实验推进过程中的问题,以便做出有效调整。三是追踪式听评课。选择有代表性的教师作为听课的对象,进行追踪式听评课,以便总结教师的成长规律。四是分类式听评课。对不同类型的教师,听评课的重点应有所不同。听新教师的课,教学设计和教学管理是校长应关注的重点;听有经验教师的课,如何实现该教师自我超越是校长需要关注的重点;而对教学名师而言,该教师如何形成自己的教学风格和特色经验则是校长需要关注的重点。

170 推门听课的利与弊

"推门听课"有利有弊,校长要尽量慎用或少用这种听课方式。

【诠释】

推门听课是指学校管理者不打任何招呼,直接推门进班听课的一种听课方式。这种听课方式近些年被众多学校所采用,但其是与非、利与弊也受到不少教育同行的质疑。

反思推门听课的初衷,或者是为了调研教师课堂教学的实情,或者是为了帮助教师把脉教学问题,或者是为了加强管理促进教师敬业。诚然,推门听课也确实有助于学校对教师进行教学常规的检查,有助于被听课的教师教学技能的自我升华,也有助于听课教师学习别人的授课方法,促进教师整体教学水平的提高。

然而事实证明,推门听课也暴露出一些弊端和不足。

首先,从动因看,推门听课主要是基于对授课教师的不信任。有的源于对教师教学态度的不信任,有的源于对其教学能力的不信任,或有的源于对学校自身管理机制的不信任。不管是何种理由,给教师的感觉是情感上的挫伤和道德上的怀疑。和谐的干群关系应该是相互信任、相互激励、相互包容的,管理者不打招呼突然袭击课堂,显然使得教师被置身于审查之境地,其情感难免受到挫伤。

其次,推门听课是对教师权益的侵害。根据《中华人民共和国教师法》第七条第一款规定,教师具有教育教学权,教师在班级里授课,正是行使自己的正当权利。倘若有不速之客推门而入，势必会影响教学秩序，甚至不得不中断教学。作为教师，在学生面前对突然来访者要不要打招呼，要不要示意学生欢迎"推门者"呢？显然，这种听课方式表面上看是领导在履行工作检查，而实际则是不经意损害了教师的合法权益。

再次，推门听课是对师生的不尊重。设想，教师在课堂上正讲得头头是道，同学们正听得津津有味的时候，突然有几个人进来是不是有点打扰教学？学生们也会想，为什么老师教育我们上课不能迟到，听课的老师就可以迟到吗？这样一来，影响正常课堂教学秩序是无疑的了。

最后，推门听课会引起教师的心理危机。据调查，大部分教师是不欢迎听"推门课"的。因为"推门课"给他们带来的心理负担太重。教师的心理变化就会引起行为变形，行为变形会引起心理焦虑，进而会引起心理危机，甚至会引起人际关系的恶化。

由此可见，"推门听课"有利有弊，笔者建议中小学校长还是慎用或少用这种听课方式为好。

171 集体备课"四部曲"

> 初备——群组备课，计划早安排。
> 交流——集体讨论，磨课全参与。
> 复备——个人再备，教学巧生成。
> 反思——教后总结，智慧再升华。

【诠释】

对于中小学集体备课，校长可要求同头课教师在初备、交流、复备、反思四个环节上下功夫。

（1）初备——群组备课，计划早安排。教师每次集体备课的内容就是下周的教学内容。主备人将主备的教学内容深入吃透，梳理出教学目标，确定好教学重难点，并就教学目标的达成、教学重难点的突破作出初步设计，拿出预写教案，然后在备课组会上交流。辅备人在集体交流前将教材研读通晓，理清教材的知识体系，梳理出教学的知识点，并初步考虑出相应的教学设计。无论是主备人还是辅备人，都要在初步设计的基础上，列出自己的困惑和疑问，以便在交流时供大家重点讨论。

（2）交流——集体讨论，磨课全参与。在集体交流的过程中，一是由主备人围绕讨论提纲逐一说明自己的理解、观点、设计及有关的理论依据。辅备人随时进行补充、完善。二是由主持人组织大家就备课时的困惑和上周教学实践的反思，选择几个重要话题组织大家讨论交流。集体备课的价值就在于相互交流、信息沟通、资源共享，在交流中实现相互促进，相互提高。

（3）复备——个人再备，教学巧生成。在集体交流后，由主持人综合所有参与教师的意见和智慧，在个人初备的基础上形成全组教案，以电子稿的形式上传到组内微信群。同头课教师不要盲目照抄照搬集体教案，学校提倡每个教师应将集体成果与自身的教学风格、班级学情有机结合起来，重新审视生成教案，融合自己的思想，渗透自己的思考，进行创造性加工、完善和提升，成为真正属于自己的教案。

（4）反思——教后总结，智慧再升华。如果说课前备课是教学的前奏，那么课后反思则可视为课堂的延续和积淀。学校要求每位教师坚持每课写教后反思，把成功之处、不到之处以及学生的学情等记录在教后的反思栏目内。这是对教案的第三次调整。教学反思没有一定格式，有话则长，无话则短。

172 教师备课"十要"

内容选择要合理，目标制订要准确，重点难点要把握，学生水平要了解，学习方法要科学，教学方法要精选，问题设计要精当，细节问题要考虑，课件制作要精彩，练习布置要恰当。

【诠释】

教师备课要做到"十要"。

（1）内容选择要合理。选择合理的教学内容是备好课的前提。首先要根据教材的编排来选择，其次要根据知识的难易程度来选择。

（2）目标制订要准确。一要认真钻研教材，结合课程目标和教学内容，制订出本节课的教学计划;二要考虑通过这些知识的教学,应该培养学生哪些思维能力;三要想一想通过这些知识的教学,对学生进行哪些思想教育,培养哪些良好的道德品质;四要考虑哪些地方可以对学生进行创新教育,怎样培养学生的创新意识和创造能力。

(3)重点难点要把握。首先,教师必须要把握住重点和难点:通过教学应使学生理解和掌握哪些知识,那些主要的、关键性的知识就是教学的重点;学生在学习时会遇到哪些困难,那些学生难以理解、容易出错的知识就是教学的难点。其次,要考虑怎样突出重点、突破难点:教学时怎样与学生熟悉的生活相联系? 怎样与学生已有的旧知相联系? 最终制订出详细的、切实可行的教学方案,以此帮助学生化难为易,从而理解和掌握所学知识。

(4)学生水平要了解。教师在备课时要根据所教知识的内容,找出与新知识有关的旧知识,看一看哪些知识学生已经掌握了,哪些知识还没有完全掌握,确定需要对学生补哪些知识漏洞,课始安排什么复习内容,新授选择什么学习方法和教学方法等。

(5)学习方法要科学。首先,选择学习方法要符合学生的实际情况;其次,学法要有利于学生理解和掌握知识;最后,学法要有利于学生创新意识的形成和创造能力的发展。

(6)教学方法要精选。教学有法,教无定法。教学有法是指教学时有法可依、有法可循。教无定法是指教学方法的选择要依据教学的内容、本人的教学风格、学生的理解和接受能力而定,以达到课堂教学效果最优化为准。

(7)问题设计要精当。首先是精,课堂提问不在于数量多,而在于质量高优。其次是时机要恰当,要把问题设置在知识的重点之处、知识的转折和发展之处、学生遇到学习困难之时。这样才能充分调动学生学习的积极性,以启发学生积极思维,节省教学时间,提高教学效率。

(8)细节问题要考虑。课堂教学中的细节问题虽然是一些细小的问题,但是也能影响一堂课的教学效果。因此,教师在备课时不要轻易放过每一个细节问题。

(9)课件制作要精彩。多媒体课件是必不可少的辅助教学手段,其课件制作演示得好,可以帮助学生理解和掌握教学知识,提高课堂教学效率。因此,教师在备课时要根据教学内容,制作出必要的精彩的多媒体课件。

(10)练习布置要恰当。首先,课堂练习要有一定的数量和质量,不可只重数量而轻质量。其次,课堂练习设计要有层次、有坡度、有变化、有发展,避免不必要的重复练习。最后,课堂练习设计要有针对性,要重点知识重点练、难点知识反复练,使学生真正理解和掌握所学知识。

173 教学创意"八字诀"

教学创意要做到"实""新""精""美""活""丰""趣""雅"。

【诠释】

对于教学创意,校长要引导教师在"八字诀"上下功夫。

(1)"实"。所谓实,就是教学创意要从教材、从学生的实际出发,教材处理有实招,教学活动出实效。

(2)"新"。所谓新,就是追求新而实、新而活、新而美、新而趣的境界,做到新而不做作,新而不花哨,新而不浅薄。教学创意讲究"新",应落实到课堂教学的每个细节上:新在课文教学的导入,新在背景资料的铺垫,新在讨论切入的巧妙等。

(3)"精"。所谓精,就是精选教学内容,对教学材料进行精致的组合,从而使课堂教学视点精准,研讨话题精练,对学生进行精细、精美而又精确的教学训练。

(4)"美"。美的课堂要体现教之美与学之美。具有美感的课,能够让学生受到美的熏陶,让学生审美品美、美读美写,在美好的学习过程中提升学科素养。课堂教学中的美感,主要表现在:教学内容的美,教学形式的美,教学手法的美,教学活动的美。所有这些"美",都需要服从于教学中的"实"。课堂上的"美",不是渲染,不是煽情,不是手法花哨,更不是模式化的课堂展示活动。

(5)"活"。所谓活,这里面有两层含义:一是不拘泥,不呆板,教法灵活;二是教学内容灵动,学生有充分的实践活动。教学设计对"活"的追求,就是创设灵动美好的课堂学习活动,让每位学生都能在教学活动中既有所收获,又表现出个性化的学习状态。教学创意讲究"活",这种"活",一不能浅薄,二不能杂乱。关键在于教师设计并实施内容雅致、能激发学生深入探求的好话题。

（6）"丰"。所谓丰，指的是课堂教学要有一定的容量与厚度，让学生在学习中不仅真有收获，而且大有收获。

（7）"趣"。所谓趣，是为了让学生自觉地、快乐地、专注地参与学习，从而有更好、更美、更丰富的学习收获，并享受学习过程中的乐趣。教学活动中的"趣"，是在雅致的教学氛围中对学生"激趣"，是学生既有辛苦的体验而又觉得颇有味道的学习过程。

（8）"雅"。课堂教学，需要"脱俗"，需要"归真"。教学创意，需要优雅，需要高雅。教学创意讲究"雅"，要求教师在备课、上课上要努力做到"五化"：一要细化课堂用语，二要简化教学思路，三要深化教学内容，四要美化教学手法，五要优化活动设计。

174 课堂教学"三实"

课堂教学是实实在在的事，一定要做到真实、朴实、扎实。

【诠释】

课堂教学是实实在在的事，不是形象工程。校长要求教师务必做到以下"三实"。

（1）真实。在课堂教学中，教师要做到信息源的真实、教学过程的真实、检测考评的真实。教师要真实地了解班情、学情，备课既要备教材，更要备学生，还要备自己。使教学符合教学规律，符合学生的学习实际，符合教师把控教学的实际。只有这样，才能真实地提高课堂教学的效率。

（2）朴实。课堂教学的朴实，体现在教师朴实地讲，学生朴实地学，不搞"花架子"，不上只重"看"不重"用"的"豪华"课。教师教学要以实效为根本，不要"画蛇添足"；倡导课堂教学要不断创新，但不要"买椟还珠"。

（3）扎实。实现课堂教学目标，需要一步一个脚印扎扎实实教学，来不得半点虚假。课堂教学既要以"扎实"为出发点，又要以"扎实"为收获点。坚持课堂教学的"扎实"，不是死记硬背、单纯地记忆知识；也不是照搬照抄，单纯地复制知识。要做到知识技能学习的扎实，过程方法训练的扎实，学科核心素养培育的扎实。只有扎扎实实地教学，才能取得教学的最佳效果。

175 让课堂有生命

课堂是有生命的，是诸多生命体构成的生命共同体，置身在这个共同体中的每一个师生都为它注入能量也从中汲取营养。

【诠释】

课堂是什么？即使常年工作在教学一线、每天的绝大部分工作时间都在课堂度过的任课教师，面对这个问题也会迷茫。

"课堂是有生命的!"虽然不少教师不能用科学的理论或严谨的逻辑证明这一结论，但从情感上早已接受了它。当我们跳出时间的、空间的、制度的、形式的课堂概念的束缚，把课堂视为一个"活"的生命体时，我们理想中的课堂就成为一个生机勃勃的生态系统。

课堂是有生命的，是诸多生命体构成的生命共同体，置身在这个共同体中的每一个师生都为它注入能量也从中汲取营养。走进每个教师的课堂，都会有不一样的感受，有不一样的发现，这是生命多样性的表现。

发现生命共同体之后，教师会意识到自己是共同体的一分子，同样处于生命的互动之中。每节课都是新的，每个情境都不可复制，每个预设都可能出现意外，教学富于挑战和新鲜感，解放了学生的同时也解放了自己。

寻找课堂的生命意义，就是建立学生与学习的真实联系。如果学生置身于知识之外，作为一个局外人学习今天所学的知识的话，他能收获到什么？知道知识的结构，明白知识的主旨，学会知识的演算，但所有这些哪一样是属于学生自己的呢？

如果引导学生进行思考，那必然会引发他们把自己置身于知识的深层次领悟，学习就与他们建立起真实的深刻的联系，他们学到的就不仅仅是知识，还有对思维的磨砺、对认识的深化、对自我的省察，这堂课所学知识因此而进入学生的生命中，课堂因此具有了生命意义。

还有一种联系也容易被教师忽视，那就是课堂中人与人之间的联系。教师不仅要帮助学生们建立课程与自身的联系、与实践的联系、与经验的联系，还要在课程学习中建立师生、生生之间的联系，建立富于情感的温暖的真诚的联系。每个人都能发出自己的声音,每个人都能得到同样的尊重,在和谐共振的课堂上,每个人的生命都在成长,课堂就有了生命的意义。

176 课堂学生活动的三种境界

> 第一种境界:形动——"启发动"。
> 第二种境界:心动——"思维动"。
> 第三种境界:神动——"思想动"。

【诠释】

教学是教师的主导作用与学生的主体作用辩证统一的过程。因而,校长对课堂教学的评价不能仅看教师的表现,更重要的是看学生的活动。但是,如果把课堂学生的活动只是简单地理解为学生回答了教师提出的多少问题,或是多少学生参与了课堂讨论,这样的评价就忽视了学生活动的"量与质""形与神"的关系。客观地评价课堂学生的活动,应该包括相互联系的三个方面:形动、心动、神动。

(1)形动,即"启发动"。是教师为了完成教学目标而启发调动学生积极参与教学的一种活动。这种形动,一般指学生外在的活动,比如提问、讨论、演板等。通过让学生形动,启发学生多思、多说、多做,使课堂教学真正地体现出学生的主体地位。

(2)心动,即"思维动"。在课堂教学中,教师要让学生的思维活动起来,学生的思维过程就是学生的心动过程,是内在的、隐性的活动,是更高层次的活动,是与形动相关联的活动。形动不是目的,只有引起学生的心动,形动才是真正有意义的。

(3)神动,即"思想动"。是学生认识的变化,觉悟的提高。这是课堂教学的最高境界,也是育人的最终目的。如果说"心动"是晓之以理的过程,那么"神动"则是动之以情的过程。如果课堂教学的内容能够从思想上感染学生,那么教师施教的目的就达到了最高的境地。

177 学习的三重境界

听与看——接受——识得——知识层面——知识——知。
练与用——模仿——习得——技能层面——技能——术。
思与觉——内化——悟得——价值层面——智慧——道。

【诠释】

（1）识得——知识的接收。识得是指个体通过视觉、听觉、触觉等多种感觉通道，接收外界信息，并在大脑中留下相应痕迹的过程或状态。在这一过程中，知识仅仅作为一种刺激而被接受，被存储，以便在以后出现时能够被再认或回忆。通过识得，改变的是知识层面，是一种"知"。识得是任何学习的基础，是学习的初级阶段，此阶段学生往往将精力集中于获得知识数量的多寡上，而不求甚解。如何将知识运用于实际，如何深化对知识的认识，则需迈入更高层次的学习。

（2）习得——知识的训练。习得是指通过大量的练习和应用以后，使某种操作或技能变得熟练，甚至达到自动化水平的过程。习得常常从模仿开始，改变的是技能层面，是"术"。习得在练习中对事物逐渐熟悉，从中找出方法，并运用这些方法指导自己的练习行为，达到熟练。习得的前期总是伴随着练习，学生可能通过练习掌握方法，亦可能从他人那里学得方法。在解决练习领域内的问题时，习得往往很有效果，知识与个体之间也建立了一定的联结。然而这种联结是可变的，当不练习时，时间有可能又将知识和个体隔开。知识若要成为学生自身建构的一部分，将所学得和习得的知识内化，并且形成牢固稳定的联结，需要个体自身基于已有经验对知识有所领悟。

（3）悟得——知识的内化。教的秘诀在于"度"，学的真谛在于"悟"。悟得是指通过思与觉，内化所学内容成为自己智慧的一部分，从而使自己的价值层面得到改变的过程。知识是外在于人的，是一种可以量化的"知道"，只有在"悟"的过程中，让知识进入人的认知本体，悟有所得，才能称为素养。悟得是一种意义理解，是一种规律性的认识，是一种智慧，是"道"。可见，悟得才真正具有学习的本质。而当今中小学生学习的最大问题常常就在于缺少"悟得"阶段,在识得、习得阶段就戛然而止。如果说,"识"是一种接受,"习"是一种训练,那么"悟"则是一种思想的生成。生成了自我与所学知识之间的密切内在联结,知识就不再是外在化的无意义词语,而是成了自我思想的一部分。如果说知识可以识得,方法可以习得,那么知识背后蕴含的思想、情感、价值等,只有通过自身的思考方能悟得。

学习的三个阶段并不是彼此割裂的,而是在连续性中呈现阶段性特征。学习的三个阶段并不是停滞的,而是一个相互促进的循环体。学得深、习得熟,才能悟得透。同时悟得透彻,才能学得明白,习得规范。要解决教育的问题,就要解决学习的问题。解决学习问题的根本途径就是增强"学"和"思"的结合,以实现从"识得"到"习得"再到"悟得"的境界。

178　何谓一堂"好"课

所谓好课,应是实惠的课、鲜活的课、本色的课、高效的课、唯真的课。

【诠释】

评价一堂课是不是好课,校长要引导教师在"实惠、鲜活、本色、高效、唯真"上下功夫。

(1)好课实惠。好课应是让学生得到实惠的课,是能够促进学生变化发展的课。这种变化是多方面的,包括知识的变化、能力的变化和情感的变化等。

(2)好课鲜活。好课是师生互动、心灵对话的舞台,也是教师引领学生探奇览胜的一段精彩旅程。这样的课堂,摒弃了呆板与僵死,凸显出开放与挑战。其教学内容在保持相对确定的同时,也有着更多的变数。

(3)好课本色。好课是不为生计而教,不为功利而教,不为应付检查而教,不为表演作秀而教。好课不刻意求新,不一味求活,而是在求真、求实上见功夫。

(4)好课高效。课堂教学效率的高低,不仅反映在课堂教学中学生得益多少,还反映在学生受益面的大小。一堂课对授课班级的学生来说是否有意义,对多少学生有意义,对这些学生有多大意义,是评价课堂教学效率高低的基本依据。

(5)好课唯真。一堂课留有些许"缺憾",出现几多"瑕疵",不是上课教师刻意追求的结果,而是课堂教学的必然。

179 作业管理"四精"

教师布置作业要做到"四精",即精心选择、精准布置、精细反馈、精确校正。

【诠释】

对于教师布置的当堂训练和课后作业,校长要求教师必须做到"四精"。

(1)精心选择。作业不是越多越好,也不是越难越好。作业越多就越有可能走向机械刷题,作业越难就越有可能让学生望而却步。教师无论是从教辅资料中选择作业题还是自编作业题,都一定要做到有的放矢、精心选择、精心设计,切忌简单重复、"大水漫灌",以免加重学生负担,降低做作业的效率。

(2)精准布置。作业应该分层布置,可以有统一的作业,也可以有个性化的作业。作业布置要因人而异,精准针对不同的学生布置不同个性化的作业,就跟医生治病要对症下药一样,不能拿一个药方给所有人用。

(3)精细反馈。作业要及时批改,并且尽量在第一时间向学生反馈。对于普遍性的问题,可以对全班同学统一讲解;而对于个性化的问题,则需要一对一进行分析辅导。

(4)精确校正。教师通过批改学生的作业,了解学生们到底掌握得怎么样,从而发现自己在课堂教学中存在的问题,并以此为依据,精确校正、调整自己的教学。

180 教师说课的"说"点

> 教师说课要说:教材分析准不准,学情定位当不当,目标阐释清不清,教学流程简不简,教学设计新不新。

【诠释】

说课主要是说"教什么""怎么教"以及"为什么这么教"。在说课活动中,校长要引导教师关注以下几个方面。

(1)教材分析准不准。教师必须对教材内容进行深入准确的解读,不能浅化,也不能偏颇,要有自己的见解。在高度把握的基础上,再结合学段目标、单元训练重点、教材的前后联系、篇章结构特点等进行适度解说。所以,说课首先应该从对教材的解读入手。

(2)学情定位当不当。即对学生知识水平起点的分析当不当,对学生技能水平起点的分析当不当,对学生态度起点的分析当不当。学习态度起点分析包括学生学习的兴趣,情感态度认知的水平、情感思想认识上的盲点等。

(3)目标阐释清不清。制订教学目标时一定要表述准确,确定重点和难点时要注意前后联系,要说清在教学过程中是怎样体现的,重点是怎样解决的,难点是怎样突破的等。

(4)教学流程简不简。这里的"简",是说教学流程要紧紧围绕教学目标与重点,进行简约的环节设计。教学流程展现的是教学过程,教师对教材的理解和把握、教学设计的优劣以及教学理念都在这一部分中得到充分的展示。所以,说课稿的优劣80%由这一环节决定。因此,说教学流程是说课的最重要环节。

(5)教学设计新不新。这里的"新"不是花样的翻新,而是指教师自己对教学独特的理解,以及对相关环节独特的创意。

181 让教科研撑起教师发展的一片天

> 规范科研管理，教师发展"专业化"。
>
> 建立长效机制，教研活动"常态化"。
>
> 注重理论学习，教师阅读"习惯化"。
>
> 倡导个人反思，教学反思"生活化"。
>
> 依托课题载体，课题研究"科研化"。
>
> 教师专业引领，教研工作"活动化"。

【诠释】

校长要秉承"学生成才、教师成名、学校成功"的办学理念，提升教师科研能力和教学水平，让教科研撑起教师发展的一片天。

（1）规范科研管理，教师发展"专业化"。建立健全教科研机构，完善形成校长领导、主管副校长主抓、教科室落实、教师人人参与的教科研格局。学校教科室要为每位教师建立"个人专业发展档案"，把教师个人发展中的经历有计划、有目的、有重点地记录下来，以真实反映教师个人专业发展的轨迹。

（2）建立长效机制，教研活动"常态化"。教科研工作不但要在制度上保障，更应该在执行上落实。学期初要有计划，学期末要有总结。计划要周全、缜密，要有可操作性，从而使教研活动制度化、常态化。

（3）注重理论学习，教师阅读"习惯化"。教师要有"自来水""长流水"的学习理念已成为人们的共识，故校长要求教师在每学期初写出读专业书籍的具体计划，学期末要写出读书总结。每学期至少读一到两部教育教学专著，并摘记或撰写不少于2000字的学习体会。

（4）倡导个人反思，教学反思"生活化"。反思是教师获得实践智慧的重要途径，对教师的专业发展具有重要作用。校长要倡导教师在教学中反思，在学习中反思，让教师在反思中质疑、审视、评价自己的教学，并在反思中改进或矫正自己的教学方式和教学行为。

（5）依托课题载体，课题研究"科研化"。课题研究是教科研工作的重要载体,校长既要组织教师积极申报国家、省、市、县的课题项目,也可开展校内小课题研究工作,让教师在教学实践中发现课题,在课题研究中解决教育教学中的实际问题,使教科研工作达到一个新台阶。

(6)教师专业引领,教研工作"活动化"。校长要通过各种交流活动提升教师的专业素养。一要选派骨干教师外出学习、听报告、观摩教学、赴名校参观考察,借鉴先进经验;二要定期邀请专家莅临学校讲学、指导,提升先进理念;三要结对帮扶,促进青年教师快速成长。要求外出学习考察的教师回校后做到"三个一",即做一场报告,上一节汇报课,写一篇学习体会,以求达到个人学习、众人受益的效果。

182 教师成为研究者"三题"

> 怎样的教师成为研究者?
> 教师成为怎样的研究者?
> 教师怎样成为研究者?

【诠释】

教师能否成为研究者,校长需要研究三个问题,即怎样的教师成为研究者、教师成为怎样的研究者和教师怎样成为研究者。

(1)怎样的教师成为研究者?

第一,从教师工作的性质看,并不是每个教师都能成为研究者。这有两个原因:一是教育研究的性质决定了不是每个教师都能成为研究者。教育科研能力是一种高级的来源于实践而又有所超越和升华的创新能力,开展教育科研,需要教师具有扎实的教育学、心理学理论知识,具有收集利用文献资料、开发和处理信息的能力,具有较好的文字表达能力,具有开拓精神、理论勇气、严谨的治学作风以及执着的奉献精神等,这显然不是每一名教师都能够具备的。二是教师队伍的现状决定了不是每个教师都能成为研究者。一方面,教师科研素养发展的不均衡现象在我国极为明显;另一方面,中小学教师普遍呈现教育理论基础薄弱、教育研究能力缺失的状况。

第二,从教师工作的性质看,也并不是每个教师都应该成为研究者。这有三个原因：一是教师最主要也是最基本的工作是教书育人，思考如何更好地开展教育教学工作应该是教师的首要任务；二是现代教育的发展，对教师的专业能力提出了更加多元的要求，教师应该把精力主要用在自身的专业发展上；三是伴随着我国教育科研事业的繁荣发展，教师即使没有很好的研究能力，也能够通过学习及时掌握先进的教育理论，领会最新的教育理念，把握有效的教育方法以改进自己的教学，促进专业的发展。

第三，从教师成为研究者的条件看，究竟怎样的教师能够成为研究者呢？一是具有从事教育科研活动的内在动机；二是具备从事教育科研活动的时间精力；三是具备从事教育科研活动的基本能力。一般来说，教师参与教育科研，首先应该是学科教学和学生管理领域中的佼佼者，同时还应该较为系统地掌握教育理论、教学理论以及教育研究方法方面的理论知识，掌握常用的教育研究方法，这些都是教师成为研究者的必要条件。

（2）教师成为怎样的研究者？

第一，作为研究者的实践属性。教育研究本质上是一种实践性的社会活动。教师成为研究者，从根本上说就是要研究怎么使得自己的教育行为更有意义，怎样在自己的学生身上实现教育的意义。因而针对工作、基于现实的实践属性是教师作为研究者的本质属性。

第二，作为研究者的微观属性。教育研究的内容指向大致可以划分为宏观和微观两个层面。对于一线教师来说，一方面，从总体上看，他们难以具备教育研究专家那样的理论功底和研究能力；另一方面，他们需要从事繁重的课堂教学和班级管理工作，也难以保证开展宏观研究的时间和精力。由此，教师的教育科研活动应该注重从细节入手，从小课题入手，体现研究的微观属性。

第三，作为研究者的行动属性。中小学教师的科研活动是贯穿于日常教育教学工作之中的，他们的研究更多的是立足于自然状态下的课堂教学和管理之中，所采用的研究方法也更多指向于行动研究。教师是在不断地行动和反思之中发现问题、分析问题和解决问题的，行动属性是教师作为研究者的重要属性。

第四，作为研究者的平民属性。教师作为研究者的平民属性，也可称为"草根"属性，主要体现在三个方面：其一，教师教育科研逐步呈现出一种群众性活动的特征；其二，中小学教师所从事的研究，很大程度上并非一种严格意义上的学术研究；其三，教师的教育研究成果呈现出丰富的表达形式，除了传统意义上的论文和专著,案例分析、教育叙事、心得体会等都可能会成为其研究的成果形式,这虽然与规范的教育研究成果表达体系有悖,但却恰到好处地体现了教师教育研究的独特品质。

(3)教师怎样成为研究者?

第一,要学会借鉴和模仿。在阅读、借鉴和模仿的过程中注意做到三点:一是学会选择。与学科教学密切结合、实践性较强的刊物应成为教师阅读的最主要素材。二是学会迁移。通过阅读他人的研究内容寻找自己课题研究的方向和灵感。三是学会创造。要学会在借鉴基础之上的创造,可以在借鉴他人研究框架的基础上,对研究的内容进行创新,也可在借鉴前人研究内容的基础上在研究框架和思路上进行创新。

第二,要掌握成果发表的技巧。一是掌握确定题目的技巧。二是选择适合的期刊。当前教育类期刊大体分为理论型、理论与实践兼顾型、实践型三类,后两类特别是第三类应是教师发表成果的主要渠道。三是注意研究内容。要多发现研究的空白地带,对前人不曾涉及的问题开展研究,对已研究过的问题从新的视角重新进行解读。

第三,要形成从事科研的心境。对于教师来说,把研究视作教育实践中的一种应然态度十分重要,而这种态度的树立,首先应该从培养良好的心境开始。

183 研究教育还是研究教育学

> 中小学校长要告诫一线教师,别忙着去研究"教育学",而应该多去研究"教育"。

【诠释】

"教育"与"教育学"虽有相似之处,但差别还是明显的。前者更多的是指教育行为,后者更多的则是指关于教育的学问、学术。

我们的大学教授、专业研究员们原本更多的是研究关于教育的学问、学术,因此研究的是教育学。但随着时间的推移,教授、专家当中也有一些人纷纷走进中小学校、走进课堂,或培训教师,或指导课改,这无疑丰富了教授专家们自身对一线教育教学的体验,也促进了他们自己的专业研究。

我们的中小学教师原本就是教育教学的实践者,在实践中总结经验、反思得失,研究自己的教育教学行为,以求改进教育教学,因此研究的是教育。但不知从何时起,我们的一线中小学教师开始由非专业走向专业,由非学术走向学术。久而久之,进而由研究教育变成了研究教育学。

一个中小学教师是不能不把课上好的,是不能不把学生教好的,至于学术研究并不是他们职业的必然要求。所以中小学校长一定要告诫一线教师别忙着去研究教育学,而应该多去研究教育。否则我们真的是忙着种别人的地,却荒了自家的田。

184 中小学校需要有梯次的教育科研

教育科研的梯次大致可以分为四个层次:100%的教师以对具体事件反思为主的教育叙事研究;80%的教师以论文、案例撰写为主的经验提升;50%的教师以解决现实问题为主的小课题研究;20%的教师以各级规划课题为主的重点课题研究。

【诠释】

中小学校的教育科研,很像是一件奢侈品,特别是高级别的课题,不仅稀缺,而且难以普及。只有让教师对教育科研进行有梯次的研究,教育科研才具有针对性和时效性。

教育科研的梯次,可以表现为三个方面:一是表现在研究内容上。在研究的问题取向上,我们既要有教育理论的科学构建,也要有具体问题的深入探究;既要有对前瞻性问题的眺望,也要有对既有经验的总结提升。二是表现在研究形式上。我们既需要结构严谨、表达理性的论文,也需要充满人文、启人深思的叙事研究;既需要组织庞大、严格规范的规划课题,也需要小巧灵动、着眼实际的草根课题。三是表现在研究主体上。教育科研的研究主体可以划分为普通教师、有科研意识的教师、科研型教师和专门的研究人员。校长要为他们量身定制不同类型的研究,是促进学校进一步提高教科研能力和提高教师教科研积极性的最佳选择。

　　教育科研的梯次大致可以分为四个层次：100％的教师以对具体事件反思为主的教育叙事研究；80％的教师以论文、案例撰写为主的经验提升；50％的教师以解决现实问题为主的小课题研究；20％的教师以各级规划课题为主的重点课题研究。为此，校长要指导教师务必找到适合自己的教科研之路。

师资提升篇

学校发展当然主要是为了学生的发展，但不可忽视教师的发展。因为二者是一个辩证的统一体，不重视教师的发展而只追求学生的发展，最终学生的发展也只能是空中楼阁。因此，促进教师的发展，是校长的首要使命。

校长要重视学习型教师队伍的构建，以观念引导人，是培养学习型教师队伍的先导；以集体陶冶人，是培养学习型教师队伍的依托；以科研造就人，是培养学习型教师队伍的根本；以评价激励人，是培养学习型教师队伍的动力。促进新教师自主成长的路径主要有四："读"，新教师自主成长的起动器；"说"，新教师自主成长的助推器；"听"，新教师自主成长的加速器；"写"，新教师自主成长的推进器。

校长要培养教师具备十大基本素质：身心健康，完美的人格态度；忠于教育，正确的价值取向；树人为本，良好的职业操守；学高身正，高尚的品德言行；一专多能，多元的知识结构；精通业务，娴熟的教学艺术；学以致用，较强的工作能力；广博精深，深厚的文化素养；与时俱进，先进的教育观念；积极进取，执着的创新精神。

校长要引导教师学会倾听：倾听大师的声音，丰富学养；倾听专家的声音，把握导向；倾听同行的声音，虚心借鉴；倾听学生的声音，教学相长；倾听家长的声音，多元参照；倾听自己的声音，提升修养。

185 校长不可忽视教师的发展

> 学校发展当然主要是为了学生的发展,但不可忽视教师的发展。因为二者是一个辩证的统一体,不重视教师的发展而只追求学生的发展,最终学生的发展也只能是空中楼阁。

【诠释】

教师的发展是一个被长期忽略的问题。在一些人的观念中总是把学校仅仅作为学生发展的场所,甚至在许多重要的教育理论中,在强调学生的发展时,也很少提及教师的发展问题。实践证明,校长如果不重视教师的发展,学生的发展也是难以实现的。

教师的发展是指作为社会职业人的教师,从接受师范教育的学生到初任教师,再到有经验的教师的可持续发展过程。教师发展的中心是教师的专业成长,教师专业成长是一个终身学习的过程,是一个不断解决问题的过程,是一个教师的职业理想、职业道德、职业情感、社会责任感不断成熟、不断提升、不断创新的过程。

在教育教学实践中,教师的发展和学生的发展是互为条件、互相促进的。教师发展的真正价值和意义就在于它是促进学生发展的基础和必要条件。理想的教育,应该是在师生共同的教育教学活动中教学相长,学生在教师的发展中成长,教师在学生的成长中发展。

186 促进教师发展是校长的首要使命

> 促进教师的发展,是校长的首要使命。做校长最重要的是成就他人,要扬人之长、念人之功、谅人之难、帮人之过,帮助每一位教师找到工作的快乐。

【诠释】

为什么要将校长的首要使命定位于促进教师队伍的发展,而不是促进学生的发展? 这是因为,校长直接作用于教师而不是学生,校长的职责是通过作用于教师的发展,从而作用于学生的成长。直接作用于学生的是教师,而非校长。因此,在学校组织结构中,应该发挥学生在教师工作即教育教学中的主体作用,发挥教师在校长工作即学校管理中的主体作用。所以,服务于教师主体的发展,是校长的本分。

凸显教师主体地位,实现教师主体有效发展,作为校长必须了解教师的专业角色,了解教师的核心需求。教师的专业素质结构包括知识系统、观念系统、能力系统和动力系统。动力系统是关键,知识系统是基础,而观念系统和能力系统则需要通过学习来"知道",需要通过实践来"获得"。因此,确保教师动力系统积极、持续地发展,成为校长管理工作中的重中之重。不断搭建平台,在学习和实践中锤炼教师的观念系统和能力系统,成为校长培养教师队伍的主要责任。

其中,教师发展的动力系统主要包括:教师的人岗匹配、入职动机、对教育的信念和职业生活体验等。为此,校长要重视教师入职后各种在校生活体验,要定期约请新入职教师座谈、开设"校长沙龙""校长聊天室"和"校长,我想对你说"等个别谈话等,以期准确把握教师的思想动态、需求和体验,随时发挥管理的服务职能,促进教师主体的发展。

强调教师的主体地位,还需关注教师专业角色之外的内容。获得成就感和归属感,做最好的自己,是每一个人包括教师生命价值的集中体现。因此,使教师获得成就感和归属感,也是校长管理工作的重要目标。校长要积极创造条件让教师"美丽地工作着"之外,还需努力地让教师"智慧地工作着"和"快乐地工作着",从而既凸显教师的成就感,又增强教师的归属感。

187 促进新教师自主成长的路径

> "读"——新教师自主成长的起动器。
>
> "说"——新教师自主成长的助推器。
>
> "听"——新教师自主成长的加速器。
>
> "写"——新教师自主成长的推进器。

【诠释】

促进新教师自主成长有以下四条路径。

(1)"读"——新教师自主成长的起动器。"读"即新教师要做好"三读":第一,读课程标准。作为新教师,只有认真研读课程标准,领会其精神实质,树立课标意识,才能在深层次上把握教材、驾驭教材。第二,读教材。新教师在研读教材时,一要通读教材,统揽全局;二要精读教材,把握微观;三要比读教材,融会贯通。第三,读学生。新教师不仅要心中有书,还要心中有人。一要读学生的知识水平和对知识的需求,以便备课时准确把握教学的深度和广度;二要读学生的思想状况,了解学生思想的闪光点和不足点,以便在教学中准确选择教育点。

(2)"说"——新教师自主成长的助推器。"说"即说课。课前说课是对备课的解说,是备课阶段隐性思维的显性化;课后说课则是对上课的反思。说课要求教师从理性的角度去审视教材,分层次说清楚这节课教什么、怎么教以及为什么这么教。新教师在说课时,既要有较为深刻的理论基础和理性思考,又要有具体的教学实践环节设计,同时要虚心学习老教师的教学经验,以提高自身的素质和业务水平。

(3)"听"——新教师自主成长的加速器。"听"即听课。新教师在听课时应注意两点:第一,听课要有准备。听课前要了解本节课的教学内容、教学目标等相关教学信息,如能先行制订教学方案,再去听课,通过比较分析,找差距寻原因,借鉴学习,则收获更大。第二,听课要转换角色。学生听课重在接受老师传授的知识,而教师听课则侧重在看教者的教学智慧、教学修养和教学技能。故新教师听课时要博采众家之长,以补自身之短,以丰富自己的教学经验。

(4)"写"——新教师自主成长的推进器。"写"主要是指写教学反思。教学反思可反思教学的得意之处、成功之法、失败之笔,有话则长,无言则短;可反思教学目标是否达成,教学重点是否突出,教学难点是否突破,教学方法是否高效,教学结构是否紧凑,教学环节是否合理,教学内容是否适当,教学效果是否优良等。写教学反思,贵在及时有恒,以写促思,以思促教。

188 学习型教师队伍的构建

> 观念引导人——培养学习型教师队伍的先导。
>
> 集体陶冶人——培养学习型教师队伍的依托。
>
> 科研造就人——培养学习型教师队伍的根本。
>
> 评价激励人——培养学习型教师队伍的动力。

【诠释】

学习型教师的特质是:乐于读书,勤于思考,善于迁移,勇于开拓,不断提升自己的基础知识、专业知识和相关知识的深度和广度。学习型教师的拥有量是衡量一所学校是否向学习型学校转变的基本指标。

(1)观念引导人——培养学习型教师队伍的先导。观念是行动的向导,有什么样的观念就会有什么样的行动。学校要尽可能创造时空和条件,引导教师树立全新的教育观、教师观、教学观、学生观、质量观、人才观和评价观。这就要求校长一要不断强化教师的忧患意识和创新意识,倡导教师发扬勇于开拓的创新精神和持之以恒的进取精神;二要制订并坚持牢固的教育学习制度,以制度促学习;三要鼓励教师将学习到的新理念应用于教育教学的实践中,在学习中实践,在实践中学习。

(2)集体陶冶人——培养学习型教师队伍的依托。一是用目标指导人。校长应将集体学习目标和教师个人学习目标有机结合起来,并以此来不断引导教师在追求目标的过程中实现自身的价值。二是用环境熏陶人。校长要建立宽松、高洁、清新、有人情味的校园文化,营造合作、和谐、奉献、进取的工作氛围,培育充满尊重、理解、沟通、信任的人文精神,以情感的动力促使教师学习的提高。三是用班子凝聚人。建设一个勤政、廉洁、团结、务实、创新的科研型领导班子,用班子高效的服务水平、管理水平和教育水平凝聚和促使学习型教师队伍建设。

(3)科研造就人——培养学习型教师队伍的根本。积极组织教师参与教科研活动,是建立学习型教师队伍的必由之路。校长可探寻学、听、练、比、写、研六条途径开展教科研工作。"学"即向书本学习,向专家学习,向同行学习,向社会学习;"听"即组织教师听课、听讲座等;"练"即激励教师参加教学基本功演练;"比"即开展业务竞争、比赛等;"写"即鼓励教师写教学札记、教学反思、教研论文等;"研"即组织教师开展教育教学研究。

(4)评价激励人——培养学习型教师队伍的动力。要使教师实现"学习——实践——再学习——再实践"之路,校长必须建立有利于促进教师业务提高的激励评价机制。一是评价内容全面化。可以从师德、师识、师能、师艺、师业五个方面对教师的工作进行评价。二是评价主体多元化。建立以教师自评为主,教师集体互评、学生家长参评、学校总评的评价体系。三是评价方法灵活化。建立过程与结果、定量与定性、自评与他评、鉴别与建议有机结合的评价体系。

189 培养教师具备十大基本素质

> 身心健康,完美的人格态度;忠于教育,正确的价值取向;树人为本,良好的职业操守;学高身正,高尚的品德言行;一专多能,多元的知识结构;精通业务,娴熟的教学艺术;学以致用,较强的工作能力;广博精深,深厚的文化素养;与时俱进,先进的教育理念;积极进取,执着的创新精神。

【诠释】

作为中小学校长,要注重培养教师具备现代教师的十大基本素质。

(1)身心健康,完美的人格态度。首先要有强健的体魄,只有具备良好的身体素质,才能担负起繁重、艰巨的教学工作,并按时完成任务。其次要有健康的心理素质。教师的职业是一种特殊的职业,是一种用生命去感动生命、用心灵去浇灌心灵的职业,这一特殊性决定了教师健康心理素质的重要性。再次要有良好的个性特征。良好的个性是一种优势资源,教师的个性不仅影响学生知识的学习、智能的发挥,而且影响其品德的形成和人格的塑造。

(2)忠于教育,正确的价值取向。教师必须要有明确的价值取向和较高的政治素养,忠诚党和国家的教育事业。要不断提高自己的政治品格、道德修养,以国家所提倡的、适应社会需求的、体现先进文化和现代文明的价值取向为执教的根本。

(3)树人为本,良好的职业操守。"立德树人"是我国教育的根本任务。教书是教师的职责,育人是教书的根本。在教育教学中,教师要做到德育与智育的统一,教学能力与育人能力的统一,学高与身正的统一,个人与社会的统一,这就是教师的职业操守。

(4)学高身正,高尚的品德言行。"学高为师,身正为范。"一位优秀的教师要有端庄的容貌、整洁的仪表、得体的举止、文明的谈吐、优雅的风度、振奋的精神、严肃活泼的工作作风等。

(5)一专多能,多元的知识结构。作为现代教师,只掌握单一学科的知识还远远不够,还要构建多元的知识结构。既要掌握现代教育理论、教育理念和学生身心发展规律,又要学习自然科学、社会科学的最新成果、最新知识等。

(6)精通业务,娴熟的教学艺术。教育既是一门科学,又是一门艺术。只有高深的学问,不懂教育规律,课是上不好的,或者事倍功半。教学艺术体现在教学的细节上,处理教材是艺术,设计教学是艺术,提问是艺术,启发诱导是艺术,与学生交流是艺术……教师只有准确、熟练、灵活地运用先进的教学手段,才能使自己的教学更具魅力,才能达到教学的最佳境界。

(7)学以致用,较强的工作能力。教师的能力包括三个层次:一是认知能力;二是应用能力,包括自学能力、审美能力、适应能力、自我修养能力等;三是工作能力。工作能力是教师专业方面的能力,包括教学能力、表达能力、交往能力、教育科研能力、适应环境能力等,该能力具有较强的实践性,需要通过多年实践的积累和深入钻研而获得。

(8)广博精深,深厚的文化素养。文化素养是一个人掌握的所有知识经过个人思维的整合与积淀而形成的,不仅指扎实的基础知识、精湛的专业知识、丰富的教育科学知识和一定的美学知识,也包括广泛的社会学知识、人文精神、文化视野等。作为一名现代教师,只有具有了深厚的文化素养,才能成为学生思想的引导者,从而用自己的学识、人格去潜移默化地影响学生。

(9)与时俱进,先进的教育理念。教师应树立最新的教育理念,如现代教育观、教学观、质量观、评价观等。教育活动要以尊重学生为基础,以学生的全面发展为中心,着力挖掘学生潜能,尊重学生的个性差异,使自己所教的每个学生都能得到发展。

(10)积极进取,执着的创新精神。现代教师必须具有较强的"扩展能力"。所谓"扩展能力",是指非常灵活地适应科学技术和时代迅速变化的综合性能力,主要是指信息处理能力和创新能力。拥有扩展能力的教师,就是创新型的教师,他们能吸取由教育科学所提供的新知识,在课堂教学中积极地加以运用,并且能不断发现新的切实可行的教育教学方法。

190 骨干教师的再跃升

> 牢记"熟知非真知",学会打破思维定式。
> 铭记"曲径需通幽",抵达专业成长深处。
> 切记"功夫在诗外",追求教育教学真谛。

【诠释】

要促使学校骨干教师专业素养再跃升,校长需引导其谨记三题。

(1)牢记"熟知非真知",学会打破思维定式。"熟知非真知"是德国哲学家黑格尔提出的一个命题。之所以说"熟知非真知",其原因有二:一是司空见惯、习以为常的东西不一定是正确的。中小学教师经过多年的教育教学实践,容易将熟知认定为真知,从而放弃了对真知的研究与探寻。二是思维定式会影响对真知的追求。教师成为教学骨干后,头脑里存储了大量的思维定式、行为套路和程序,从而影响其进一步追求真知。那么,骨干教师如何才能寻觅到真知呢?第一,质疑。要敢于和善于质疑,质疑权威、质疑传统、质疑自己。第二,反思。要深思自己教育教学中的盲点、弱点,不惜大胆地拆除、重建。第三，批判。依靠批判求异和纳新，依靠批判走向纵深和探寻真知灼见。第四，实践。在工作中深入观察、钻研与创新，追求自我突破与超越。

（2）铭记"曲径需通幽"，抵达专业成长深处。"曲径需通幽"是唐朝诗人常建的名句，它不仅描述了山寺幽静的景色，而且暗指几番周折后，定能获得与付出等值的收获。然而现实中许多中小学教师在成为骨干教师后却很难再进步，难以进入"曲径需通幽"的境界。那么，骨干教师如何以类似于曲径通幽的方式去铸造自我呢？第一，求异。要尝试走不同的路，力求成为具有独特个性和风采的"自己"。第二，开拓。开拓自己的眼界和思路，要重视个人成长资本的储备。第三，钻研。要深入钻研，不断发现新知和实现自我嬗变。第四，创新。要追求苟日新、日日新、又日新，追求旧事新思、旧题新解，不断实现自身旧质退却和新质生成，逐步形成自身的特色与风格。

（3）切记"功夫在诗外"，追求教育教学真谛。"功夫在诗外"是教师专业成长必须修习的途径。这是因为，教师专业成长拼到最后，不再只是拼专业知识，而是拼阅历、拼学识、拼修养、拼操守。骨干教师的"诗外功夫"包括：第一，修身养性，育心正己。要深入内省和慎独，加强改造自我、涵养心性和净化灵魂，先做一个有爱心、责任心和事业心的好人，然后才有可能成为一名教育名家。第二，熟读精思，勤学苦练。要广泛阅读教育教学和学科名著，要下苦功夫尽力学到几手绝活。第三，盐在汤中，广存博取。要坚持广泛积累和广博汲取，要牢记并将"人人都是导师，事事隐藏哲理，处处皆是学问"的意识融入血脉中，并时时刻刻将之发扬光大。第四，厚积薄发，融会贯通。要坚持多学习、多积累，把各方面的知识串联起来，汇合融化，透彻领悟，最大限度地提高自身的功力、学养、思想和智慧。

191 做一个"明"师

教师在成为名师之前，需要先做"明"师，就是明白自己的教学特长，明白自己的短板并努力去弥补，明白自己的奋斗方向。

【诠释】

每个教师心里或多或少都有点儿名师情结,或仰慕名师高超的教学艺术,或佩服名师深厚的文化底蕴,希望自己有朝一日能成为名师。校长要引导教师认识到,在成为名师之前,需要先做"明"师。所谓"明"师,就是知道自己是谁,认识自己的优点与不足,明白自己工作的目的和意义,并在不断研究和提升自身素质中赢得自我认同,从而不断获得进步和成长。

(1)做"明"师就是要明白自己的教学特长。每个教师都有其特长,都有其与众不同之处。从某种意义上讲,做"明"师就是让教师成为最好的自己,知晓自己的独特之处,弄清楚自己的教学特色。如果沿此深挖发展下去,把自己的特长发挥到极致,最终必将走出一条属于自己的康庄大道。

(2)做"明"师就是要明白自己的短处,明白自己的"短板"是哪一块,并努力去弥补。在教师队伍中,有的教师善于教学,却疏于写作;有的长于写作,课却上得不是那么精彩;有的实践经验丰富,而理论支撑不足;有的抓学生学习成绩有一套,而教育研究不如他人。一个"明"师,应认识到自身的短板,用心去补一补:理论素养欠缺的,不妨啃一啃教育教学专著,也许枯燥,但苦读一番后,看待教育教学问题就会更深更远;教学功底稍差的,多琢磨琢磨名师的教学实录,多观摩其教学视频,品味其教学设计背后的理念,一点一点地内化,再融进自己的思考,多在课堂上演绎几番,渐渐衍生为自己的东西,慢慢形成自己的特色,持之以恒,教学水平就会不断提高;写作才能薄弱的,不妨从记录身边的教育教学故事入手,写教学日志,写教后反思,写教育随笔,无论是成功之处,抑或是失败之处,都是值得思考记录的。只要不断坚持下去,收获将日渐丰硕。

(3)做"明"师就是要明白自己的奋斗方向。做"明"师要扪心自问,自己想要什么,或者说追求什么样的生活。我们要常常考量与追问,才不至于在纷繁的现实中迷失自我,才会一步一步地朝着心中的目标前进。不少名师都有自己明晰的奋斗目标,都是把"潜心育人、静心教书、醉心阅读、痴心写作"作为座右铭,坚定地走出一条教科研之路,最终"明"师修炼成为名师。

192 教师专业成长"三三制"

校长要搭建"三格"培养层次：新岗教师"人格"培养，青年教师"升格"培养，骨干教师"风格"培养。要铺设专业发展"三环路"：历练教学功底，锤炼教学策略，提炼教学思想。要架构专业发展"三维空间"：学习空间、实践空间、展示空间。

【诠释】

（1）搭建"三格"培养层次。校长要根据教师的不同学历、资历和教学能力，实行分层培养。第一，新岗教师"人格"培养。一是教育新教师践行以生为本的理念；二是建立新教师业务成长档案，狠抓教学常规，鼓励新教师做一个教学实践的反思者；三是实施"青蓝工程"，签订师徒合同，在老教师的带领下"入格"。第二，青年教师"升格"培养。根据青年教师积极进取的特点，学校要开展"引进来"——邀请专家讲座和"走出去"——校外观摩学习等方式，帮助他们形成并自觉践行先进的教育理念和掌握科学的教学方法。第三，骨干教师"风格"培养。一是选苗子，即选拔年轻有为、有培养潜力的教师作为骨干教师培养对象；二是厚底子，即夯实骨干教师教学基本功；三是定调子，即以师德建设作为基础的新理念、新课程、新技术的"一德三新"人才培养；四是搭梯子，即提供展示平台；五是压担子，即开展教育科研活动。

（2）铺设专业发展"三环路"。即学校铺设"外环"（教学基本功）、"中环"（教学策略）、"内环"（教学思想）"三环路"。一是历练教学基本功。鼓励教师参加"教师基本功大赛"，开展说课、评课活动，通过教学课件、论文成果展示等检验教师的教学基本功。二是锤炼教学策略。坚持师德与师能并重原则，要求骨干教师积极探索教学基本策略，即把握主体性、突出人文性、体现开放性、发挥主体性、注重实践性、落实探究性、追求艺术性，让课堂焕发生机与活力。三是提炼教学思想。要求教师博采众长，提炼教学思想，形成教学艺术。

（3）构架专业发展"三维空间"。一是构架学习空间。教师必须成为"职业读书人""终身读者"。二是构架实践空间。坚持走"学——教——训——研"相结合的道路,实施校本研修"八个一"工程,即改进一个教育教学实践问题,完成一个学生成功辅导案例,上一堂表现自己教学风格的展示课,制作一个可供交流使用的电子教案,编制一套高水平的试卷,撰写一篇教育叙事故事,研究一位名师并写出研究报告,研修一本教育实践或教育理论著作。三是构架展示空间。学校要坚持开展评选"学科带头人""首席教师"活动,坚持举办教学艺术节,展示教师的教育教学艺术成果。

193 教师专业发展的"四个一"

有一颗追求的心,有一双发现的眼,有一颗思考的脑,有一双勤劳的手。

【诠释】

作为校长,除了研究学生的发展之外,更要研究教师的发展。因为只有教师发展了,学生才有真正的发展。教师的专业发展应具备以下几个条件。

(1)有一颗追求的心。培训教师的第一要义就是要让教师成为有追求、有抱负、有理想的人。如果教师心中有一颗"拒绝平庸,追求卓越"的种子,那教师成为名师的愿景就已经实现了一半。

(2)有一双发现的眼。教师要想成功,一要善于发现同事的优点;二要善于发现同行的先进做法;三要善于发现古今中外教育名家的经验。

(3)有一颗思考的脑。教师要思考如何让学生热爱所教的学科,思考怎样增强教学的魅力,思考如何提高教学效果,思考怎么开启学生的智慧,思考怎样让学生学得轻松、学得牢固、学得扎实、学得融会贯通,思考怎样教学相长等。

(4)有一双勤劳的手。教师的双手除了备课、上课、批改作业、参加社会实践活动外,更重要的工作是写作。可以写自己得意的课堂、精彩的片段,也可以写自己沮丧的课堂、失败的片段;可以写教育教学中成功的案例,也可以写教育教学中失误的经历;可以写研究心得、实践总结,也可以写科研报告、专题论文等。

194 教师成长"三部曲"

底色——成就合格教师。

蜕变——造就教学名师。

使命——铸就教育专家。

【诠释】

育有德之人,需大国良师。良师不仅是学问之师,更要成为品行之师,要帮助学生"扣好人生第一粒扣子"。校长要引导教师唱好大国良师的成长"三部曲"——合格教师、教学名师、教育专家。

(1)底色——成就合格教师。一名合格的教师,必须有高尚的师德修养,必须有扎实的学识,必须关爱、尊重、赏识和包容学生,必须爱岗敬业。要做到爱岗敬业,教师一要有敬业意识,二要有乐业意识,三要有勤业意识。要勤于学习,勤于思考,勤于发问,勤于总结。

(2)蜕变——造就教学名师。要成为一名教学名师,需要经历"学习力的积淀到科研力的突破再到思想力的升华"的过程。第一,学习力是教学名师成长的生命之源。教师只有广泛阅读、厚积薄发,才会有深厚的文化底蕴。书读得多,不一定底蕴就深厚,但是,不读书、少读书,是一定没有底蕴的。第二,科研力是教学名师成长的必由之路。教师还要善于研究,要走进教育科研,只有踏踏实实地沉下去,才能潇潇洒洒地浮起来。教师要长足发展,必须从"有经验"走向"有思想",从"教研"转向"科研",并把经验和思想、教研和科研进行有机融合,将课题研究贯穿于常规工作中,以科研带教研,以教研促科研。第三,思想力是教学名师成长的提升之路。教师要有自己的教学思想,要学会提炼自己的教学主张,从有"教学思考"走向有"教学思想"。只有把自己教学主张蕴含的思想、智慧有机地融入教材、教学和教师人格,使教学主张实践化、可视化、人格化,才能形成一种气质和风格。

(3)使命——铸就教育专家。从"教学名师"到"教育专家",教师不仅要探究教与学的方法与规律,提炼自己的教学主张,更要把自己的教学主张内化为教育理想情怀,实现教育的生命关怀与精神引领,这是"名师"成为

"专家"的最高境界。

195 好教师的三重境界

> 好教师的三重境界:"乐教""懂教""善教"。

【诠释】

教师乃教育之本。好的学校、好的教育,归根结底都源于有好的教师。一名好教师,应该具有三重境界。

(1)"乐教"。此为好教师的第一重境界。一个人对待自己所从事的职业,大致会有三种基本态度:一为憎然,二为漠然,三为欣然。憎然,就是不喜欢自己所从事的职业,时时事事都不顺眼不顺心,怨天尤人,满腹牢骚;漠然,就是对自己所从事的职业持一种无所谓的态度,仅仅是把它当作谋生的手段而已;欣然,就是非常喜欢和热爱自己的职业,全身心地沉浸其中,乐而忘忧。显然,第三种情形是一种最佳的教育状态。做一名具有教育生命力的好教师,首先就应该做一个"乐教"之人,热爱教育,热爱学生,永葆教育的理想、信仰与情怀。

(2)"懂教"。此为好教师的第二重境界。教师这个职业与其他职业比较起来,有一个很大的不同,那就是其"懂"的程度具有较强的隐蔽性。教师职业往往有一个或长或短的验证周期,甚至有时候还具有一定的"欺骗性",表面看起来很不错甚至很有效的教育行为,却是与教育规律、教育本质背道而驰的。教育是一门科学,也是一门艺术,有其自身的规律。要做一名好教师,必须懂心理学,懂教育学。所以,引导教师专业成长,培养一名好教师,应当从学习心理学和教育学开始。无论哪一门学科的教师,衡量他懂不懂教育,有一个核心标准,那就是懂不懂心理学和教育学,也就是懂不懂教育规律和人的身心发展规律。

(3)"善教"。此为好教师的第三重境界。一名优秀的教师,不仅要热爱教育、懂得教育,还要善于实施教育,善于将崇高的教育信仰与教育理想满怀深情地落实到坚实平易的教育实践之中,善于将教育规律、教育原则的遵循与把握体现在细致入微、润物无声的教育生活之中。所谓"善教",无疑应当追求上乘的教学境界。教师的教学过程，是一个以文化人的过程，是一个以人育人的过程，是一个引导个体生命觉醒并迈上自我成长之路的过程。在这让人"成为一个人"的过程中，一位善教的教师，无疑是一位富有教育机智的教师，是一位以身立教、为人师表的教师，是一位向往和追寻教育终极价值的教师。

196 好教师是教给学生终生受用知识与能力的教师

> 无论是递锤子、变手指、开窗子的人，还是理念之师、至善之师，说到底，好教师只有一个标准，那就是一定能够教给学生终生受用知识与能力的人。

【诠释】

一个人遇到好教师是人生的幸运，一个学校拥有好教师是学校的希望。那么，怎样才能成为一名好教师呢？

厦门大学"网红教授"邹振东曾经说过："最好的老师，有三种：第一种是递锤子的人。你想钉钉子，一个老师把锤子递给你，好老师啊。第二种是变手指的人。你的人生需要很多黄金（金钱），老师把你的手指头变成能够点石成金、点铁成金的手指头，多好的老师啊。第三种是开窗子的人。你以为你已经看到了风景的全部，老师为你打开另一扇窗，你豁然开朗，啊，原来还有另外一个世界，这是最好老师中的最好老师。"

著名作家采铜借用《一代宗师》中的观点，把教师划分为四重境界：零度格局（盲目从众型）、一度格局（追逐名利型）、二度格局（理念之师）、三度格局（至善之师）。零度格局的教师只看当下，不看长远，什么时髦做什么，从不考虑为什么，每天都在依然涛声如旧中重复着昨天的故事；一度格局的教师荣誉满身，光环众多，但只能看到自己，从不问他人得与失；二度格局的教师遵循教育规律，能够看到世间的真善美，懂得尊重孩子的天性，为孩子的兴趣发展提供物质与精神的援助，成就孩子想要的人生；三度格局的教师看到的是自我与世界或与整个人类之间的纽带，他们努力提升学生的认知，培养学生的使命感，让学生自己规划人生。理念之师、至善之师才算真正的好教师。

无论是递锤子、变手指、开窗子的人，还是理念之师、至善之师，说到底，好教师只有一个标准，那就是一定能够教给学生终生受用知识与能力的人。可见，要做一名好教师，就要想办法让学生喜欢上你这个人，把你的课设计得神秘有趣，在课堂上多讲一些学生有用的知识，培养学生能够终生受用的能力。

197 教师课堂语言三层次

> 第一层次：想得清楚，说得明白。
> 第二层次：声情并茂，传神动听。
> 第三层次：师言有尽，而意无穷。

【诠释】

教师课堂语言有以下三个层次。

（1）想得清楚，说得明白。此为教师课堂语言的第一层次。教师的基本条件是什么？第一，想得清楚；第二，说得明白。让学生很容易听得懂你所讲知识，这是当教师的最基本要求。

（2）声情并茂，传神动听。此为教师课堂语言的第二层次。即让学生如闻其声，如见其人。课堂教学语言除了要准确精练之外，还要有一定的艺术性。艺术的语言具有感染力，教师的语言能够做到生动传神、悦耳动听，能够把学生的情绪、思维调动起来，能够让学生激动，能够让学生产生强烈的兴趣。

（3）师言有尽，而意无穷。此为教师课堂语言的第三层次。教师在课堂上讲的话不多，寥寥数语，但是包含了无穷的意思。教师三言两语却叩开了学生们一扇扇思维的窗户，打开了学生们一扇扇想象的大门，让学生们尽情地思考、充分地想象。思也无涯，这是教师课堂语言的最高层次。

198 书卷气是一个教师最好的气质

> 书卷气是一个教师最好的气质。教师作为一名职业"教书人",应始于读,发于思,成于行。

【诠释】

读书是教师最好的备课,是教师最生动的教材,是教师最崇高的职业素养,是教师最美丽的人生习惯,是教师发自内心的精神需要,更是教育最靓丽的一道风景线。因此,校长的一个重要使命就是培养教师的书卷气、书香气。

在学校里最可怕的是一群不读书的教师在拼命教书,这样的教师会辛辛苦苦地把本来爱读书的学生教得不爱读书。教师本是一个很执着的读书群体,然而在应试教育和功利教育的影响下,不少教师变得眼中只有分数,心中只有成绩,而对于生命中不可或缺的阅读却逐渐淡化了。

一个真正的教师,一定是读书爱好者;一个优秀的教师,更是一个对阅读有着独特情感的读书人。读书,能使教师不断增长职业智慧,能使教师的教学闪耀着睿智的光彩,能使教师的工作充满着创造的快乐。教师作为"读书人"和"教书人",应始于读,发于思,成于行。

一个人会读书可以改变自己的命运,一群教师会读书就可以改变一所学校的命运,千千万万个会读书的教师就会改变无数个学生的命运,进而改变国家、民族的命运。书卷气是一个教师最好的气质,书香气是一个校园最好的氛围。

199 倾听，教师专业成长的加速器

> 倾听大师的声音，丰富学养。
>
> 倾听专家的声音，把握导向。
>
> 倾听同行的声音，虚心借鉴。
>
> 倾听学生的声音，教学相长。
>
> 倾听家长的声音，多元参照。
>
> 倾听自己的声音，提升修养。

【诠释】

（1）倾听大师的声音，丰富学养。教师的成长，要靠扎实深厚的学养。走进经典，与大师对话，倾听大师的声音，从大师的经典话语中，汲取他们的智慧，领悟他们的思想，感悟他们对世界、对教育、对人生的真知灼见，在不断积累、感悟中丰富自己、丰满自己、改变自己。

（2）倾听专家的声音，把握导向。专家之所以成为专家，必有过人之处，必有一专之长。他们理论丰富，专业精深，他们的学术报告、学术思想，具有前瞻性、指导性和导向性。倾听他们的声音，可以更好地引领和指导我们少走弯路，可以引发我们对自身行为的深度思考，可以更准确地把握专业发展的方向。

（3）倾听同行的声音，虚心借鉴。俗话说："当局者迷，旁观者清。"如果我们故步自封，甚至孤芳自赏，不善于倾听同行的声音，不善于观摩同行的课堂，不善于虚心求取教育教学的真经，不善于接受同事的建议，那么，我们的专业成长道路是走不远的。因此，要多听同行的意见，多观同行的课堂，多思同行的言行，在比较、反思、借鉴中丰富、改进、完善和提升自己。

（4）倾听学生的声音，教学相长。每个学生都是一本耐读的书。学生的疑惑，学生的盲点，学生的拥护，学生的反对，学生的反叛，学生的故事，学生的喜怒哀乐，无疑都是教师成长的重要资源。教师要善于蹲下身来和学生交流，走进学生的内心世界，倾听他们的心语，在悦纳学生的过程中学会理解，在理解学生中得到学生的拥戴。只有走进学生的内心世界，倾听学生的

声音,才能在倾听他们的故事、指导和解决其困惑中学会思考,才能找到开启学生内心世界的钥匙,才能在接纳意见、改进工作中学会完善和发展,进而实现教学相长。

(5)倾听家长的声音,多元参照。家长的声音,往往是从另一个角度对我们教育教学工作进行诊断,往往会从不同的角度给我们以启示。他们的观点、看法、意见以及教育孩子的做法,都为我们改进工作、改进教学提供多元参照。对来自家长的声音的研究和思考,能促使我们不断改进自己的教育教学方式,不断提升自己的教学品位,从而推动教师专业的成长和发展。

(6)倾听自己的声音,提升修养。"吾日三省吾身。"反思是教师成长的重要途径,是我们成长的加速器。我们要常怀反思之念,倾听发自心底的声音,欣赏成长的脚印,反省自己的教育活动,反思自己的课堂,体悟自己每天的得与失、成与败、酸与甜、苦与乐,感悟自己的收获、喜悦、成功与成长,促使我们逐渐从幼稚走向成熟,从肤浅走向深刻,从浮躁走向从容,从奉献走向享受。

200 教学能力与教研能力,孰轻孰重

教不研则浅,研不教则枯。教学能力与教研能力不能截然分开,分不清孰轻孰重。校长要引导教师把教学与教研结合起来,在工作状态下研究,以研究的态度工作。

【诠释】

通俗地讲,教师的教学能力是指教师从事教学工作应当具备的专业能力,包括运用相关专业知识处理教材的能力、把握课程标准的能力、教学设计能力、课堂教学实施能力、考试评价能力以及新媒体使用能力等。在日常教育教学工作中,一个教师教学能力强不强,其显性衡量指标就是课是否上得好,学科成绩是否优异,学生是否得到全面发展。教师的教研能力,顾名思义是指教师研究教学的能力,包括常规教研能力和课题研究能力。常规教研能力是指教师研究课程标准、教材、教法、考试和评价的能力;课题研究能力通常是指教师把教育教学中遇到的问题变成课题,通过提出假设、收集

资料、验证假设、得出结论等一系列探究过程,以解决在教育教学过程中遇到的现实难题。

"教师即研究者"的倡导者布克汉姆认为,研究是教师能力的一个重要特征,"教师是否具有研究自身工作的能力,是区别专家型教师和教书匠型教师的标志"。同时他还强调,"教育研究不应该是专业人员专有的领域,它没有不同于教育自身的界限。实际上,研究不是一个领域,而是一种方式"。可见,对一个成功的教师而言,教学能力与教研能力决不能截然分开,无所谓孰轻孰重。"教不研则浅,研不教则枯。"教师只有以反思和研究的态度对待常规的备课、上课、作业批改、考试和辅导等环节,才能避免教学工作程式化,从而逐步提高课堂教学效率,提升教育教学质量。同样,教学研究只有以课标、教材、课堂教学、作业和考试设计为研究对象,才能贴近实际,真正为教学服务,从而使研究充满生机和活力。如果强行将二者分出轻重,则会顾此失彼。

过分强调教学能力,忽视教师的教研能力,教师就会按照学校领导或教研部门规定的程序和模式开展教学,工作亦步亦趋,缺乏创造力,教学质量也会在低层次徘徊。久而久之,教师还会产生职业倦怠。过分强调教研能力,教学研究可能脱离实际,变成空中楼阁,一些教师可能会因此不安心教学工作,甚至投机取巧,以发表文章、搞课题研究为能事,为晋升职称、获得荣誉积累资本。

因此,校长务必要求教师把教学与教研结合起来,"在工作状态下研究,以研究的态度工作"——读书、思考、研究,用科学的理论指导教育教学实践,提升自身教研能力,并将研究成果运用于备课、课堂教学等常规教学,这样教师才能常教常新。

参考文献

[1]王贵书.校长要修养好"六气"[J].人民教育,2017(18):67-69.

[2]李烈.李烈教育思想漫谈 促进教师主动发展:校长的首要使命[J].人民教育,2013(19):23-26.

[3]胡金波."期盼有更好的教育"[J].人民教育,2013(18):8-12.

[4]杨英.坚守童真 享受教育[J].人民教育,2013(11):33-37.

[5]陈显平.让教育富有优雅和诗意:读《小学校 大雅堂——成都市实验小学教育创新研究》[J].人民教育,2013(10):62.

[6]夏青峰.办孩子们喜欢的学校[J].人民教育,2013(9):34-36.

[7]刘自成.论"幸福教育":办好人民满意教育的一种解读和思考[J].人民教育,2013(5):14-16.

[8]吴振利.漫谈骨干教师的再跃升[J].人民教育,2013(Z1):30-31.

[9]陈平.设计改变学校[J].人民教育,2013(1):43-44.

[10]谈开彬.有效提升集体备课质量[J].人民教育,2012(23):48-49.

[11]陈立群.识得、习得与悟得:关于学习的思考[J].人民教育,2012(21):11-14.

[12]杨水旺.顺其自然方成道 法其本质乃见真:对学校办学理念的思考与探索[J].人民教育,2012(6):30-31.

[13]彭锻华.用国际化思维管理学校[J].人民教育,2012(2):22-23.

[14]高潇潇,郭矿生.一名好校长应具备的素质[J].人民教育,2011(24):15-16.

[15]邹施凯.做有研究意识的校长[J].人民教育,2008(7):29-30.

[16]钟勇为.科学教育的价值追求[J].人民教育,2008(6):2-5.

[17]窦贵君.现代教师应具备的十大基本素质[J].人民教育,2007(20):13-15.

[18]乔秀波."五园同创":和谐校园建设的一个支点[J].人民教育,2007(18):15-16.

[19]王文湛.教学观念的五个转变[J].人民教育,2007(Z3):70-71.

[20]肖川.生命教育:为幸福人生奠基[J].人民教育,2007(12):9-10.

[21]王彦.学校的人事处理决定应具备合法性[J].人民教育,2007(9):15-16.

[22]江兴代.学校文化的传承与创新[J].人民教育,2007(7):14-17.

[23]张云鹰.创新校本培训 引领教师幸福成长[J].人民教育,2007(Z1):66-68.

[24]袁炳飞.让师生都成为幸福生活的人[J].人民教育,2004(21):8-10.

[25]陈如平.现代学校制度的基本特性[J].人民教育,2004(21):11-13.

[26]蒋建华.好校长当"五观端正"[N].中国教育报,2019-04-10(7).

[27]陈艳萍.校长的思想从何而来[N].中国教育报,2017-11-22(8).

[28]谢学宁.念好"九字诀" 做出好榜样[N].中国教师报,2020-12-16.

[29]尹从昭.师德培育:校长要担当唤起"认同"之责[N].中国教师报,2020-06-17.

[30]彭建平.教育家型校长为什么稀缺?[N].中国教师报,2019-12-14.

[31]严华银.教育家型校长的"核心素养"[N].中国教师报,2018-03-21.

[32]檀传宝.真实的乌托邦:既善且美的教育建构[M].北京:中国人民大学出版社,2020.

[33]余映潮.余映潮谈阅读教学设计[M].北京:中国人民大学出版社,2019.

[34]盛云生.中小学教学校长的角色定位与责任承载[J].江苏教育,2017(90):61-62.

[35]张卫星.副校长要做好四个"敢"[J].教学与管理,2014(26):14-15.

[36]姜晶,殷学明.教育境界层次论:从实用教育到信仰教育[J].教学与管理,2013(25):3-5.

[37]马贵胜,阚怀聪.校长要研究"聪"字[J].山东教育,2013(8):15.

[38]梁好.特色学校建设深入发展的思考[J].教学与管理,2013(10):17-18.

[39]张勇.抓住学校安全教育的五个关键要素:对近期唐山地震中老师带领学生从容撤离现象的思考[J].教学与管理,2012(34):17-18.

[40]黄玮琍.促进新教师自主成长的有效途径[J].教学与管理,2012(7):24-25.

[41]刘阳,闫建璋.学校品牌的开发与维系[J].教学与管理,2012(1):23-25.

[42]任守辉.校长如何修身养气[J].教学与管理,2011(32):13-14.

[43]施立新.以人为本,完善教学质量保障体系[J].教学与管理,2007(34):13-15.

[44]张建兵.中小学校长的角色整合[J].教学与管理,2007(31):18-20.

[45]方华新.规范管理的五个层次[J].教学与管理,2007(31):23.

[46]苏文暹.有效实施年级长负责制的七个要素[J].教学与管理,2007(28):17-18.

[47]石磊.论校长提高教师幸福指数的人文途径[J].教学与管理,2007(10):11-13.

[48]郭德侠.校长如何营造教师合作的文化氛围[J].教学与管理,2007(7):12-14.

[49]岳斌.谈校长治校中的人文性"四化"[J].教育艺术,2012(2):35.

[50]谭亚西.校长管理要留个"缺口"[J].教育艺术,2007(10):30-31.

[51]徐常耘.学校工作与教育艺术[J].教育艺术,2007(9):36-38.

[52]周蕙兰,赵同宇.建构高品位的校园文化 聆听生命里花开的声音[J].教育艺术,2007(8):21.

[53]苏守杰.论校长在学校文化建设中的作用[J].教育艺术,2007(5):56-58.

[54]苏振北.论学习型教师队伍的构建[J].教育艺术,2007(3):33-34.

[55]曹培杰,张旭东.面向未来教育的校长领导力重构[J].中小学校长,2020(12):26-28.

[56]陈庆洪.新课程背景下的学校管理三境界[J].新课程研究,2012(2):90-91.

[57]卞恩鸿.校长,千万别学"诸葛亮"[J].湖南教育,2012(4):38-39.

[58]王玉霜.运用卡耐基语言艺术 彰显校长人格魅力[J].教学与管理,2012(8):6-7.

[59]刘彦文.如何当好副校长[J].中小学校长,2012(1):25-27.

[60]黄书文.校长听课"五法"[J].中小学校长,2007(9):20-21.

[61]宋林飞.校长听评课的一种站位与行动方式[J].中小学管理,2008(3):27-28.

[62]卢志文."精致管理"散议[J].江苏教育研究,2008(4):1.

[63]张宪红.校长如何转达学生对教师的意见[J].教育艺术,2008(6):38-39.

[64]肖川.好学校的标准[J].当代教育论坛,2008(2):1.

[65]向守万.副校长要当好"谋士""学士"和"护士"[J].江西教育,2014
(Z4):54-55.

[66]张朝全.校长应深入"一线"寻管理的"根"[J].中小学校长,2007(8):
48-49.

[67]田谷华.校长应以提升教师的职业幸福感为己任[J].中小学校长,2010
(7):18-19.

[68]朱志军.校长要在减负提质上积极作为[J].中小学校长,2019(8):
15-16.

[69]郑金洲.学校内涵发展"意蕴与实施"[J].教育科学研究,2007(10):
23-28.

[70]卢志文.法家·儒家·道家[J].中小学管理,2008(8):1.

[71]王成启.课堂学生活动的三种境界[J].人民教育,2007(17):60-61.

[72]张道明.做一个"明"师[J].素质教育大参考,2012(9):1.

[73]翁乾明.如何留住并优化学校记忆[J].基础教育论坛,2013(2):
10-11.

[74]孙军.教师时间管理的三个法则[J].江苏教育研究,2012(10):35-37.

[75]于颖泓.倾听,教师专业成长的加速器[J].基础教育论坛,2012
(14):51.

[76]陈学军.教育领导勇气:教育领导者的另一种素质[J].教育发展研究,
2012,32(12):36-41.

[77]刘涛.教师成为研究者:急需澄清的三个问题[J].教育发展研究,2012,
32(12):58-63.

[78]朱永新.理想的智育[J].湖北教育,2007(5):1.

[79]王治高.读书与学校文化[J].湖北教育,2007(4):56-57.

[80]胡宏.送给孩子三件成长的礼物[J].上海教育,2013(12):57.

[81]苏军.别把学生当"孩子"[J].上海教育,2013(13):50.

[82]苏军.办学,无须"翻牌"[J].上海教育,2012(21):46.

[83]程红兵.研究教育,还是研究教育学?[J].上海教育,2013(31):69.

[84]苏军.校长的"软实力"[J].上海教育,2013(28):61.

[85]蔡佩萍.创建优质校园文化要重"五气"[J].教学与管理,2016(25):
14-15.

[86]刘祥.校规的价值在于促进学生成长[J].教学与管理,2015(7):18-20.

[87]朱彦体.提高学校行政例会实效性浅述[J].教学与管理,2014(34):11-12.

[88]王维审.我们需要怎样的教育科研[J].教学与管理,2014(25):79-80.

[89]王养利.校长的特色治校之道[J].中国教育学刊,2011(2):88.

[90]高宏群.教育智慧200则[M].郑州:郑州大学出版社,2013.

后 记

继《教育智慧 200 则》《班主任智慧 200 则》《学习智慧 200 则》《教学智慧 200 则》《孩子教育智慧 200 则》面世之后,《校长智慧 200 则》很高兴又与广大读者见面了。该书在撰写过程中,借鉴了朱永新、肖川、胡金波、檀传宝、余映潮、郑金洲、程红兵、苏军、王贵书、李烈、杨英、陈显平、夏青峰、刘自成、吴振利、陈平、谈开彬、陈立群、杨水旺、彭锻华、高潇潇、郭矿生、邹施凯、钟勇为、窦贵君、乔秀波、王文湛、王彦、江兴代、张云鹰、袁炳飞、陈如平、蒋建华、陈艳萍、谢学宁、尹从昭、彭建平、严华银、盛云生、张卫星、姜晶、殷学明、马贵胜、阚怀聪、梁好、张勇、黄玮珋、闫建璋、任守辉、施立新、张建兵、方华新、苏文暹、石磊、郭德侠、岳斌、谭亚西、徐常耘、周慧兰、赵同宇、苏守杰、苏振北、曹培杰、陈庆洪、卞恩鸿、王玉霜、刘彦文、黄书文、宋林飞、卢志文、张宪红、向守万、张朝全、田谷华、朱志军、王成启、张道明、翁乾明、孙军、于颖泓、陈学军、刘涛、王治高、胡宏、蔡佩萍、刘祥、朱彦体、王维审、王养利等全国著名教授、专家学者的学校教育教学管理的最新理论,援引了《人民教育》《中国教育报》《中国教师报》《中小学校长》《中小学管理》《中国教育学刊》《教学与管理》《教育艺术》《当代教育论坛》《教育科学研究》《教育发展研究》《素质教育大参考》以及人大复印报刊资料《中小学学校管理》等全国教育类权威报刊的重要观点,查阅了新华网、人民网、优酷网、雅虎中国、腾讯、搜狐、网易等国内知名网站的相关文献资料,在付梓之际,对提供研究成果的上述专家学者教授和报刊网站资源的作者表示衷心的感谢! 同时,向为本书成书提供支持和帮助的三门峡市第一高级中学的高超杰、余署敏、赵国政、李廷好、王海峰等学校领导及全校同仁致以崇高的谢意!

法学博士、河南省著名百年名校——三门峡市第一高级中学党委书记、校长高超杰应邀为本书作序;全国五一劳动奖章、全国优质课赛讲特等奖获得者,特级教师,三门峡市外国语中学教育集团党委书记、校长张文娟为本书提出了非常有价值的建议;郑州大学出版社的崔青峰、祁小冬、崔勇、樊建伟等领导和编辑,为本书的出版做了大量的工作和付出了太多的辛劳。在此谨奉真挚的谢忱!

《校长智慧 200 则》中偶有前后出现重复的内容,这是为了更好地阐述某则"小智慧"不得已而为之。一方面,由于书中的每则"小智慧"都是独立成篇的,为了尽可能保持每则内容的完整性,其所述内容难免有交叉之处;另一方面,由于书中的一些"小智慧"是从不同角度阐释同一个问题,为了尽可能把每个"问题"分析透彻,其所述文字难免有重复之处。敬请各位读者谅解。

校长任职与管理智慧是一个理论性高、综合性大、实践性强、涉及面广的话题,由于笔者的学识肤浅,经验不足,水平有限,加之时间仓促,书中错漏之处在所难免,敬请广大读者见谅,并恳请广大校长朋友不吝赐教。

著　者

2023 年 2 月